# इस्मत चुग़ताई के दो नॉवेल

# इस्मत चुग़ताई के दो नॉवेल

इस्मत चुग़ताई

अनुवादक

शकील सिद्दीक़ी

वाणी प्रकाशन

प्रकाशन के उत्कृष्टतम 61 वर्ष

vaniprakashan.com

पेपरबैक पहला संस्करण : 2012
पेपरबैक दूसरा संस्करण : 2014
पेपरबैक तीसरा संस्करण : 2019
पेपरबैक चौथा संस्करण : 2024

वाणी प्रकाशन

*4695, 21-ए, दरियागंज, नयी दिल्ली-110 002*

*फ़ोन : + 91 11 23273167, 23275710*

**शाखाएँ**

*अशोक राजपथ, पटना-800 004, बिहार*

*कॉफ़ी हाउस कैम्पस, महात्मा गांधी मार्ग, प्रयागराज-211 001, उत्तर प्रदेश*

*महात्मा गांधी अन्तरराष्ट्रीय हिन्दी विश्वविद्यालय, वर्धा-442 001, महाराष्ट्र*

sales@vaniprakashan.in
vaniprakashan@gmail.com

ISMAT CHUGHTAI KE DO NOVEL
*by* Ismat Chughtai
*Translated by* Shakeel Siddiqui

ISBN : 978-93-88684-57-6
Novel



मूल्य : ₹ 250



*जी.एस. ऑफ़सेट, दिल्ली-110 095 में मुद्रित*

*वाणी प्रकाशन का लोगो मक़बूल फ़िदा हुसेन की कूची से*

# भूमिका

**सौदाई** और **दिल की दुनिया** इस्मत चुग़ताई के दो छोटे उपन्यास हैं। जिनकी बहुत चर्चा नहीं होती! चर्चा न होने से किसी कृति का महत्व कम नहीं हो जाता, न ही उसकी पठनीयता को लेकर कोई सन्देह बनता है! इतना अवश्य है कि किसी भी रचनाकार की सभी कृतियाँ समान स्तर की नहीं होतीं! होना भी नहीं चाहिये। बीसवीं सदी के चौथे दशक में डॉ. रशीद जहाँ के बाद इस्मत चुग़ताई उत्तर भारत की दबी-कुचली, अमानवीय हद तक सताई गई स्त्री की प्रखर प्रवक्ता बनकर उभरी थीं! उन पर रशीद जहाँ का गहरा प्रभाव था, जिसे उन्होंने आत्मकथ्य में स्वीकार भी किया है! रुढ़ियों, अँधविश्वास, दमन, अन्याय और असमानता के विरुद्ध समान आवेग से संघर्ष करती एक विद्रोही स्त्री उनके भीतर लगातार छटपटाती रही है! जिसने उन्हें जीवन के अन्तिम क्षण तक बेचैन रखा! वरना "लिहाफ़" जैसी कहानी तथा "टेढी लकीर" जैसा उपन्यास लिख पाना आसान काम नहीं था! जटिल सामन्ती-जातिवादी जकड़न वाले पुरुष प्रधान समाज में स्त्री कहाँ-कहाँ पराजित हो रही है, उसके शोषण दमन के कितने नये क्षेत्र एवम् नये उपकरण ईजाद हो रहे हैं, इस पर उनकी गहरी नज़र थी! वह चाहती थीं, स्त्री हँसे, खुलकर हँसे, ज़ुल्म के ख़िलाफ़ तीखा प्रतिकार बनकर खड़ी हो, और खुले वातावरण में मुक्ति की सांस ले कि रोती-बिसूरती औरतों को उन्होंने कभी पसन्द नहीं किया। ठीक उसी तरह जैसे मंटो ने उन्हें कभी अपनी किसी कहानी का पात्र नहीं बनाया!

"सौदाई" हो या "दिल की दुनिया" दोनों ही उपन्यासों में वह कथ्य को इस त्रासद तथ्य का साक्ष्य बनाने में सफ़ल रही हैं कि कैसे धार्मिक कानूनों, सम्पत्ति व अवसरों की बन्दर बाँट में पुरुष लगातार शक्तिशाली होता गया और स्त्री कमज़ोर! अपने तमाम सामर्थ्य प्रतिभा व निष्ठा के बावजूद पुरुषों के हाथ की कठपुतली बन जाना स्त्री की जैसे नीयति ही बन गई! दिल की दुनिया में इस्मत चुग़ताई बुआ और क़ुदसिया के माध्यम से इस यूटोपिया को तोड़ने की दिशा में जाती हैं! जहाँ स्त्री अधिकार के बुनियादी प्रश्न भी उठते हैं! क़ुदसिया रुढ़िवादी पारिवारिक संरचना को भी आघात लगती है!

दोनों उपन्यासों में भाषा का अपना सुख है! इस्मत ने अपनी भाषा आप बनाई है! कथ्य के साथ ऐसा ग़ज़ब का तालमेल कम दिखता है! संघर्षशील जीवन से लिये गये शब्द, मुहावरों और बिम्ब! जो भाषा के भीतर प्रतिरोध की अदृश्य लहर को गति देते हैं! दिल की दुनिया में यह भाषा ज़्यादा स्वाभाविक रूप से उपस्थित हुई है! जिसमें कई बार स्वयम् लेखिका का जीवन झलक जाता है!

इन उपन्यासों का हिन्दी अनुवाद पाठकों के लिए अवश्य सुखकर साबित होगा!

**–शकील सिद्दीक़ी**

**लखनऊ**

# सौदाई

**चन्दर** सीढ़ी की रेलिंग पर से सर-सर फिसलता हुआ धम से नीचे आन कूदा। रोज़ की तरह मासी का कलेजा मुँह को आ गया :

"बदमाश कहीं का, जो ज़रा पैर चूक जावे तो हड्डी पसली एक हो जावे"

वह सर पीटकर कहतीं, मगर चन्दर कहीं सुनने वाला था। वह रोज़ इसी तरह कछुवे की तरह फिसलता हुआ सीढ़ी से उतरा करता था मासी का दिल यूँ ही लोट पोट हो जाया करता था।

"सत्यानासे, एक रोज ऐसा मुँह के बल गिरेगा कि सारे दाँत टूटकर हलक़ पर जा पड़ेंगे, मेरी तो इस घर में कोई बात ही न सुने है।"

चन्दर अपना खोंडा मुँह सिकोड़ कर नाक कीं फुंगी से मिला लेता और जूं-जां करके एक टाँग पर कूदता खाने की मेज पर झपट्टा मारता!

मासी को सताने में उसे बड़ा मज़ा आता था। पम्मो की भी मिट्टी पलीद कर रखी थी। वह चन्दर से साल डेढ़ साल छोटी थी मगर सारे घर में बस उसी को अपना गुरु मानती थी और करती भी क्या! वह उसकी नन्हीं-नन्हीं चोटियाँ पकड़कर घसीटता, बात बे बात टँगड़ी लगाकर गिरा देता, उसकी गुड़ियों का भुर्ता बना डालता और जो जी में आता हुक्म देने लगता, "नाक पकड़कर सात सलाम कर"

"एक टाँग से जा और भरा गिलास पानी का ला, एक बून्द भी गिराई तो बस कुट्टी और कुट्टी के मानी थे आते-जाते धौल, कभी कोहनी मार दी, कभी नाक दबा दी! तजुर्बे ने सिखाया था कि चन्दर उसके बस का रोग नहीं! वह सिर्फ़ बड़े भइया से डरता है। उन्हें संसार का सबसे महान्, सबसे प्यारा और सबसे ज़्यादा बुद्धिमान व्यक्ति समझता है। बड़े भइया हैं भी उससे पूरे पन्द्रह साल बड़े, वह इतने बुलन्द, इतने दयालू और

इतने नेक चलन थे कि बस! जभी तो उनका नाम सूरज था और चाँद पर जब सूरज की चमक पड़ती है तब ही तो चमकता है। अगर सूर्य देवता रूठ जायें तो चन्द्रमा का मुँह काला भट पड़ जाये! तभी तो मासी रोज़ सुबह-शाम सूरज की आरती उतारती है क्योंकि वह देवता है और चन्दर को भूत कहती है। सूरज ने आज तक किसी को न मारा न सताया न झूठ बोला न चोरी की न गली के लौंडों के साथ गुल्ली डण्डा और कबड्डी खेली। उसकी माँ जानती थी कि आस पास कोई लौण्डा भी सूरज के साथ उठने-बैठने के लायक नहीं। उसके साथी इंसान नहीं कहानी-क़िस्सों में बसने वाले राजकुमार और साधू-संत थे!

मासी हर वक़्त उसके गुन गाया करती थी। लोगों का ख़्याल था वह अपनी बेटी ऊषा से सूरज का ब्याह करने का फैसला कर चुकी है, इसलिए उसे बेहतरीन दामाद बनाने में जुटी रहती है! मासी ने उसे ऐसा तारीफ़ें करके चढ़ा दिया था कि कभी उसका कोई शरारत करने का जी चाहता तो वह डर जाता कि कहीं उसकी साख न ख़त्म हो जाये और वह भी मामूली लड़का समझा जाने लगे। तब लोग उसकी इतनी चर्चा नहीं करेंगे, मासी आरती नहीं उतारेगी, चन्दर और पम्मो उससे डर कर लरज़ना छोड़ देंगे, फिर दुनिया में उसके लिए क्या रह जायेगा। इज़्ज़त ही तो एक शय है जो उसे इतनी उम्र में इतनी बहुत सी मिली हुई है। वह अपने ख़ज़ाने पर डाका नहीं पड़ने देगा। मरते वक़्त माताजी ने चन्दर और पम्मो का हाथ पकड़ा कर कहा था :

"बेटा अब तुम ही इनके माई बाप हो। कोई ऐसी नीच बात न करना जो यह बुरा सबक पाकर आवारा हो जायें! अगर खान्दान की इज़्ज़त पर आंच आई तो मेरी आत्मा को चैन नहीं आयेगा।"

पिताजी साल भर पहले ही परलोक सिधार चुके थे। उन्होंने दुनिया के बनाये हुए उसूलों को ठुकराया और एक नीच औरत के चक्कर में पड़कर हलकान हुए। फिर उसी से झगड़ा होने के बाद शराब में धुत हो गये और मोटर के ऐक्सीडेण्ट में ख़त्म हो गये, मासी माँ जी की बड़ी प्यारी सहेली थीं! उनके पति ने भी उन्हें छोड़ रखा था और दो दुखी औरतें हर वक़्त सूरज के कानों में नेकचलनी का उपदेश उंडेला करती थीं!

मासी का विचार था कि सूरज के पिता, त्रिभुवननाथ जी की अच्छी तरह देख रेख नहीं हुई! इधर उनके मां-बाप ने ढील दी, उधर पत्नी बेदम निकल गई और कभी पक्की तरह उनकी रोकथाम नहीं कर सकी, तभी वह जवानी में बे मौत मरे! पन्द्रह बरस तक सूरज अकेला लाडला बेटा रहा। पति की बेरुख़ी से डरकर माँ ने बेटे पर ही पंजे गाड़ दिये!

फिर कुछ नसीब फिरे, दो बच्चे और हुए मगर सूरज जैसा प्यार किसी को न मिला। चन्दर और पम्मो को नौकरों ने पाला।

बुरी राह से रोकने के लिए सिर्फ़ भाषण झाड़ने को काफ़ी नहीं समझा गया और माँ ने ऊषा रानी से उसकी सगाई कर दी और मासी के साथ मिलकर वह ऊषा और सूरज की जोड़ी भागवान बनाने पर जुट गयीं! मगर शादी करने से पहले ही मौत ने आ लिया और चल बसीं!

मां मरी तो पम्मो डेढ़ साल की थीं, चन्दर तीन का और सूरज का अठारहवां साल ख़त्म हो चुका था! इतनी सी उम्र में इतनी भारी जिम्मेदारी सर पर आन पड़ी तो वक़्त से पहले ही सूरज बूढ़ा होना शुरू हो गया : शैतान तो कभी न था अब एकदम साधू बन गया, स्कूल-कालेज में बड़े लड़कों की सोहबत के डर से उसे घर पर ही ट्यूटर रखकर तालीम दिलवाई गयी थी! माँ को मरे तीन साल बीत चुके थे मगर कोई दिन ऐसा नहीं जाता था, जब मासी आँसू बहाकर उसकी मौत का नक़्शा न खींचती हो! दिन में कई बार वह माँ के शब्द दोहराती थी। चन्दर और पम्मो तो माँ को भूल से गये थे मगर सूरज पर माँ और माँ के बाद मासी का बहुत दबाव था।

सूरज के साथ ही वह ऊषा पर भी बड़ी सख़्त निगरानी रखती थी! उसे एक दिन घर की मलिका बनना था, उसे सूरज के योग्य बनना था। वह उसे हर वक़्त पढ़ने लिखने और कशीदाकारी के काम पर जुटाये रखती। दूध का जला छाज फूंक-फूंककर पीता है। यह मर्द की नस्ल बन्दर जैसी होती है! कितना भी पढ़ाओ-सधाओ मौक़ा मिलते ही चट पेड़ पर चढ़ जायेगा। और ऊषा को वह ऐसे गुर सिखाना चाहती थी कि उसका पति पेड़ पर न चढ़ सके, नाक की सीध में सच्चे रास्ते पर

चलता रहे! ऊषा माँ के मुक़ाबले निरी गाय थी, जिधर माँ हंकाती अटक जाती।

मासी हरामख़ोर नहीं थी। उसने अपनी सहेली के प्यार को बड़े दिल से निभाया! बीमारी में ऐसी सेवा की कि सगी बहन क्या करती! स्याह सफ़ेद की मालिक होकर भी कभी कुछ उठा बचाकर अपने तन को न लगाया, हमेशा घर में चार नौकरों के बराबर काम किया। बैंक और जायदाद वकील सीताराम करते थे। सीताराम जी बड़े दोस्त नवाज़ भले मानुस ब्रह्मचारी थे। इन तीन बच्चों को अपना समझ कर देखभाल करते थे। मगर सारा ज़ेवर कपड़ा तो मासी के हाथ में था; मरने वाली ने अपने हाथ से जो ज़ेवर दे दिया था, उसके इलावा उन्होंने कभी एक तार भी न छुआ और ज़रूरत भी क्या थी। सारा ज़ेवर माँ सूरज की दुल्हन के लिए दे गयी थी। चन्दर और पम्मो जब बड़े होंगे तब देखा जायेगा, सूरज सब देख रेख करेगा। सूरज की दुल्हन सिवाये ऊषा के और कौन थी फिर क्या ज़रूरत थी मासी को किसी चीज़ की। सब कुछ तो ऊषा के लिए था, छोटी से उम्र से ही ऊषा ने सूरज को अपने मन मन्दिर का देवता मान लिया था!

बारह-तेरह साल की उम्र से ही वह सुघड़ पत्नी की तरह हर बात का ख़्याल रखती! बेग़ैर मासी के टोके वह उनके लिए पानी गर्म करवाकर बाथरूम में पहुँचवाती, उनके कपड़े निकालकर सजाती, भोजन के समय हर चीज़ गर्म-गर्म परोसती या उनके बिना कहे उसे पता चल जाता कि उन्हें नमक चाहिये, पानी चाहिये या हरी मिर्च, वह उनके लिए चिकन के कुर्ते काढ़ती, नये फैशन के स्वेटर बुनती और रूमाल पर गुलदस्ते काढ़ती घर उसी का तो था न! ज़रा सी कोई चीज़ टूट जाती या इधर की उधर हो जाती तो गृहस्थिनों की तरह नौकरों से झगड़ा करती!

सूरज उसकी सेवा के आदी हो चुके थे और उसे अपना अधिकार समझकर स्वीकार कर लेते थे। मगर आम नौजवानों की तरह न उन्होंने कभी ऊषा से छेड़ख़ानी की और न मीठी आँख भरकर देखा।

"उसे लौन्डिहारपन पसंद नहीं। कोई वह लफ़ंगा है? और न मेरी बेटी हर्राफ़ा है।" कभी कोई सूरज की बेध्यानी की तरफ़ इशारा करतीं तो मासी फौरन समझा देतीं,

"सूरज अपनी माँ पर गया है"

मगर चन्दर समूचा बाप पर गया, बेचैन, बेक़रार और मनमानी करने वाला, उसका अंजाम बुरा हो तो हो न भी पैदा होता तो सतवन्ती की कोई कोख थोड़ी जल जाती सौ औलादों की एक औलाद सूरज मौजूद था

वक़्त आने पर सब कुछ हो रहेगा। मासी को अपने सुघड़ाये पर भरोसा था, उन्हें मालूम था कि मौक़ा और ज़रूरत देखकर वह ऊषा को मर्द फाँसने के गुर भी सिखा देंगी, वैसे उन्होंने क्या कसर उठा रखी थी! हर वक़्त लेक्चर पिलाया करती,

"बेटी सेवा से तो भगवान भी मान जाते हैं, सूरज तो फिर मनुष्य है।" खुद मासी ने अपने पति की सेवा कभी जी जान से नहीं की। वह निगोड़ा उसके लायक़ था भी नहीं। अगर वह क्लर्क के बजाये थानेदार या डिप्टी होता तो मजाल थी कि उनके चंगुल से निकल जाता। ऐसी सेवा करतीं कि सती सावित्री को ताक़ पर बिठा देतीं।

मगर सूरज, यह तो ऊषा के भाग थे कि उसे उस जैसा पति मिलने वाला था! तभी तो मासी के प्रोग्राम के मुताबिक उसके पास हर क्षण ऊषा की नज़र आती।

चन्दर हस्बे मामूल छलाँगें मारता फर्नीचर से कूदता सीधे नाश्ते की मेज़ पर टूटा!

"हायं.. हायं...चन्दर" मासी चिल्लाई :

"क्या है मासी?"

"कहाँ बैठा है रे"

"कुर्सी पर मासी"

"किसकी कुर्सी पर बैठा है रे"

"ओह...? बड़े भइया की कुर्सी पर" झट वह दूसरी कुर्सी पर बैठ गया! जैसे उसने किसी मन्दिर में किसी देवता का आसन गन्दा कर दिया हो!

मासी ने सम्मान से सीढ़ी की ओर देखा, जिधर से सूर्य देवता पधारने वाले थे :

"हायं...चन्दर—" मासी ने उसे फलों की तरफ़ हाथ बढ़ाते देखकर हाँक लगाई।

"बड़े सरकार को तो आ लेने दे निगोड़े, कैसा नदीदा है राम-राम"

"बा अदब बुमुलाहिज़ा होशियार, महाबली तशरीफ़ लाते हैं" फ़िज़ा उनके रौब से लरज़ उठी। आँख का इशारा पाते ही ऊषा लपककर निचली सीढ़ी के क़रीब सर पर ओढ़नी डालकर कठपुतली की तरह जा खड़ी हुई ज़ीने के मोड़ से पहले धीरे-धीरे क़दमों की चाप पधारी, फिर जैसे पच्छिम की सीमा से सूर्य देवता ने सर उठाया :

तपस्वियों जैसी बड़ी-बड़ी गम्भीर आँखें, काले-घने बाल जिनकी एक नपी तुली लट माथे पर लरज़ती हुई, सुतवां खड़ी नाक आग सी सफ़ेद धोती, भारी रेशम का ढीला कुर्ता, कांधों पर पशमीने की शाल सँभाले पलभर को सीढ़ी की चोटी पर जगमगाये। यह लिबास उन्होंने बंगालियों से पहनना सीखा था। फिर क़दम तौलते टप-टप करते वह नीचे उतरने लगे!

"नमस्कार" ऊषा की नाज़ुक सी आवाज़ सरसराई!

"नमस्कार" उन्होंने दूर क्षितिज में देखते हुए दोनों हाथ जोड़कर माथे पर गिरी हुई लट को छू लिया।

"जियो मेरे लाल, हज़ारी उमर होवे" मासी ने चट-चट बलायें लेना चाहीं मगर वह कावा काटकर बच गये ताकि मासी उनके माथे की लट न बिगाड़ दें जो उन्होंने आईने के सामने खड़े होकर मेहनत से सजाई थी, जो बिल्कुल ऐसी मालूम होती थी जैसे लापरवाही की वजह से आ पड़ी हो। मासी रोज़ इस मुश्किल से जमाई हुई लट को संवारने की धमकी दिया करती थीं! जिस पर उन्हें गुस्सा आने लगता था मगर ज़ब्त कर जाया करते कि देवता क्रोध नहीं किया करते!

चन्दर का भूख के मारे बुरा हाल हो रहा था, जैसे ही बड़े सरकार बैठे वह खाने पर टूट पड़ा,

तब चिड़िया की तरह फुदकती हुई पम्मो आई और आते ही चन्दर को मुँह चिढ़ाया और धम से बैठ गई :

"पम्मो रानी"

"जी—?"

"आज तूने क्या नहीं किया?"

"हा...आ...आं..."

"अच्छा तो पहले नमस्कार कर" मासी ने आदेश दिया तो पम्मो ने नमस्कार करके चन्दर की नक़ल करते हुए भकसना शुरू कर दिया।

मासी ने झट से लड्डुओं की प्लेट उठाकर सूरज के आगे रख दी :

"पहले बड़े भइया को लेने दे। बेटा मैं अभी गर्म पूड़ी तल कर लाती हूँ, इन नौकरों का कुछ भरोसा नहीं, कच्ची पक्की जैसी होगी परोस देंगे! रोज तो ऊषा बनाती है लो बेटी तुम बड़े सरकार के लिए अनार छीलो" होने वाले रिश्ते का हिसाब लगाकर वह सूरज को बड़े भय्या नहीं कहने देती थी।

"मगर आप क्यों कष्ट करती हैं, क्या सारे नौकर मर गये"

"अरे बेटा इसमें कष्ट कैसा? हाय तुम मेरा कितना ख़्याल रखते हो, मेरे लाल, सती सावित्री तुम्हारी माँ ने सहारा न दिया होता तो मेरा क्या बनता?" मासी बिसूर कर रोने लगी! उन्हें रोता देखकर चन्दर और पम्मो को बहुत ख़ुशी होती थी, दोनों खों-खों हँसने लगे,

"बेटे ये नारंगियाँ तो लो" चन्दर को नारंगियों की तरफ़ हाथ बढ़ाते देखकर, एकदम उन्होंने आँसुओं को नल बन्द कर दिया और मुक्कुराने लगीं।

"नहीं, रात को खो-खो साँसेगा" उन्होंने चन्दर का हाथ झटक दिया, रोते-रोते जब वह यूँ एकदम ब्रेक लगाकर गियर बदलतीं तो बड़े सरकार की नाक भी फुदकने लगती और वह हँसी छिपाने के लिए फौरन रूमाल से नाक दबोच लेते। वह भला कैसे हँस सकते थे। मासी पूड़ियाँ लेने गयी, ऊषा पम्मो के जूते की घुंडिया ठीक कर रही थी, चन्दर मेज़ के नीचे झुका हुआ टामी को बिस्कुट खिला रहा था! एक लम्हे के लिए मैदान ख़ाली था। सामने ताज़ा लड्डू महक मार रहे थे। बड़े सरकार के मन में छिपा हुआ शरीर बच्चा एकदम हुमका और ग़ड़ाप से लड्डू मुँह में। मासी के पैरों की चाप सुनकर उनकी समझ में न आया कि लड्डू को क्या करें। न उगलते बनता था, न निगलते

"हायं—चन्दर" लड्डू ग़ायब देखकर मासी ने छाती कूट ली

"क्यों रे पाजी डाक्टर ने मिठाई खाने को मना किया है और तू एकदम से दो लड्डू खा गया!"

"हमने नहीं खाये लड्डू" चन्दर मिनमिनाया।

"और ऊपर से झूठ बोलता है बेईमान, दिखा हाथ"

चन्दर ने दोनों हाथ मासी की नाक के पास कर दिये वह बिदककर दूर हट गयी!

"मुँह खोल"

चन्दर ने मुँह खोला। ग़ौर से लड्डू के कण ढूँढ़ने के बाद फैसला किया कि "समूचे ही निगल गया चोर"

उन्होंने उसके कान पकड़ लिये!

"बस-बस मासी ग़लती हुई, माफ़ कर दीजिये, अब ऐसा नहीं करेगा" बड़े सरकार बोले।

"बेकार हमारा नाम ले रही है, हमने लड्डू छुए भी नहीं"

"तो फिर पम्मो ने खाये होंगे" बड़े सरकार ने पम्मो को घूरा।

"नहीं बड़े भय्या, हमने नहीं खाये, ऊषा दीदी से पूछ लीजिये"

"तो फिर गये कहाँ लड्डू?" बड़े सरकार ने बड़ी-बड़ी स्याह आँखों से चन्दर को घूरा तो उसने सहम कर नज़रें नीची कर लीं।

"यह देखो बग़लें झाँकने लगा निगोड़ा, छिः-छिः कितना गन्दा बच्चा है...लो बेटा तुम तो खाओ" मासी ने लड्डू सूरज की तरफ़ बढ़ाये।

"नहीं मासी आप जानती हैं, मुझे मिठाई पसन्द नहीं," लड्डू तो बड़े सरकार की जेब में थे, उन्होंने उन्हें प्यार से सहलाते हुए कहा, "चन्दर आईन्दा तुमने ऐसी नीच हरकत की तो ठीक नहीं होगा,"

नाश्ता करते ही पम्मो और चन्दर में इशारों ही इशारों में बातें हुईं, दोनों वहाँ से खिसक लिए। मासी और ऊषा घर के हिसाब-किताब में उलझ गयीं—

"पुदीना तीन आने का, लौकी छह आने, तोरी..."

मासी अपनी ईमानदारी की साख बिठाने के लिए, दाने-दाने का हिसाब दिया करती थी, ताकि बड़े सरकार क़ायल हो जायें कि होने वाला रिश्ता

कितने फ़ायदे का सौदा साबित होगा मगर सरकार का मन हो रहा था कि उनका मुँह नोच लें!

"अदरक-डेढ़ पाव...गर्म मसाला..."

"ओह..." बड़े सरकार ने बड़े नाटकीय अन्दाज़ में अपना सर दोनों हाथों से थाम लिया। मासी उचक पड़ीं,

"क्या हुआ बेटा?"

"दर्द...सर में दर्द..."

"अरी ऊषा क्या पगलियों की तरह खड़ी मुँह तक रही है, मुंशी जी से कह"

"नहीं, डाक्टर साहब को मत बुलवाइये, मेरी दराज़ में गोलियों की शीशी है"

"अरी जा नसीबों जली" उन्होंने ऊषा को धक्का दिया और खुद आँचल से हवा करने लगी।

"पा–नी–" बड़े सरकार ने सर पकटकर कहा। मासी पानी लेने भागी, उन्होंने इत्मीनान से लड्डू जेब से निकाला इधर-उधर देखा और गप से मुँह में डाल लिया और बड़े आनन्द से आँखें मून्द कर मज़े लेने लगे।

जब मासी हाँफती-काँपती दौड़ती हुई पानी की गिलास लाई और ऊषा गोलियों की शीशी लेकर उन तक पहुँची तो उन्होंने चौंक कर दोनों को ऐसे देखा जैसे वह उन्हें पहचानते तक नहीं।

"वह सरकार सर का दर्द–गोली–पानी–" मासी ने याद दिलाना चाहा!

"पानी गोली, हाँ समझा, लेकिन अब इनकी ज़रूरत नहीं।"

और वह बड़ी लापरवाही से अख़बार देखने लगते, माँ-बेटी भौंचकी सी रह जातीं। बड़े सरकार की सेवा का इतना हसीन मौक़ा हाथ से जाने का भी मलाल होता। बड़े सरकार को यों उल्लू बनाने में बड़ा मज़ा आता। वह कितने बुद्धिमान थे, जिसे चाहते दम भर में उल्लू बनाकर रख देते थे। फिर इसे याद करके देर तक हँसा करते।

**"और** क्या सच्ची तो कह रहा हूँ अगर छुँगालियाँ से वालिश्त भर गहरा खोदा तो ज़मीन से बौना निकलेगा" चन्दर ने बड़ हाँकी।

"हाय राम छोटे भय्या क्या फिर वह मेरे संग खेला करेगी?"

पम्मो अपनी नन्हीं छुँगलिया से मिट्टी खोद रही थी, मगर ज़मीन एक इंच भी नहीं खुदी थी कि नाखूनों में मिट्टी भरकर टीसें उठने लगीं।

"छोटे भय्या—"

"क्या?"

"तुमने कभी परी देखी है!"

"बहुत बार।"

"चल झूठे-लपाटी"

"सच्ची तेरी क़सम"

"तो हमें भी दिखाओ न"

"तू बुद्धू है, तुझे नहीं दिखाई पड़ेगी।"

"क्यों—?"

"बस कह दिया हमने,"

"छोटे भय्या,"

"क्या है?"

"उँगली दुख रही है।"

"कहा था, तुझसे, नहीं खोदी जायेगी ज़मीन!"

"भय्या जी परी?"

"अच्छा—वह देख।"

"कहाँ?" पम्मो डरकर पास घुस आई!

"वह...वह...अनार की डाली पर—है न?"

"ऊंह—वह तो क़ाफ़्ता है"

"क़ाफ़्ता नहीं बुद्धू फाख़्ता। असल में यही परी है।"

"परी—ऊंह—तुझे कैसे मालूम?"

"बस हमें मालूम है—बस कह जो दिया कि यह परी है चुपकी बैठी रहो, अभी देखना लोट-पोटकर परी बन जायेगी।"

मगर बदक़िस्मती से उसी वक़्त पम्मो को छींक आना रह गई थी,

फुर्र से फ़ाख़्ता उड़ गई।

"देखा शदहिया कहीं की। चल उधर—अभी गुस्सा आ जाता तो तेरे ऊपर अंछर मारकर चूहा बना देती"

"परी—"

"हाँ"

"गुस्से में चूहा बना देती है?"

"अरे हाँ—"

"छोटे भय्या घर चलो हमें डर लग रहा है..." वह रुआँसी हो रही थी...हम नहीं देखते परियाँ-सरियाँ

"हूँ—बड़े आये परियाँ दिखाने वाले—भोंदू"

मगर चन्दर जी हैरत से मुँह फाड़े पेड़ के पास पत्तों के ढेर को घूर रहे थे, एक नन्हा सा गुलाबी हाथ पत्तों के बीच में पड़ा हुआ था।

"हाथ—" चन्दर जी एकदम सरपट भागे, पीछे पम्मो ठोकर खाकर गिरी तो गला फाड़कर चिल्लाने लगी, उसने पम्मो को सहारा देकर उठाया। एक तितली हाथ को फूल समझकर उस पर आ बैठी।

"देखो पम्मो," चन्दर ने पम्मो को चिमटाकर कहा।

"हाथ—कौन डाल गया यहाँ!"

"ज़रूर कोई परी भूले से छोड़ गयी होगी," चन्दर ने राय दी।

"कहाँ है परी?"

"उड़ तो गई।"

"पर हाथ यहीं गिरा गई?"

"लगता है, भूले से रह गया—इसे उठा ले पम्मो"

"नहीं छोटे भय्या घर चलो," पम्मो की घिग्घी बन्ध गई?

"अरे डरती काहे को है सिड़न, ठहर ज़रा देखें तो"

चन्दर ने एक तिनका लेकर डरते-डरते हाथ को छुआ। एक नन्हीं-सी उंगली हिली और मुरग़ाबी क़ैं-क़ै करती झल से उड़ी। दोनों लरज़ कर भागे। मगर चन्दर मर्दानावार वापस लौटा, लम्हा भर बाद ही, लकड़ी से पत्ते हटाये तो मिट्टी में से भूरे-भूरे बाल और एक सफ़ेद मुखड़ा भी दिखाई पड़ा। दो बड़ी-बड़ी सहमी हुई आँखें खुल पड़ीं। नन्हें-नन्हें होंठ लरज़े और

चीथड़ों में लिपटी हुई दो-डेढ़ साल की बच्ची पत्ते झाड़कर उठ बैठी। दोनों बच्चों की सिट्टी-पिट्टी गुम!

"तुम परी हो न?" चन्दर ने सहमी हुई आवाज़ में पूछा। बच्ची ने हाँ में सर हिला दिया।

"देखा—" चन्दर ने अकड़कर पम्मो पर धाक जमानी चाही।

"तुम्हारे पर कहाँ हैं परी?" पम्मो की भी हिम्मत बढ़ गई!

बच्ची डरी हुई, आँखें फाड़कर चारों तरफ़ देखकर बिसूरने लगी।

"बुद्धू कहीं की, रुला दिया बिचारी को, टाफ़ी खाओगी परी?"

बच्ची ने सर हिला दिया।

"हाय बेचारी भूखी है..." पम्मो की आँखें छलक उठीं।

"...इसके पर तो है ही नहीं, उड़ेगी कैसे?"

"तुम रोओ नहीं परी, बेचारी के पर खो गये हैं, दूसरे निकल आयेंगे।"

"रो मत परी।"

"अब क्या करें?"

"चलो इसे घर ले चलें, ऐ परी हमारे घर चलोगी?"

बच्ची ने सर हिला दिया। जब दोनों उसको लादे घर पहुँचे तो रामी कहारन की तो चीख़ें ही निकल गईं,

"हाय माई, मासी जी छोटे भय्या कहीं से लौंडिया उठा लाये"

"लौंडिया—ऐ चल दिवानी, किसी ग्वाले की छोकरी होगी फिंकवाओ मुई को।"

"ए जी बे न फेंकने दें, मारे हैं दोनों के दोनों"

"ऐ कौन दोनों?"

"बुई छोटे भय्या, उनके संग पम्मो भी लग गई हैं,"

"चल मैं देखती हूँ, इस लौंडे ने तो नाक में दम कर दिया है, कभी कुत्ता, कभी बिल्ली, कभी गिलहरी उठाये लिये चला आता है। आज तो किसी की लौंडिया ही उठा लाया, मलेछ कहीं का—"

"अरे ओ चन्दर निगोड़े, क्या उठा लाया रे—"

"परी मासी," चन्दर ने ऐलान किया।

"हाँ मासी बेचारी के पर खो गये हैं," पम्मो ने तरफ़दारी की।

“क्यों रे यह घर है या घूरा कि जो कूड़ा करकट मिला, सो उठा लाया। मुंशी जी से फिंकवाओ इस मुर्दिन को।”

“चल बे साखी के बच्चे उठा अपनी नानी को” मुंशी जी ने मेहतर को हुक्म दिया।

“हाथ मत लगाना, दूँगा अभी एक,” चन्दर ने हाकी स्टिक की तरफ़ बढ़ते हुए कहा।

“क्या बात है—” बड़े सरकार ने सीढ़ी के सिरे पर से नाक-भों चढ़ाकर कहा।

“देखो तो बेटा न जाने किसकी लौंडिया उठा लाया है,”

“वाह हमने तो पड़ी पाई है, पम्मो से पूछ लीजिये।”

“हाँ बड़े भय्या बेचारी के पर खो गये हैं,”

“पर—?”

“हाँ भय्या जी, यह परी है न, पत्तों में सो रही थी,”

“अच्छा बस हो चुका खेल, चलो इसे फिंकवाओ।”

“नहीं हम पालेंगे इसे,” चन्दर ने समेटकर बच्ची को अपने कब्ज़े में किया।

ज़रा सी बच्ची, न जाने क्या समझकर उसके सीने से बन्दर के बच्चे की तरह चिपक गयी।

“ऐ है, बड़ा आया पालन हार, देखती हूँ तू इस बला को कैसे पालता है।”

मासी ने बच्ची का बाज़ू पकड़कर खींचा और उसे गन्दे-चीथड़े की तरह चलीं बाहर फेंकने।

जानो छोटा-मोटा तूफ़ान मासी की जान पर टूट पड़ा पम्मो और चन्दर उनसे चिमट गये, दाँतों और नाखूनों से साड़ी तार-तार कर डाली। पम्मो ने ज़ोर-ज़ोर का धक्का दिया तो मासी चारों ख़ाने चित, दोनों उनकी छाती पर चढ़ बैठे और उन्हें पस्त कर दिया। बच्ची ये चुहलें देखकर खिलखिलाकर हँसी और तालियाँ बजाने लगी।

बड़े सरकार को इतने ज़ोर की हँसी आई कि उनकी सारी बड़ाई ख़ाक में मिलती नज़र आई।

उन्होंने बड़े ज़ब्त से कहा—

"रहने दीजिये मासी, पुलिस चौकी ख़बर करवा दीजिये, वो आकर ले जायेंगे।"

मगर बच्चे गुल मचाने लगे, सूरज के पैरों से लिपटकर रोना शुरू कर दिया। मासी ने दाँत पीसकर कहा कि "देखूँगी चन्दर थानेदार को कैसे रोकता है?"

"हम पुलिस को भी मारेंगे," चन्दर ने हाकी लहराई, वह सूरमा बना परी की हिफ़ाज़त पर डटा रहा।

"हत्थकड़ियाँ पड़ जावेंगी लल्ला जी।"

"हम तोड़ डालेंगे, हथकड़ियाँ।"

पुलिस ने आकर तफ़तीश की तो पता चला कि आस-पास के किसी गाँव वाले की बच्ची नहीं है। न जाने कौन फेंक गया है।

"हराम की होगी..." मासी ने फैसला किया, "...अनाथ आश्रम में भिजवा दो।"

"जब तक उसका कोई वारिस नहीं मिलता, इसे यहीं रहने दीजिये, बच्चों का जी भर जायेगा तो भिजवा देंगे।" बड़े सरकार ने फैसला किया।

बच्ची वाक़ई परीज़ाद थी, उसका कोई वारिस उसकी तलाश में नहीं आया और वह वहीं रहने लगी। ऊषा रानी के गुड़िया खेलने के दिन अभी बाक़ी थे, उन्होंने पुराने कपड़े काटकर झमझमाते हुए लिबास तैयार किये। कुछ दिन तो रसोई के पास वाली कोठरी में रामी कहारन के पास रही फिर बच्चों के कमरे में ज़मीन पर सोने लगी। दीदी की ख़ुशामदें करके उसके नये कपड़े भी बनवा लिये। कभी मासी एकदम से बग़ावत पर डट जातीं कि "न जाने मुई भंगी की है कि चमार की, संग मेज़ पर बैठ कर खाती है"

मगर उसे चन्दर और पम्मो के साथ-साथ ऊषा रानी की मुहब्बत हासिल थी! इसलिए बच्चों की ज़िद पूरी होती रही। सूरज को कोई शिकायत नहीं थी, बच्ची उनकी सूरत से लरज़ती थी, देखते ही भागकर किसी कोने में छिप जाती, चन्दर या पम्मो की आड़ में हो जाती या ऊषा के आँचल में मुँह छिपा लेती, रोती होती तो एकदम से साँस रोक लेती, हँसती होती

तो मुँह पर हाथ रखकर सो जाती। बड़े सरकार अपने रौब का उस पर यों सिक्का बैठते देखते तो और फूल जाते। ऊषा उसे बन्दरिया की तरह प्यारे-प्यारे कपड़ों में सजातीं, उसका नाम उसी ने चाँदनी रखा। चन्दर की चाँदन–उसी को तो पड़ी मिली थी, चन्दर और पम्मो उस पर फ़रेफ़ता थे। बड़े फ़िक्रमन्द होकर कभी ग़ौर से उसके कंधों को टटोलते कि कहीं पर फूट तो नहीं रहे हैं। पर निकल आये तो फिर से उड़ जायेगी।

मासी की मुखालिफ़त के बावजूद उसकी पढ़ाई भी होती रही, क्योंकि वह हरदम बच्चों के साथ लगी रहती थी।

"न जाने क्यों मेरा जी आप ही आप धड़-पकड़ होता है। नेक शगुन नहीं कि रास्ते का कूड़ा आँखों में घुस आयें..."

मासी ठण्डी साँस भरकर कहती..."बड़ी होकर यह लौंडिया न जाने क्या गुल खिलायेगी।"

बड़े सरकार बहुत बड़े थे, इसलिए न उनके दोस्त न यार न कहीं आना-जाना। वह थे और उनकी फ़िलासफ़ी की किताबें। घोड़े की सवारी और तैरने के इलावा कभी बाहर नहीं निकलते। दूर-दूर तक जागीर फैली हुई थी। अपनी नहर, अपने जंगल और अपनी झील। काश चन्दर ही उनके साथ का होता तो इतना जान लेवा अकेलापन नहीं होता। चन्दर और पम्मो की कैसी गाढ़ी छनती थी। कभी उनका जी चाहता एकदम उनकी तरह ठढ्ठे लगाने लगें। पेड़ों पर चढ़कर धमा धम कूदें, मगर बड़प्पन आड़े आ जाता।

ऊषा को वह कभी न समझ सके। शरमाई सी बेचारी, चुपके-चुपके उन्हें तकने के सिवा किसी काम की न थी। उसे जवान होता देख जो ख़्याल उनके मन में आये उनको गन्दा समझकर वह एकदम सहम गये, उन्हें उसके वजूद पर गुस्सा आने लगा। चन्दर गधा था। पढ़ाई से जी चुराता। शरीर सबको परेशान किया करता था। मासी का तो नात्क़ा बन्द कर रखा था। उनका ख़्याल था कि बड़ा होकर ज़रूर डाकू निकलेगा। मौक़ा मिल गया तो सारी जायदाद फूंक के कंगाल हो जायेगा। वह हँसता था, खेलता था, झगड़ता था। एक मामूली इंसान था। मगर सूरज देवता थे। मासी रोज़ उनकी आरती उतारती थी। गाँव वाले उन्हें अवतार मानते

थे। यह भाग्य की बात थी, भगवान जिसे चाहे जितना दे। सब उनसे रौब खाते थे यहाँ तक कि चन्दर का कुत्ता तक उनसे लरज़ता था। एक दिन यों ही उन्होंने उसके सर पर हाथ फेरा तो दाँत निकोसने लगा। मासी ने उसे उनके कमरे में जाने पर इतना पिटवाया कि वह दर्वाज़ा देखते ही काँप कर पलट जाता।

एक दिन बच्चे बाग़ में गेन्द खेल रहे थे। चन्दर लड़कियों को खूब पदा रहा था कि गेन्द चाँदनी के हाथों से फिसलकर सूरज के पैरों के पास आन गिरी। उन्होंने उठाकर जेब में डाल ली और पढ़ने में जुट गये। बच्चे गेन्द ढूँढ़ नहीं पा रहे थे। सूरज के अन्दर सोया हुआ नौजवान लड़का जाग उठा। जेब से गेंद निकाल कर बड़ी हसरत से देखी। इतनी सी उम्र में इतना बड़ा बोझ कांधों पर आन पड़ा था कि कभी गेन्द जैसी हक़ीर चीज़ की तरफ़ ध्यान ही नहीं जाने दिया। उसने इधर-उधर देखकर गेंद को ज़ोर से उछाला और नीचे आते-आते ज़ोर से किक लगा दिया। उम्मीद के ख़िलाफ़ गेंद ज़न्नाटे से उड़ी और ठीक मासी की खिड़की को तोड़ती हुई धायं से उनकी खोपड़ी पर पड़ी। मासी ध्यान में डूबी लहक-लहक कर गीता का पाठ कर रही थीं। गेंद जो सर में लगी तो मासी डर के चिंघाड़ीं, गेंद को खूनी नज़रों से घूरा फिर दनदनाती बाग़ में पहुँची। चन्दर गेंद की तलाश में इधर-उधर झाँक रहा था। झट मासी ने उसका कान पकड़ लिया और उसे दौड़ाती हुई उसे बड़े सरकार के हुज़ूर ले चलीं। चाँदनी ने जो ये चन्दर की गत देखी तो बिलबिला कर मासी की कलाई में झूल गई और चुहिया जैसे नुकीले दाँत गाड़ दिये। "हाय मय्या" मासी ने तड़पकर कान छोड़ दिये और एक थप्पड़ जो मारा तो मौलश्री के थाल में गिरी। इससे पहले कि मासी उसका कचूमर निकाल देतीं। पम्मो और चन्दर उसे समेटकर डट गये।

"मुझे मार लो मासी पर उसे रहने दो।"

पम्मो गिड़गिड़ाई और सारे वार अपनी पीठ पर सह लिये। सूरज ने यह सब देखा तो मासी की हिमाक़त पर उन्हें हँसी आई। जब उसके सामने मुक़दमा पेश हुआ तो वह बड़ी मासूम शक्ल बनाये किताब पर झुका रहा। मासी पर उसको बहुत प्यार आया।

"क्यों चन्दर तुम बड़े शरीर हो गये हो," उन्होंने उसे डाँटा। थोड़ी देर पहले गेंद पर लट्टू होने वाला सूरज ग़ायब हो चुका था, सिर्फ़ देवता समान बड़े सरकार रह गये थे। उन्हें तो सोचते हुए भी डर लगता था कि दोनों हस्तियाँ एक हैं। वह ज़लील सूरज बड़े सरकार नहीं कोई और था।

"बड़े भय्या सच हमने नहीं फेंकी," चन्दर ने सहमकर कहा।

"और ऊपर से झूठ बोलते हो। चलो मासी से क्षमा माँगो।"

"क्षमा कर दो मासी," चन्दर ने हथियार डाल दिये और माफ़ी माँग ली।

**घड़ियाँ** सालों में बन्धती चली गयीं। वह नन्हा-सा जामुन का पौधा जो पम्मो और चन्दर ने झील के किनारे लगाया बढ़कर देव जैसा झूमने लगा। सूरज का दबदबा भी फैलकर सारे घर पर छा गया। बच्चे उनका इतना मान करते थे, जितना माँ-बाप का भी नहीं किया जाता। चन्दर उनसे अब भी नज़रें मिलाकर बात करते घबड़ाता था।

पम्मो ज़रा लाड़ली थी मगर आमने-सामने उसकी भी बात करने की हिम्मत नहीं थी। ऊषा रानी के दिलोदिमाग़ पर उनका गहरा साया था। इस देव जैसे आदमी ने जैसे उन्हें अपंग बना डाला था। उनके दिमाग़ और दिल पर बड़े सरकार का राज था। मशीन की तरह वह सूरज देवता के गिर्द चक्कर काटती रहती। उन्हें नाश्ता करवाना, नेपकिन खोल कर देना, अण्डों पर नमक काली मिर्च छिड़कना, टोस्ट पर मक्खन लगाकर देना, फिर अपने हाथ से उनके सामने से बर्तन उठाना। इस ख़िदमत में अब न कोई लुत्फ़ रहा था, न कोफ़्त।

वह बड़े सरकार की दासी है और यही उसके नसीब में लिखा। उसके लिए दुनिया में बस वही एक मर्द था। वह उनके लिए, उनकी जीवन संगिनी बनने के लिए पैदा हुई है। एक दिन उसका ब्याह होगा। बड़े सरकार उसका घूंघट उठायेंगे। या यह ख़िदमत भी दासी को अंजाम देनी होगी। मुंशी जी पहले बच्चों के मास्टर की हैसियत से आये थे, बरसों पढ़ाते रहे और वहीं के हो रहे। उन्होंने ऊषा रानी के इश्क़ में अपनी जवानी

सुखा दी। उसे देखकर ठण्डी साँसें भरते और कर भी क्या सकते थे। वह उनके प्रेम की देवी थी।

पढ़ाते वक़्त वह सामने से गुज़र जाती तो इतना बौखला जाते उल्टी सीधी हरकतें करने लगते। ऊषा को उन्हें यों बदहवास करने में बड़ा मज़ा आता। वह जान बूझकर, उनकी बेक़रारी बढ़ाने के लिए मीठे-मीठे क़हक़हे लगाती और छेड़-छेड़ कर बातें करती।

"मुंशी जी, यह बताइये कि अगर आपको पता चले कि आपका कोई दीवाना है तो आप क्या करेंगे?"

"जी—जी—मैं—" मास्टरजी के पसीने छूट जाते।

"मेरा मतलब है कोई भी। यों समझिये जैसे किसी लड़की को कोई बड़ा ही गुनी इंसान प्यार करता है तो उस लड़की को क्या करना चाहिये?"

"वह...वह उसपर दया करे," मास्टर जी धोती से पसीना पोंछने लगे।

"क्या वह साफ़-साफ़ कह दे कि जी हाँ मैं आपको पसन्द करती हूँ?"

"जी—जी—अगर—"

"इसमें अगर-मगर बात है? आख़िर वह एक ऊँची ज़ात की कन्या है, कोई नीच छिछोरी लड़की नहीं, वह पुरुष भी बहुत महान् है, बहुत सुन्दर और गुनी।"

"जी," मास्टर जी को सन्देह होने लगता, यह उनका ज़िक्र नहीं।

"मगर वह अपने मुँह से कभी कुछ नहीं कहते..." ऊषा रानी उदास हो जातीं,

"...शायद इसलिए कि यह अच्छी बात नहीं, क्यों मास्टर जी?"

"जी—जी हाँ—" मास्टर जी ज़्यादा उदास हो जाते।

"इसीलिए तो वह उनकी पूजा करती है, उन्हें अपना गुरु मानती है, उनके चरणों में जीवन बिताना अपना धर्म समझती है, मगर वह कुछ नहीं जानते, तभी तो कुछ नहीं कहते। क्यों मास्टर जी यही बात है?"

और मास्टर जी को अपने इश्क़ का अंजाम साफ़ नज़र लगता, ऊषा रानी का हुस्न ओ इश्क़ उनके लिए सज़ा बनकर रह गया था। कोई सगा सौतेला भी नहीं था जो ज़बरदस्ती शादी करा देता और वह उसे भूल

जाते। यों ही आशिक़ नामुराद बने सूख रहे थे और सुलग रहे थे। एक ही जगह बून्द-बून्द पानी टपके जाये तो पत्थर में भी गढ़्डा बन जाती है। ऊषा के प्यार में दुख सहते-सहते जैसे दिल में गट्टे पड़ गये थे, प्यार अब कड़ुवाहट देने लगा था।

कभी जो ऊषा से चिढ़कर बड़े सरकार उसे झिड़क देते फिर निदामत मिटाने को झूठी उम्मीद बँधाना पड़तीं। वह मुस्कुराकर बोल लेती तो ऊषा रानी के दिल में फूल खिल जाते। मासी ऊषा को समझाती—"बेटी यह तुझे उल्टी-सीधी बातें क्यों सूझती है, अगर तू पसन्द न होती तो क्या ज़बरदस्ती थी कहीं और शादी कराने को कहता। वह तो किसी साधू-संत का अवतार है, रानी ऐसे लोग औरत को मिट्टी समझते हैं।"

ऊषा रानी को कब इंकार था, बशर्ते कि वह इस मिट्टी को स्वीकार कर लें।

कभी मासी को ऊषा पर गुस्सा आने लगता। इसी में कुछ कमी है कि आँखों में नहीं जँचती। वह उसे बने ठने रहने को कहतीं, ताज़ा फ़ैशन की ताक में रहतीं, उसे किसी न किसी बहाने से सूरज के आसपास रखतीं।

लेकिन उस घर में चाँदनी भी थी, और मासी ठीक ही कहती थीं कि यह लौंडिया बड़ी होकर ज़रूर कोई गुल खिलायेगी, उस पर जो बहार आई तो एकदम गुलज़ार बनकर महक उठी। इतना कटीलापन शरीफ़ज़ादियों में नहीं होता ज़रूर किसी बैसवा की जाई होगी। क्या पता?

शायद यह उसके रूप ही की देन थी कि वह एकदम से निडर हो गई। बड़े सरकार तक से डरना छोड़ दिया। वह आ जाते तो एकदम से सबके मुँह में ताला लग जाता मगर वह बड़बड़ किये जाती।

"चुप रह चाँदनी, बड़े भय्या आ रहे हैं," पम्मो उसे रोकती।

"काहे को चुप रहें जी, हम कोई गालियाँ बक रहे हैं, अरे तुम बेकार को उनसे डरती हो, हम ज़रा नहीं डरते। कल बड़ी-बड़ी आँखें निकालकर घूरा तो समझे थे, मर जायेगी डर के मारे।"

"हाय माँ, तुझे घूरा बड़े भय्या ने?"

"हाँ,"

"फिर—?"

"फिर क्या, मैंने मुँह चिढ़ा दिया," चाँदनी हँसी।

"चल झूठी!"

"क़सम से।"

"फिर...?"

"फिर क्या भाग आई।"

"और जो मासी देख लेती तो?"

"अरे मासी से कौन डरता है, बहन बस भोंकती है, काटती-वाटती नहीं।"

"अच्छा, तू उनसे डरती नहीं तो बड़े सरकार काहे को कहती है?"

"तो क्या कहूँ?"

"बड़े भय्या कह।"

"धत्,"

"क्यों?"

"क्या वह अभी से तेरे जेठ बन गये जो तू उन्हें बड़े भय्या कहती है?"

"तभी तो मुझे लाज आती है।"

"लेकिन एक दिन कहना तो पड़ेगा बड़े भय्या।"

"चल हट मैं मार दूँगी हाँ–" चाँदनी बन कर शरमाने लगी।

चाँदनी बला की चुलबुली थी, अभी उसकी मुहब्बत में संजीदगी कम शरारत ज़्यादा थी। ठण्डी आहें भरने के बजाये धौल धप्पे में मज़ा आता था। मासी कड़ी नज़र रखती थीं। क्या मजाल है जो जवान लड़का लड़की ज़रूरत से ज़्यादा घुल-मिल जायें। हाँ ऊषा को वह जान-जानकर बड़े सरकार के कमरे में भेजतीं कि शायद कोई घपला हो जाये तो फिर शादी करनी ही पड़ेगी। मगर बड़े सरकार तो पत्थर थे। ऊषा जैसी जोंक भी न लग सकी। उन्हें कभी डर लगता कि कहीं यह लौंडिया चन्दर को न किसी फंदे में फांस ले। फिर वह सोचतीं कि उसमें इतना दम नहीं कि बड़े सरकार की मोहब्बत और रौब वह चन्दर के दिल से निकाल सके। अब तक यह हाल था कि नज़र भरकर देख लेते थे तो वह पतला पड़ जाता था। कितना ही बुरा सही पर बड़े भय्या पर जान न्यौछावर करने को तैयार रहता था।

यह भी सोचतीं कि अगर लौंडिया से फंस गया तो फिर यहाँ से मुँह काला कर जायेगा जायदाद की तरफ़ आँख उठाने की हिम्मत न होगी।

चाँदनी की सारी दिलेरी उस दिन ख़त्म हो गई जिस दिन उसे बड़े सरकार पर शक हुआ। कोई दूसरी होती तो उसे ख़्याल भी न आता। वही इतनी नीच थी कि उसे उनका नीचपन मालूम पड़ गया। बात यह हुई कि चाँदनी नहा रही थी कि न जाने कैसे उसकी छठी हिस जाग उठी और ऐसा महसूस हुआ कि कोई छिपकर उसे देख रहा है। उसने कपड़े उतार दिये थे, बालों में रीठे डाल चुकी थी। उसे शक हुआ बाग़ की तरफ़ खुलने वाले दरवाज़े के क़रीब कोई है।

"चुड़ैल मेहतर की लौंडिया, बड़ी बदमाश है, हर वक़्त ताका झांका करती है।" उसने जल्दी से तौलिया लपेट लिया। दरवाज़े के शीशे पर जो परछाईं पड़ रही थी उससे अन्दाज़ा हुआ कि बच्चा नहीं कोई बड़ा है। साया झट से हट गया तो पालिश लगे हुए शीशे पर जो थोड़ी देर पहले काला निशान था, उसके मिटने से रौशनी आने लगी। यह काला निशान नहीं था। किसी ने पालिश खुरचकर झांकने के लिए शीशा साफ़ कर दिया था, किसी गन्दे ज़ेहन की आँख थी जो उसे चौकन्ना देखकर भाग गया। उसने थोड़ा सा साबुन नोचकर चिपका दिया। मारे ज़िल्लत और शर्म के उसका नहाना दुश्वार हो गया।

दूसरे दिन उसने ऊषा से कहकर मरम्मत करवा दी मगर चन्द दिन बाद उसने देखा दूसरा शीशा चने बराबर खुरचा हुआ था। वह ऊषा के बाथरूम में नहाने लगी। मगर मासी ने उधम मचानी शुरू कर दी कि ये काहे के नख़रे हैं और वह सहमकर रह गई। उसने तय कर लिया कि वह किसी तरह झाँकने वाले को पकड़ेगी, उसने शीशे का सूराख़ बन्द नहीं किया, बाथरूम में जाकर उसने यों ही पानी गिराना शुरू किया, बाग़ के दरवाज़े की कुण्डी खुली रखी, उसकी नज़रें शीशे पर जमी हुई थीं, झांकने वाले को अन्दाज़ा नहीं था कि अन्दर से हल्का सा साया दिखाई देता है। जैसे ही खुरची हुई जगह पर आँख आई चाँदनी ने धड़ से दोनों पट खोल दिये। सामने बड़े सरकार खड़े थे और उनकी आँखों में ज़माने भर की ग़लाज़तें बजबजा रही थीं, वह हताश-सी खड़ी रह गई फिर पलटकर अपने कमरे में जाकर ज़ख्मी चिड़िया

की तरह पड़ गई।

उसे अपनी आँखों पर एतबार नहीं हो रहा था। जैसे उसने भगवान को गोबर खाते देख लिया हो। अगर वह किसी को बताती तो तूफ़ान उठ खड़ा होता। फिर वह इस घर में एक मिनट नहीं रह सकती थी। उसने पम्मो से सिर्फ़ इतना कहा कि बाथरूम में कोई झाँके न इसलिए शीशों पर काग़ज़ चिपका दिये जायें, पम्मो अहमक़ों की तरह मुँह देखने लगी। भला बाथरूम में कौन झाँक सकता है। उस दिन से उसने भरसक बड़े सरकार के सामने जाना छोड़ दिया। उनसे आँख मिलाना तो बड़ी बात थी। वह उनकी तरफ़ देखती भी नहीं। खाने के वक़्त उनकी निगाहों से बच पाना मुश्किल होता मगर वह पम्मो और चन्दर के बीच दुबक कर एक तरफ़ बैठ जाती और उल्टे सीधे निवाले निगल कर भाग खड़ी होती।

बड़े सरकार इस घटना के बाद कई दिन अपने कमरे से बाहर नहीं निकले। न खाना खाया, न कपड़े बदले रातें सिगरटें फूँकने और टहलते गुज़र जाती। मासी और सारे घर वाले हैरान-परेशान। सिवाये चाँदनी के सबने बारी-बारी दरवाज़ा खटखटाया। मगर उन्होंने झिड़क दिया। कई दिन के प्रायश्चित के बाद उन्हें यह यक़ीन हो गया कि चाँदनी ने किसी से कुछ नहीं कहा तो ज़रा ढारस बँधी। फिर उन्हें ख़्याल आया कि चाँदनी को उनके जुर्म का क्या पता, अगर वह दरवाज़े के पास खड़े भी थे तो उसमें ऐसे ग़ज़ब की क्या बात थी? वह घर के मालिक हैं। हज़ार कारण हो सकते हैं उनके वहाँ होने के। चाँदनी की इतनी हिम्मत नहीं हो सकती कि वह उनकी नीयत पर शक करे। इस यक़ीन के साथ वह बड़ी दिलेरी से बाहर निकल आये। उसी दिन मासी ने सरना देवी के मठ की जाली में कलेवा बाँधकर मन्नत माँगी थी। यों फौरन निशाने पर तीर बैठते देख वह सरना देवी के चरणों में औंधी हो गईं।

"हे-हे बेटा मेरा तो दम निकला जावे रहे, क्या बात हुई—?"

"कुछ नहीं मासी, ज़रा तबीयत भारी थी, सोचा व्रत ही रख लिया जाये। आप लोग तो अकारण परेशान हो जाते हैं। मुझे दर्शन की किताबों से कुछ नोट्स बनाने थे इसलिए।"

जब वह बाहर निकले चाँदनी झट अन्दर भाग गई, इसके बाद यही

होता कि सूरज के निकलते ही चाँदनी गुल हो जाती। बात आई-गयी हो गई। मगर शेर और हिरनी की दौड़ शुरू हो चुकी थी। शेर की गन्ध पाकर हिरनी चौकड़ियाँ भरने लगी।

रातों को कभी-कभी चाँदनी कोई डरावना सपना देखकर हिचकियों से रोने लगती, जैसे दूर सुनसान जंगल में वह सूखे पत्तों के ढेर पर जा पड़ी है? आस-पास भयानक सन्नाटा है और कोई नहीं। कोई नहीं! वह भाग रही है, दो आँखें अपनी बांबियों में से निकलकर उसकी तरफ़ रेंग रही है। उसके पैरों में उलझ रही है। लम्बे-लम्बे साँपों की तरह लहराती हुई आँखों ने उसका अंग-अंग जकड़ लिया है, एक अनजाना डर उसके वजूद को हौले-हौले पीसकर निगल रहा है। उसकी साँस रुक गई है, फेफड़े चिपककर चपाती हो गये हैं, अब दम वापस न आयेगा और वह जनम-जनम् योंही नीचे, बहुत नीचे गिरती जायेगी। फिर उसकी आँख खुल जाती, लम्बी साँस खींचकर वह हिचकियों से रोने लगती। धीरे-धीरे कि पास सोती हुई पम्मो की नींद कहीं टूट न जाये।

वह कहाँ पैदा हुई थी, क्या उसे भी किसी माँ ने जन्म दिया था। उसका भी कोई बाप था? तो फिर सब क्यों उसको छोड़कर गुम हो गये या कोई परी उसे धरती पर फेंककर भूल गई।

उसका रोम-रोम ठाकुर ख़ान्दान के बन्धनों में जकड़ा हुआ था। मलबे पर से उठाकर सच में उन्होंने उसे शहज़ादी बना दिया था। और चन्दर ...बगैर चन्दर के चाँदनी कहाँ हो सकती है। वह दुनिया कितनी दुख भरी और अंधेरी होगी जहाँ चाँद नहीं होगा। वह चन्दर की छाया ही तो थी जिसमें हर क्षण समा जाने की इच्छा उसके अन्दर क़ुलाचे भरती थीं! कितनी ढारस थी उसके प्यार में, वह उसी की थी—उसने पड़ी पाई थी न!

पम्मो—पिछले जन्म में उसने जाने कौन से पुण्य किये थे जो पम्मो जैसी सहेली इनाम में मिली, पम्मो की दोस्ती बहनापा या ममता जो कुछ भी कह लो, उसके जीवन का सबसे सुन्दर वरदान था। पम्मो इंसान नहीं किसी देवी का अवतार थी। हमेशा माँ की तरह उसे बचाये रखती।

ऊषा दीदी—उनके क्या कहने, वह तो ऊषा दीदी हैं न? घर की रानी। किसी को उनसे शिकायत नहीं। सबको प्यार देती हैं, सबका ख़्याल

रखती हैं। दिल वाली हैं न लेकिन उनके देवता बिल्कुल खड़ंजा, आँख उठाकर भी नहीं देखते कि पुजारन हाड़ मांस का जीव है या भुरभुरा रेत का ढेर! कुछ नहीं माँगती, दिल की सांगड़ी सुलगाये माथा टेके पड़ी है। कभी तो देवता की आँख जागेगी। उसके हृदय से सत् को शोला कौंदकर उनके दिल में उतर जायेगा फिर जीवन सफ़ल हो जायेगा। हाथ जोड़कर वह भगवान् कब पसीजोगे, ऊषा दीदी का कल्याण कब होगा, चिड़िया प्यासी कब तक तड़पाओगे?

मगर मासी तो सिर्फ़ भोंकती है...जवानी में मियां चल दिये, तब से बस ऊषा के लिए जी रही है, उसे घर की रानी बनाने में हर एक सेवा में जुटी हुई है। न खाने का शौक़, न पहनने ओढ़ने का, बस एक ही फ़िक्र कि ऊषा का नसीब जाग उठे, ऐसी कौन सी बड़ी भारी आरज़ू है जो भगवान् पूरा करते। किस बात पर इतनी आलस आती है। सारी दाँता कल-कल इसी बात की तो है कि भगवान् भेंट स्वीकार नहीं करते। ऐ पालनहार उनके दिल में ऊषा का प्यार भर देगा तो तेरी भगवानियत पर कौन सा टोटा आ जायेगा। फिर ये अनजाने भूत नहीं सतायेंगे।

उसने बातों-बातों में यों ही एक दिन चन्दर को टटोला, "चन्दर जी—"

"हूँ,"

"चाँदनी मर जाये तो क्या करोगे?"

"चाँद डूब जाये तभी चाँदनी मर सकती है। तू मुझे कोस रही है?" चन्दर आँखें मूँद कर बोला।

"हाय मेरा मुँह जले, तुझे कोसूँगी? पर ज़िन्दगी का क्या भरोसा लोग मर जाते हैं।"

"चल पगली, इस वक़्त मौत क्यों याद आ रही है?"

"पता नहीं चन्दू, जब तू पास होता है तो मर जाने को जी चाहता है।"

चाँदनी ने ठण्डी साँस भरी और अपना गाल उसकी हथेली पर रख दिया।

"अच्छा अगर कोई मुझे, तुझसे छीन ले तो?"

"ओये कोई नहीं छीन सकता, गोली मार दूँगा।"

"तेरे भय्या भी नहीं छीन सकते?"

एकदम चन्दर उसे झटककर उठ बैठा, उसकी आँखों में चिंगारियाँ चटखने लगी। "तूने भय्या का नाम कैसे लिया?"

"चन्दू—" चाँदनी ने सहमकर उसका हाथ छुआ।

"कमीनी वह मेरे पिता समान है," चन्दर की आवाज़ घुटने लगी।

"भूल हुई चन्दर, मेरे मुँह से निकल गया, मैंने यह थोड़ी कहा।"

"मुँह तोड़ दूँगा जो तूने आइन्दा ऐसी बात निकाली, वह मुझे कितना चाहते हैं और तू अपने आप को क्या समझती है भंगन?"

"मैं तेरे चरणों की धूल हूँ चन्दर—तेरी छाया," वह पास घुसने लगी।

"दूर हट मुझे गुस्सा आ रहा है, तूने भय्या को गाली दी।"

"तू मुझे मार चन्दर—ज़ोर से थप्पड़ मार," चाँदनी आँखों में आँसू भरकर बोली।

"हट," चन्दर नरम पड़ गया।

"मैंने तो यूँ ही कहा पगले, तू क्या समझ बैठा। तेरे ही नहीं मेरे भी मालिक हैं, मेरा मतलब था वह...वह मुझे घर से निकाल दें और"

चाँदनी ने बात पलटी।

"तो मैं भी घर से निकल जाऊँगा, मगर ऐसा नहीं होगा। बड़े भय्या नेक हैं, मेरी ज़िद आज तक उन्होंने नहीं टाली।"

"मगर मैं—मैं तो राम जाने कौन हूँ, तू ठाकुर का पूत है।"

"तू चाँदनी है और बस इसके आगे मैं नहीं जानता।" चन्दर ने उसे बांहों में लेकर इतनी ज़ोर से भींचा कि उसके खिंचने लगे, ठण्डी-ठण्डी घास पर दोनों लोट-पोट हो गये। एकदम चाँदनी ने बचाव के लिए चन्दर के बाल पकड़ लिये मगर यह देखकर उसका दिल काँपने लगा कि बजाये दूर होने के वह उसमें समाने लगी।

एकदम खुश्क पत्तों में सरसराहट हुई और दोनों तड़प कर दूर हो गये। बड़े सरकार लापरवाही से आसमान की तरफ़ नज़र जमाये हाथ में बन्दूक़ लिये दिखाई दिये। चाँदनी जल्दी से पेड़ के तने की आड़ में हो गई। यों ही बड़े सरकार ने चन्दर की तरफ़ देखा जो चोर बना घास पर पड़ा था। उनकी

आँखों में साँप फुंकार रहे थे। चन्दर एकदम से कपड़े झाड़कर खड़ा हो गया। बड़े सरकार मुस्कुरा पड़े, बड़ी नर्मी से बोले–

"गीली घास पर लेटे हो, सरदी हो जायेगी, जाकर स्वेटर पहनो।"

"जी–जी" चन्दर भागने लगा।

"इम्तिहान की तैयारी कर रहे हो।"

"जी,"

"पढ़ने के लिए यह जगह तो अच्छी है लेकिन किताबें कहाँ हैं।"

"आ–वह–कमरे में..."

"कोई बात नहीं, क़ायदे से तुम्हें भी कमरे में सोना चाहिये।"

"जी,"

वह एक सूखे हुए पेड़ के तने पर बैठ गये, बन्दूक़ खोलकर ख़ाली कारतूस निकाला और फूंक से नाली साफ़ की चन्दर बुद्धू की तरह बैठा था। उन्होंने जो बड़ी-बड़ी आँखें उठाकर उसकी तरफ़ देखा तो वह जैसे उल्टे पैर भागा। बड़े सरकार ने नया कारतूस डालकर खट से बन्दूक़ बन्द की। चाँदनी ने देखा तो उसका दम ही निकल गया। जैसे धायं से गोली उसके सीने में लगी। वह पेड़ के तने से लगकर खड़े हो गये, पेड़ हिला तो चाँदनी मुँह के बल गिरते-गिरते संभल गई। आहिस्ता-आहिस्ता पहले बन्दूक़ की नाली नज़र आई फिर हाथ और कंधा पेड़ की आड़ से सरका। चाँदनी दबे पाँव सरककर फिर पेड़ की आड़ में हो गई लेकिन बन्दूक़ की नाल भी उसी रफ़्तार से एक दायरे में घूमकर फिर सामने आ गई। चाँदनी बुरी तरह लरज़ रही थी, पसीने की लड़ियाँ उसके सारे जिस्म पर रेंगने लगी। वह तेज़ी से मुड़ी कि एक ही छलांग में भाग निकले। मगर वहीं की वहीं पत्थर बनकर रह गई। बन्दूक़ की नाल उसकी आँखों के सामने साँप के फन की तरह फुंकार रही थी। दो गहरे कुँएँ–जो मीलों दूर गहराई में डूबते चले गये थे। जिनकी तह में गोलियाँ थीं। बन्दूक़ की नाल के जादू से आँखें छुड़ाकर उसने उनसे भी ज़्यादा ख़तरनाक ज़हर में बुझी संगीनों जैसी आँखों में डरते-डरते देखा तो वही नफ़रत और गुस्से के शोले लपक रहे थे। बावजूद कोशिश के वह उनकी आँखों के भँवर से वह अपनी आँखें न छुड़ा सकी। मगर वह सन्नाटे में रह गई जब एकदम विष भरी

फुंकारती हुई आँखों के फन झुक गये। बड़े सरकार की पेशानी पर पसीना फूट निकला बन्दूक़ की नाल पलकों की कंपकपाहट के साथ झुकती गई। पेड़ सरकार पर जैसे अचानक पहाड़ ढह पड़ा। उनका लम्बा छरहरा जिस्म झूल गया, कंधे झुक गये, टाँगें जले हुए काग़ज़ जैसी चरमर हो गईं और वह साबुन की झाग की मानिन्द उसके क़दमों में सरनिगूं हो गये।

हिरनी को घायल करने में अगर शिकारी खुद यों चित हो जाये तो वह भी दमभर के लिए भौंचकी होकर चौकड़ी भूल जाये। मगर दूसरे लम्हे वे संभली और बन्दूक़ की नाल को फलाँगती हुई तीर की तरह हवेली की ओर भाग खड़ी हुई।

**बेकार** की मत्था फोड़ी है मासी जी, इस चट्टान पर फूल खिलाने की आशा छोड़ दो। मुंशी जी चुटकियाँ भरे जा रहे थे। मासी बड़े सरकार के लिए नाश्ता सजा रही थीं। ऊषा को पुकारा तो वैसी ही सर झाड़-झंकार उठी चली आई इन गुनों बन चुकी रानी। उल्टे पाँव उन्होंने उसे कपड़े बदलने को वापस भेजा। मुंशी जी बड़ा गन्दा सा कहक़हा मारकर छेड़ने लगे।

"भोंके जा मुए, पैर की जूती के दिन भी लगे हैं कि सर चढ़ी आई है।"

मासी बिगड़ने लगी।

"पर मैं तो तुम्हारे ही भले को कहता हूँ क्यों बिटिया की जवानी को दीमक लगा रही हो। क्या सारी उम्र डाल पर ही लटकाये रखोगी? मरी क़सम तोते मैना ठोंगे मारकर खोखला कर देंगे।"

"देख, मुंशी निगोड़े मेरे मुँह न लग हाँ..."

"पर मैं कहूँ कुछ भेद ज़रूर है, अपनी कसम सत्रह साल से डेयोढ़ी पर डियूटी दे रहा हूँ, आज तक कोई ऐसी बात नहीं हुई।"

"उई मुआ, जाने क्या बक रहा है?"

"तुम ठहरी औरत ज़ात अब तुम्हें क्या बताएँ, पर सच बताओ कभी सुना कि बड़े सरकार ने मेहतरानी को छेड़ा कि धोबन की कोलिया भर ली?"

“ऐ फटकार तेरी सूरत पर, उसे भी तूने नीच समझा है अपनी तरह। ठाकुर का पूत मुई मेहतरानी धोबन से छेड़ करेगा।”

“ऐसा मत कहो मइया, हम जानें हैं इन ठाकुरों की ठकुराई। याद है बड़े ठाकुर का ज़माना?”

“तब ही तो सड़-सड़कर मरे, मेरा सूरज ऐसा नहीं मुंशी तू न समझेगा उसे। ज्ञान-ध्यान से नाता रखने वाले मन में खोट नहीं रखते,” मासी ने ठण्डी साँस खींची।

“अच्छा जी हटाओ मेहतरानी-धोबन को, अपनी ऊषा रानी हैं क्या सुन्दरता है कि देवताओं की राल टपकती है, मगर बड़े सरकार ने कभी उनसे प्यार से छेड़ख़ानी कर ली?”

“ख़बरदार जो तूने मेरी बिटिया का नाम लिया, हरामज़ादे चल दूर हो,” मासी ने खड़ाऊँ उठाई और मुंशी जी दूर भागे।

“अच्छा जी गर्म काहे को होती हो, मगर कहे देता हूँ कुछ मामला ज़रूर है। ऐसा भी स्साला क्या ज्ञान ध्यान अपनी ऊषा रानी कुछ मेनका से कमती हैं? मगर भय्या यह विश्वामित्र तो मुझे काठ का उल्लू जान पड़ता है। यह सरना देवी के यहाँ काहे को बेकार मत्था फोड़कर रही हो, यह भूत उनके बस का ना है।”

खड़ाऊँ उनके टखने पर खटाक से लगी और वह बिल बिलाकर कोसते हुए भागे।

“हाय राम मर गया,” वह बिलबिलाये।

“होश में रहना मुंशी जी,” उधर से ऊषा रानी बनी ठनी चली आ रही थी। वह समझे ऊषा रानी उसे फिर छेड़ रही है। वह भड़क उठे, “ऐसी-तैसी साली खड़ाऊँ की बच्ची” उन्होंने खड़ाऊँ में ज़ोर की ठोकर लगाई।

“मेरा सब्र समेटोगी तुम माँ-बेटी, याद रखो, हाँ” और वह लंगड़ाते बड़बड़ाते चल दिये।

सर से पैर तक गुलाबी जोड़े में ऊषा रानी बड़ी नाज़ुक व हसीन लग रही थी, सत्ताइस बरस की बिल्कुल नहीं मालूम होती थी। चेहरे पर शर्म-ओ-हया की हल्की-हल्की अफ़शां ने चार चाँद लगा दिये थे।

वह नाश्ते से लदी फंदी ट्रे लिए दबे पाँव कमरे में पहुँचे तो बड़े सरकार हाथ में शिकारी चाक़ू लिये, मेज़ पर झुके हुए थे। उनके सामने नंगी औरत की एक तस्वीर बुरी तरह कटी फटी पड़ी थी। ऊषा की चीख़ निकल गई और ट्रे हाथ से छूट पड़ी।

बड़े सरकार चौंक कर पलटे। ऊषा ने देखा, उसके सामने मन मन्दिर के देवता के बजाये, एक शैतान खड़ा है। उसके डरावने दाँत बाहर को निकल आये हैं और आँखों में दीवानापन भरा है।

"क्यों आई हो तुम?" बड़े सरकार ने ज़ोर से चाक़ू मेज़ पर मारा और तस्वीर समेटकर मसल डाली।

"ना—शता—" ऊषा ने डरते-डरते कहा और एकदम मुँह छिपाकर जाने लगी।

"ऊषा—" वह ख़ौफ़ज़दा से अचानक खड़े हो गये।

ऊषा रुक गई।

"ऊषा इधर आओ," बड़ी नर्मी से बोले।

"जी," ऊषा ने पलटकर कहा।

"तुम—तुम—इतनी तकलीफ़ क्यों उठाती हो?"

"तो इसमें क्या बुराई है? जैसे नौकर लाया, मैं उठा लाई।"

"मुझे अच्छा नहीं लगता," ऊषा ने कोई जवाब नहीं दिया, आँसू पोंछकर जाने लगी।

"सुनो" वह फिर रुक गई।

"तुमने मेरी बात का बुरा तो नहीं माना।"

बड़े सरकार ने कनखियों से उसकी तरफ़ देखकर पूछा।

"नहीं, इसमें बुरा मानने की क्या बात है? मेरी भूल थी, ट्रे गिर गई,"

"असल में मैं परेशान था, यह तस्वीर?"

"जी—?"

"चन्दर की हरकतों ने तो आजिज़ कर दिया है। पता नहीं उसके सर में यह गन्दगी क्यों भरी हुई है। ऐसी बेहूदा तस्वीरें कहाँ से लाता है?"

ओह तो यह तस्वीरें उन्होंने चन्दर से छीनी होंगी, एक बार उसके काग़ज़ात दुरुस्त करते हुए ऊषा को तस्वीरें मिली थीं। उसे चन्दर पर

बहुत गुस्सा आया।

सुअर कहीं का, ठीक ही था गुस्सा, ऐसी गन्दी तस्वीरें काटकर फेंकने के लायक़ हैं।

ऊषा के जाने के बाद बड़े सरकार मेज़ पर पस्त होकर गिर पड़े। मेज़ पर खींचे हुए चाक़ू के घाव उभरकर गर्म-गर्म ज़िन्दा गोश्त की तरह मचलने लगे, उनका सारा जिस्म पसीने से भीग गया। आजिज़ आकर उन्होंने मुट्ठियाँ भींचकर कनपटियों पर रख लीं और लम्बी-लम्बी सिसकियाँ भरने लगे।

हाँपती-काँपती चाँदनी पलंग पर गिरकर सिसकियाँ भरने लगी। ऐसा मालूम हो रहा था, उसका सारा जिस्म खूनमखून हो चुका है। जिस्म पर कोई ख़राश नज़र नहीं आई मगर दम टूटने का एहसास दिल को सर्द-सर्द उंगलियों से छुए जा रहा है।

अगर कोई आ जाता कोई देख लेता?

काश चन्दर देख लेता, फिर वह ज़िन्दा न रह पाती, छुट्टी होती।

वह तो संयोग से अस्तबल से घोड़ा छूटकर लान पर आ गया। उसके साथ तमाम नौकर चाकर भी दौड़ पड़े। वरना उस वक़्त लाऊंज के सफ़ेद बुर्राक़ क़ालीन पर उसके खून के लाल-लाल फूल खिले होते। वह ज़ीने से बेतहाशा उतरी चली आ रही थी, उसकी आग सी ओढ़नी पीछे भाग रही थी, एक हाथ से उसने किताबें सँभाली दूसरे हाथ से दुपट्टा मगर झटका देने पर दुपट्टा छूट गया। उसने मुड़कर दुपट्टा उठाना चाहा तो हाथ हवा में उड़ता रह गया किताबें हाथ से छूट पड़ीं। ज़ीने की सबसे ऊपर सीढ़ी पर बड़े सरकार खड़े थे और उनके हाथ उसका दुपट्टा तड़प रहा था।

लम्बे-लम्बे साँप उनकी आँखों से निकलकर उसके गिर्द लिपटने लगे। बड़े सरकार के हाथ में शिकारी चाक़ू था, और कलाई को हौले-हौले बल देकर वह उसका दुपट्टा लपेट रहे थे।

"बहुत डर लग रहा है?" उन्होंने उसके ऊपर झुककर पूछा और चाक़ू की नोक से उसके गरीबां का बटन छुआ। हौले से उन्होंने उसका हाथ

पकड़ा और हथेली पर चाक़ू की धार रख दी। मगर चाक़ू उसकी हथेली के पार होने के बजाये उसकी कलाई पर रेंगने लगा। फिर भुजाओं से होती हुई उसकी नोक गर्दन के बीचोबीच जाकर रुक गई। चाँदनी की रूह तक बर्फ़ की धार उतर गई। वह गर्दन झुकाये साँस रोके खड़ी रही। चाक़ू फुरती से मुड़ा और गरेबान का पहला बटन कटकर सीढ़ियों पर पंग-पंग करता नीचे उतर गया। एक-एक करके सारे बटन हवा के इशारे से कटकर गिर गये। बग़ैर सिसकी भरे लम्बे-लम्बे आँसू उमड़-उमड़कर गालों पर बहते रहे, उसके लटके हुए हाथों की सारी ताक़त सलब हो चुकी थी। चाक़ू की सर्द नोक ऐन उसके दिल की धड़कन पर आकर ठिठक गई। आग का नुकीला बरमा जैसे उसकी आत्मा की गहराइयों को चीरता हुआ धंसने लगा। दिमाग़ में खामोश धमाके छूटने लगे।

इससे पहले की ज्वालामुखी फट पड़ता और वह उसमें भस्म हो जाती घोड़ा छूटकर लान पर तूफ़ान मचाने लगा और एकदम जैसे दुनिया जाग पड़ी। चाँदनी बदहवास सी सीढ़ियों पर झुक गई। उसने देखा भी नहीं कि बड़े सरकार किधर ग़ायब हो गये। वह थे भी वहाँ या उनका भूत था, खुद उसके परेशान दिमाग़ का तराशा हुआ छलावा था जो दम भर में ग़ुम हो गया। वह किससे कहे और क्या कहे? एक च्यूँटी एक देवता के ख़िलाफ़ कैसे ज़बान खोल सकती है? कौन है उसका गवाह और कौन वकील? पम्मो उसकी गोइयाँ थी, उसपर जान छिड़कती थी मगर क्या वह बड़े भय्या की शान में यह गुस्ताख़ी बर्दाश्त कर सकेगी।

बड़े सरकार उससे नफ़रत करते हैं क्योंकि वह डरते हैं कहीं चन्दर उससे नाता जोड़कर ठाकुरों के ख़ानदान को दाग़ न लगा दे, वह नीच है, किसी के पापों का फल होगी तभी तो उसे कूड़े पर फेंक दिया गया?

एक बार फिर एक गोली सी उसकी छाती पर लगी। सामने हाल में बड़े सरकार की तस्वीर सुनहरे चौखटे में जगमगा रही थी, उसके सामने फूल और धूपदान में बुझे हुए कोयले पड़े हुए थे। रोज़ शाम को ऊषा रानी इस तस्वीर के सामने ताज़ा कलियाँ चुनकर डालती थीं और सारे कमरे में धूप घुमाकर धूपदान तस्वीर के चरणों में रख देती थी। उसका जी चाहा एक बड़ा सा पत्थर उठाकर तस्वीर पर खींच मारे। गुस्से और नफ़रत से

उसका मुँह सूख गया, जैसे हलक़ तक राख अट गई हो। एकदम उसे महसूस हुआ जैसे तस्वीर मुस्कुरा रही है ज़हर भरी आँखें नाच रही हैं। वह पलटकर भागी और सीढ़ियों से उतरते हुए चन्दर से टकरा गई।

"क्या है जी" चन्दर ने उसे सँभाल लिया।

"हाय चन्दर जी" उसकी छाती पर होंठ रखकर वह फूट पड़ी। चन्दर ने फौरन मौक़े का फ़ायदा उठा लिया। उसके प्यार में ऐसा आनन्द, इतनी मिठास थी कि चाँदनी पिघल गई।

"हाय राम, चन्दर मुझे खा ले, समूचा खा ले," वह प्यार की शिद्दत से तड़प उठी। चन्दर की निकटता से उसके भीतर चिंगारियाँ फूटने लगी थीं। तब उसे चन्दर पर ग़ुस्सा आने लगा था। एक ही समय में उसमें समा जाने और उससे दूर भागने का जज्बा अभी उसके क़ाबू में नहीं आया था। पन्द्रह साल की चाँदनी ज़िन्दगी के बहुत से सवालों का जवाब न पाकर शंका से भर उठती थी। एक अनजाना डर उसे चन्दर की निकटता के आनन्द से दूर भागने की प्रेरणा देता और जब दरम्यान में फासला आ जाता तो मन सिसकने लगता।

ज़रा सी देर में चन्दर ने उसे हँसा दिया थोड़ी देर पहले की सहमी हुई बच्ची क्षण भर में दंभी सुन्दरी बनकर इतराने लगी।

हिरनी की तरह भागती क़हक़हे लगाती वह लान पर से कावे काटती बरामदे पर चढ़ गई। अन्दर ड्राईंग रूम में अंधेरा था। दरीचों में से धुंधली-धुंधली रोशनी छन रही थी। चन्दर एक गमले से उलझकर गिरा और वह क़हक़हे लगाती गैलरी की तरफ़ भागने लगी। मुड़कर उसने देखा, चन्दर के क़दमों की चाप से उसे अन्दाज़ा हो गया कि बच पाना आसान नहीं, वह ज़रूर पकड़ेगा, ज्योंही वह सीढ़ी की तरफ़ जाने के लिए पलटी दो फौलाती हाथों ने उसे जकड़ लिया। उसने अपने होंठों पर सुलगता हुआ फन महसूस किया और सन-सन करता हुआ ज़हर उसके वजूद में डूब गया। नीचे–नीचे वह तह में जा लगी। अब कभी साँस वापस न आयेगी, दूर चन्दर के क़दमों की आवाज़ खोती जा रही थी। चन्दर...चन्दरमान–तनमन का ज़ोर लगाकर वह तह से उभरी और भागकर चन्दर के सामने मुँह के बल गिर गई।

"अरे क्या हुआ?" वह उसकी घिघ्घी बंधी देखकर डर गया।

"वह—वह—" उसकी आँखें फटी हुई थीं और आवाज़ गले में फंस रही थी।

"क्या है पगली" चन्दर ने गैलरी में जाकर देखा, खंभे का सहारा लिये बड़े सरकार खड़े थे, उनके चेहरे का भयानकपन देखकर चन्दर खुद डर गया।

"अरे बड़े भय्या, कैसी पगली है चाँदनी, आपको देखकर डर गई," चन्दर खिसियानी हँसी हँसकर बोला और चाँदनी को अपने से दूर धकेल दिया। फिर अहमक़ों की तरह सर खुजाने लगा। दूसरे हाथ में सिग्रेट थी झट जेब में डालकर मसल दी।

चाँदनी ने कुछ कहना चाहा फिर चन्दर के घबड़ाये चेहरे को देखा और सिसकियाँ भरती भागी। चन्दर भी कतरा कर जाने को मुड़ा तो बड़े सरकार ने बड़ी गम्भीर आवाज़ में पुकारा, "चन्दर,"

"जी," चन्दर उछल पड़ा।

"मुझे तुमसे कुछ कहना है, मेरे साथ आओ"

"चन्दर उनके लहजे की सख़्ती से लरज़ उठा मगर चुपचाप भीगी बिल्ली बना उनके पीछे-पीछे हो लिया।"

"बैठो"

बड़े सरकार ने इशारे से कहा और बेचैनी से टहलने लगे चन्दर के पसीने छूट रहे थे, मन कर रहा था चुपके से खिसक ले, फिर कई दिन सूरत न दिखाये इतने दिन में बड़े सरकार सब भूलभाल जायेंगे। टहलते-टहलते वह एकदम रुक गये और चन्दर को ऐसे घूरने लगे जैसे समूचा निगल ही तो जायेंगे।

"यह लीजिये" उन्होंने एक झटके से सिग्रेट केस पेश किया।

"जी—जी नहीं" चन्दर उछल पड़ा।

"ख़ैर आपकी मरज़ी शायद चोरी छिपे पीने में ज़्यादा मज़ा आता है" जब बड़े भय्या को ज़्यादा गुस्सा आता था तो वह आप जनाब पर उतर आते थे।

"तुम चाँदनी से मुहब्बत करते हो?"

"जी–जी–नहीं–जी–" चन्दर की घिघ्घी बन्ध गई। वह इस अचानक हमले के लिए तैयार न था।

"झूठ बोलकर हमें बेवकूफ़ बनाने की कोशिश मत करो," वह गरजे।

"तुम्हारी हरकतें नाक़ाबिले बर्दाश्त होती जा रही हैं।" गुस्से में वह एक और हरकत भी करते थे, यानी अंग्रेजी में डांटते थे। चन्दर का सर नीचे झुकता जा रहा था। बड़े भय्या फर्राटे से लेक्चर झाड़ रहे थे। चाँदनी से मुहब्बत करने का इल्ज़ाम कोई नई बात नहीं थी, पम्मो उसे बराबर छेड़ा करती थी, मासी भी ताने दे चुकी थी और शायद दीदी ने तो जैसे बात ही पक्की कर दी थी। मगर वह हमेशा "हिश्त" करके टाल दिया करता था। शादी की ज़ररूत उसने अभी तक महसूस नहीं की थी। लेकिन बड़े भय्या के मुँह से यों फट से सुनकर होश उड़ गये थे।

"मैंने क्या ग़लती की है चन्दर?"

"जी" चन्दर ने बेध्यानी में नहीं सुना कि भय्या जी क्या कह रहे थे,

"क्या आज तक मैंने कोई हरकत की है, जिससे तुम्हें, प्रमिला को या घर के किसी फ़र्द को नुक़सान पहुँचा हो"

"जी नहीं बड़े भय्या"

"तो फिर तुम मुझे किस अपराध की सज़ा दे रहे हो?"

"मैं–मैं तो बड़े भय्या" चन्दर मिनमिनाया और भाग निकलने के पैंतरे सोचने लगा।

"तुम जानते हो तुम्हारी इस नीच हरकत का ख़ान्दान पर क्या असर पड़ेगा, दुनिया क्या कहेगी–तुम उसे चाहते हो–झूठ मत बोलो। वह तुम्हारे मन मस्तिष्क पर साय की तरह छा चुकी है। तुम्हारे होश गुम हो चुके हैं और तुम जाल में फंसी मछली की तरह तड़प रहे हो और कुछ नहीं कर सकते। एक हक़ीर च्यूँटी ने पहाड़ को अपने क़दमों पर झुका दिया है। तुम जानते हो तुम किस वंश से ताल्लुक़ रखते हो, तुम सूर्यवंशी हो और वह–वह एक गुमनाम नीच छोकरी जिसके माँ-बाप का पता नहीं, जो शायद किसी बेशर्म इंसान के पापों का फल है, तुम उससे ब्याह करके खान्दान के नाम पर दाग़ लगाना चाहते हो। तुम अंधे हो गये हो, तुम नहीं जानते इसका अंजाम का होगा। तुम पागल हो जाओगे...पागल–पा–"

एकदम बड़े सरकार डरकर पीछे हट गये। उनके मुँह से झाग निकल रही थी और वह आईने के सामने खड़े स्वयम् अपने आप को फटकार भेज रहे थे। सहम कर उन्होंने चन्दर की तरफ़ देखा मगर कुर्सी ख़ाली थी। चन्दर न जाने कब भाग गया, गया उठकर।

"ओह—भगवान-भगवान," वह सर पकड़कर वहीं बैठ गये। मुझसे कौन-सी चूक हो गई। जिसकी इतनी कड़ी सज़ा दे रहे हो। न जाने कब तक अकेले वह अपने ज़ेहन के ज़ख़्मों की लगाई आग में पड़े झुलसते रहे, तड़पते रहे।

**जलते** ख़ून की एक लहर बड़े सरकार के दिमाग़ से टकराई, उनके हाथ में क़लम कांपने लगा और आँखों के सामने सुर्ख बगोले नाचने लगे।

"तुम—तुम उसे पसंद करते हो?" उन्होंने घुटी हुई आवाज़ में मुंशी से पूछा।

"जी जी सरकार लौंडिया है तो पटाख़ा, धायं से कलेजे पर चोट लगती है और फिर हुज़ूर मैंने सरकार का नमक खाया है। अगर आप मेरी खाल की जूतियाँ भी बनाकर पहनें तो भी मेरे भाग। छोटे सरकार बिल्कुल ही क़ाबू से बाहर हुए जा रहे हैं," उन्होंने दूसरे काग़ज़ात दस्तख़त के लिए सामने रखते हुए कहा।

"आगकी गरेशानी भी दूर हो जायेगी और मैं..."

मुंशी जी मुँह में रसगुल्ला घुलाकर बोले।

"और तुम—?" बड़े सरकार की गर्दन की रगें सलाखों की तरह तन गईं, तलवे सनसनाने लगे और नथुने फूल गये।

"जी हाँ सरकार अकेली जान कब तक घसीटूँ, दो चार साल में जवान पट्ठी हो जायेगी तो मुसीबत ही हो जायेगी। मासी जी की तो अभी से नींदें उचाट हो गई हैं। कोई ऐसी-वैसी बात कर बैठे छोटे सरकार तो लेने के देने पड़ जायेंगे। उनका भी क्या दोष लड़की है ही आफ़त की परकाला, बड़ों-बड़ों के छक्के छुड़ा दे सरकार, फिर वह तो नादान हैं। इसीलिए मैंने सोचा मैं किस दिन काम आऊँगा। हाँ सरकार राम जाने भंगी

की है या चमार की, हुज़ूर के टुकड़ों पर पला हूँ, मेरा क्या है?"

"तुम उससे—शादी करना चाहते हो?"

"जी हाँ, क़िस्सा ख़त्म हो जायेगा, किसी को कुछ कहने सुनने की हिम्मत भी न रहेगी"

"तुम्हें—तुम उसे पसन्द करते हो?" बड़े सरकार ने दाँत पीसे, उनकी आँखों में भूत नाचने लगे, पुतलियाँ चढ़ गईं, होंठ काँपने लगे। एकदम मुंशी जी की हँसी होंठों पर जम गई, वह घिघियाकर पीछे हटे मगर बिफ़रे हुए शेर की तरह एक छलांग में बड़े सरकार ने उनका टेटवा पकड़ लिया।

"हुज़ूर ख़ता हुई, सरकार" तड़पकर मुंशी जी उनकी गिरफ़्त से निकल गये और वहीं पैरों पर सर टिकाकर गिड़गिड़ाने लगे। एकदम सहमकर बड़े सरकार पीछे हट गये।

"समझा-समझा सरकार—मुझे क्या मालुम था" मुंशी जी ने धोती समेटकर खिसकते हुए हाथ जोड़े।

"क्या नहीं मालूम था?" बड़े सरकार पलटकर फुकारे।

"कुछ नहीं हुज़ूर, कुछ भी तो नहीं"

"तू क्या समझता है पाजी?"

"कुछ नहीं सरकार, कुछ भी नहीं समझा सरकार, भला मैं क्या समझूंगा? मैं—मैं—"

मुंशी उठकर लशटम-पशटम भागे और बाहर खड़ी हुई ऊषा रानी से टकरा गये।

"अरे तेरा सत्यानाश" उन्होंने धोती की लांग को गाली दी जो उनके पैरों में उलझ रही थी।

ऊषा रानी ने मुंशी जी को ठुकते हुए देखा तो एकदम जी ख़ुश हो गया। हँसकर बोली,

"अरे मुंशी जी, तुम्हारा दिमाग़ ख़राब हो गया है, तुम्हारी मौत आई है कि बड़े सरकार के मुँह आने लगे—?"

"ऐसी कि तैसी मुँह आने की, राम-राम हद हो गई, क्या कलजुग है—अब तो साधु-संत का भी कोई भरोसा नहीं, भगवान कसम कोई भरोसा नहीं,"

"अरे तो बात क्या हुई? बड़े सरकार ने तो आज तक किसी को उंगली तक न छुआई, कोई ऐसी बात कह दी होगी जो यों धीरज खो बैठे।"

"बात क्या होती तुम्हारा सर," मुंशी जी जल गये।

"अच्छा बस बोरिया बिस्तर बांधो और चलते फिरते नज़र आओ।"

"अरे मर गये बोरिया बिस्तर बंधवाने वाले। मैं कहूँ अब तुम अपनी ख़ैर मनाओ। पटरानी बनने के सारे सपने भूल जाओ। रानी-वानी तो क्या घर में सर छिपाने की जगह भी मिल जाये तो बहुत समझना।"

"जाने क्या बक रहे हो पागलों की तरह?"

"बक नहीं रहा रानी, मेरी मानो तो अब ख़ैर मनाओ अरे वह ठहरे माई-बाप, जो करें सो थोड़ा, मगर सच कहता हूँ विष का काँटा है लौंडिया,"

"कौन लौंडिया?"

"अरे बाबा मुझसे मत पूछो, आँखें हैं तो खुद ही देख लो, हे भगवान, आसार अच्छे नहीं। सारा कुटुम्ब अंट-संट हो जायेगा, बड़े ज़ोरों की महाभारत ठनेगी, भाई-भाई को खा जायेगा।"

"उहं—सिड़ी हो तुम तो" ऊषा रानी जलकर अन्दर चली गई।

बड़े सरकार पसीने में शराबोर मेज़ पर सर धरे बेदम बैठे थे। घनी-घनी सिसकियों से उनका सारा जिस्म लरज़ रहा था। यों एक धीर गम्भीर मर्द को टूटे हुए खिलौने की तरह बिखरा हुआ देखकर ऊषा रानी दहल गईं। न जाने कब की सोई हुई ममता जाग पड़ी, जी चाहा ग़म से भारी उनका सर उठाकर अपनी छाती से लगाये, मगर लाज ने रोक दिया :

उसकी आहट सुनकर बड़े सरकार ने सर उठाया। उनकी आँखों में दुख और लाचारी की लहरें ठाठें मार रही थी होंठ पिटे हुए बिसूरते बच्चे की तरह काँपने लगे, धुतकारे हुए भिखारी की तरह उन्होंने ऊषा को देखा और तड़प कर रह गये, उनका मन चाहा ऊषा के पैरों में सर पटक दें और कहें—

"ऊषा रानी मुझे बचाओ, इस भयानक गुफ़ा के अज़दहों (अजगरों) से मुझे बचा लो। दर्द से फटते हुए माथे पर एक बार अपने पवित्र होंठ रख दो, सारे पाप धुल जायेंगे!"

लेकिन बड़े सरकार ने अपने ज़ख़्म छिपाना सीखा था। जहाँ वह पहुँच चुके थे, वहाँ न कोई हमदम था, न हमराज़। बस वह थे और अकेलापन। एकदम उन्हें अपनी पोज़ीशन का ख़्याल आ गया। दर्प से गर्दन अकड़ गई। बड़ी गम्भीरता से बोले–

"क्या है?"

"मुंशी जी के लिए क्या आदेश है?"

"मुंशी जी? मुंशी जी को गर्म कपड़ों के लिए दो सौ रुपये दे दो!"

"मगर..." ऊषा रानी धक से रह गईं।

"गोपाल से कहो चाय टैरेस पर ले आये," उन्होंने निहायत बेरुख़ी से कहा।

"यह–यह–मुंशी जी–"

"क्या कहना चाहती हो मुंशी जी के बारे में?"

"जी वह–"

"क्या तुम्हें मेरे रवैये से दुख हुआ!" वह बड़ी रुखाई से बोले।

"अगर ऐसा है तो मुझे दुख है, मेरा ख़्याल था कि तुम उन्हें पसंद नहीं करतीं,"

"जी हाँ"

"लेकिन लगता है कि मैं ग़लती पर था।"

बड़े सरकार ने ऐक्टिंग शुरू कर दी।

"मैं–मैं समझी नहीं,"

"वह तुमसे शादी करना चाहता है, तुम्हें मंजूर है?"

"नहीं–" ऊषा रानी ने आँसू रोक कर कहा।

"लेकिन अगर तुम चाहो तो..." उन्हें ऊषा रानी को दुख देकर बड़ा मज़ा आता था। जैसे इससे स्वयम् उनके दुख दूर हो जाते हों।

"हरगिज़ नहीं," ऊषा रानी रो पड़ीं।

"ओह, यही समझ कर मैंने उन्हें डांट दिया, मगर कुछ ज़्यादा गुस्सा आ गया।"

"आपने बहुत अच्छा किया।"

ऊषा जोश से बेकाबू होकर बोलीं।

“नहीं हमने बिल्कुल अच्छा नहीं किया, तुम्हारी शादी में अड़चन डालने का मुझे कोई अधिकार नहीं।”

घूम फिर कर बड़े सरकार ऊषा को मुग़ालते में डालते रहे! ऊषा रानी काँटा निगली मछली की तरह तड़पती रहीं, बिल्कुल फुटबाल की तरह और वह उसके जज़्बात से खेलते रहे। यों उसको तड़पाकर शायद वह अपनी तड़प का बदला लेना चाहते थे।

“रुपये कैश दे दो, ये काग़ज़ात भी लेती जाओ। कह दो जो मुनासिब हो करें, मेरी तबीयत कुछ गड़बड़ है।”

ज़रा सी बात पर गुस्सा आ जाता है। जब जी भर गया तो उन्होंने बड़ी लापरवाही से ऊषा को टाल दिया।

“हे भगवान मेरे प्राणनाथ कितने महान् हैं, हाय कोई नौकर को मारकर यों पछताता होगा और वह भी मुंशी जैसा सुअर नौकर जिसके मुँह में लगाम ही नहीं।”

अन्दर जब ऊषा रानी मुंशी के बारे में बड़े सरकार हुक्म लाने गई थीं तो मुंशी जी टले नहीं थे, दरवाज़े पर कान लगाये खड़े थे। बड़े सरकार का फैसला सुनकर उन्होंने फ़िज़ा को एक मोटी सी गाली दी और आप ही आप मस्त होकर नाच उठे। ऊषा बाहर आई तो उन्होंने बड़ी गम्भीरता से पूछा—

“रानी जी हमारा दण्ड?”

ऊषा ने फुँकारती हुई सी निगाह उनपर डाली और भन्नाकर चल दीं।

मुंशी जी हरदम ऊषा की जवानी में घुन लगने का मातम किया करते थे। खुद भी कुँवारे थे और ज़िन्दगी के सूनेपन का मज़ा जानते थे। बड़े सरकार के हमउम्र थे। आगे नाथ न पीछे पगा। कभी किसी ने शादी में दिलचस्पी ही नहीं ली। सारी उम्र की कमाई कौड़ी-कौड़ी जमा थी। ऊषा रानी को दूर ही दूर से ताड़ लिया करते थे मगर एक दिन बड़े सरकार की बातें सुनकर हिम्मत बढ़ गई।

मासी रोज़ की तरह उनकी आरती उतारने के बाद थाली नौकरानी को थमाकर वहीं बैठ गई और बोलीं,

"बेटा ऊषा रानी की उम्र निकली जा रही है, मेरे लाल उसकी लगन का कुछ प्रबन्ध करो।"

ज़रूर-ज़रूर देर न करना चाहिये, आपका अपना घर है जैसे चाहे कीजिये। लड़का कैसा है? कितना माँगते हैं पैसे का मुँह न देखिएगा, वर अच्छा होना चाहिए।

"मगर...मगर बेटा—तुम्हारी माँ की बड़ी इच्छा थी कि वह घर ही में रहे," चाची ने घिघियाकर कहा।

"तो मैं कब कहता हूँ कि घर में न रहे। घर में कई कमरे ख़ाली पड़े हैं, बड़े शौक़ से घरजमाई लाइये। क्या करता है लड़का?"

चाची से बर्दाश्त न हो सका, फूटकर रो पड़ीं।

"बेटा तुम ही हो ऊषा के सब कुछ, मैं तो तुम्हारी आस लगाये बैठी हूँ।"

"उफ—मासी, मुझसे बड़ी भूल हुई और देखिये न मैं इस क़दर निकम्मा हूँ, न किसी से मिलना, न किसी से जुलना ऊषा रानी के लिए वर ढूँढ़ना आसान काम नहीं, अच्छा नेक आदमी होना चाहिए। अच्छा मासी मुंशी जी के बारे में आपका क्या ख़्याल है?"

बड़े भय्या इस सफ़ाई से कतराकर निकल गये कि मासी हक्का-बक्का रह गईं।

"मुंशी—यह निगोड़ा दो कौड़ी का गँवार, क्या यही मेरी बच्ची के नसीब को रह गया है? इससे तो अच्छा है कुँए में झोंक दूँ। मेरी लक्ष्मी समान बेटी जिसके चरणों में जायेगी उसके भाग जाग उठेंगे, बेटा ऊषा को इस घर से जो लगाव है किसी से छिपा नहीं। उसने इस घर को बनाया संवारा है, यही उसका घर है, इसलिए बेटा..."

"जानता हूँ चाची, अच्छा आप चिंता मत कीजिये भगवान ने चाहा तो सब ठीक हो जायेगा ज़रा बुआई ख़त्म हो ले। इस साल बारिश के कुछ अच्छे तेवर नज़र नहीं आते।"

"अरे मुंशी जी," उन्होंने बात को फिर कम्बल में लपेटना शुरू किया। मुंशी जी जो चुपचाप खड़े कनसुइयाँ ले रहे थे, फौरन लपके—

"जी सरकार—" उन्होंने बिल्कुल दूल्हों की तरह शरमा कर कहा।

"ज़रा देखिये तो वह नया ट्रैक्टर ठीक से काम नहीं करता माली कम्बख़्त बड़ा गावदी है, उसकी समझ में कुछ नहीं आता है, बड़ा सुस्त है।"

"सुस्त नहीं सरकार डरता है। कहता है धरती की छाती इतना भार सहारेगी तो फिर कल्ले कैसे फूटेंगे।"

"क्या बकवास है और हल बैल में बोझ नहीं होता? बेवकूफ़ कहीं का—मुंशी जी..."

"जी सरकार?"

"तुम्हारी नज़र में कोई लड़का है?"

"जी सरकार लड़का? ऊपर के काम के लिए?" मुंशी जी चकरा गये।

"अमां नहीं, ऊपर नीचे के काम के लिए नहीं, शादी के लिए ऊषा रानी"

मासी ने पूरी बात नहीं सुनी और धम-धम करती चल दी। बड़े सरकार का जी खिल उठा, इत्मीनान की साँस लेकर मुस्कुराहट को छूट दे दी। मगर मुंशी जी को मुस्कुराते देखकर एकदम रूखी ख़ुर्राट शक्ल बना ली, "फ़रमाइये!"

"जी—जी सरकार" मुंशी जी सटपटाये।

"क्या काम है?"

"जी—वह हुज़ूर ने ही बुलाया था।"

"ओह—मैंने बुलाया था, तो इसके यह मानी तो नहीं कि एक बार आने के बाद आप मेरे सर पर ही डटे रहें—खूब"

मुंशी पिटे कुत्ते की तरह रपटा। बड़े सरकार इसी में अपनी बड़ाई समझते थे। हर किसी को नीचा दिखाने के बाद वह खुद को बहुत ऊँचा समझने लगे थे। दुनिया को पैरों तले मसलकर ही इंसान बुलन्द होता है। उनके मन में मासी की तरफ़ से क्रोध भर गया था। चांदनी से उन्हें कोई दिलचस्पी नहीं थी। योंही उन्हें और बग़ैर जीवन बंजर लगने लगा था, सोचा ऊषा रानी नहीं तो यह लौंडिया ही सही, थी तो मलेछ, घूरे पर देवियों के बच्चे पड़े नहीं मिलते मगर ख़ैर थी तो औरत। लेकिन आज की

घटना ने तो उनके शक को पक्का कर दिया।

"हाय राम न जाने क्या होने वाला है। इस हवेली में। क्या सूरज और चाँद टकरायेंगे? बड़े ज़ोर का धमाका होगा। यह लड़की ज़रूर मेनिका की भांजी भतीजी रही होगी। जो विश्वमित्र समान बड़े सरकार के तप का सर्वनाश करने आई है। कहाँ वह देवता और कहाँ यह कलंकिनी,"

"धत् तेरे देवता की ऐसी तैसी" उन्होंने इधर-उधर देखकर मुँह ही मुँह में न जाने किस-किस को गालियाँ सुना डालीं। मासी को, बड़े सरकार को, ज़िन्दगी को और फीकी-फीकी तन्हाई को।

**"नहीं-नहीं** पम्मो रानी मुझे शर्म नहीं आती है"

"हट पगली, काहे की शर्म?" पम्मो ने चाँदनी का सर प्यार से हिला कर कहा।

"मगर मेरे जन्मदिन का कोई पता भी तो नहीं,"

"बस जिस दिन तू हमें मिली थी, वही तेरा जन्मदिन हुआ याद भी न होगा तुझे। ऊषा रानी ने कैसे झमाझम कपड़े सिये थे। तब से कोई साल ऐसा नहीं गुज़रा जब तेरा जन्मदिन न मनाया गया हो, फिर अब क्यों नख़रे कर रही है?"

"बस अच्छा नहीं लगता, मेरे साथ कितना सुलूक हुआ है, क्या वह कुछ कम है?"

"चाँदनी तू बड़ी ज़लील है, हर वक़्त पालने का ताना दिया करती हो। आख़िर मुझे भी तो इसी घर में पाला गया, चन्दर और मैं तो हर समय पालने का रोना नहीं रोते।"

"तुम तो इस घर की संतान हो,"

"और ऊषा दीदी?"

"वह तो बचपन से दस जनों जितना काम करती हैं, मैं निकम्मी हूँ।"

"वह काम करती हैं तो किस पर एहसान करती हैं, बड़े भय्या से उनकी शादी होने के बाद वह मालकिन बन जायेंगी,"

"हाँ, राम करे जल्दी से उनका ब्याह बड़े सरकार से हो जाये..."

चाँदनी गिड़गिड़ा कर दुआ माँगने लगी।

"...मैं तो रोज़ गौरी मइया के आगे माथा टेक कर यही प्रार्थना करतती हूँ।"

"और अपने ब्याह के लिए प्रार्थना नहीं करती। अच्छा ठहर जा छोटे भय्या से कहूँगी कि चाँदनी रत्ती भर प्रेम नहीं करती,"

"अरे वाह करती क्यों नहीं?"

"राम-राम कैसी निर्लज्ज है, निगोड़ी मेरे सामने कैसे मुँह फाड़कर कह रही है कि मेरे भय्या पर मरती है।"

"चल हट मैं क्यों मरने लगी,"

"लेकिन वह तो मरता है तेरे पर..."

"देख पम्मो मुझे न सताओ, अपनी कह दिन-दिन भर बैठकर प्रकाश जी को चिट्ठियाँ लिखा करती है।"

"ऊँह सात समन्दर पार वालों का क्या भरोसा, वहीं किसी से दिल लगा बैठे तो,"

पम्मो की पिछले साल एक डाक्टर से मंगनी हो चुकी थी, जो इण्लैंड गया हुआ था।

"छोड़ मेरे क़िस्से को तूने छोटे भय्या को हार के लिए याद दिलाया?"

"अरे वह बेचारे कहाँ से लायेंगे, बड़ा महँगा होगा?"

"तो क्या हुआ, उसकी घर वाली के पास ही तो रहेगा।"

"मैं रो दूँगी, देख मुझे मत सता,"

"क्यों चन्दा की चाँदनी और कहाँ जायेगी।"

"मर जायेगी कमबख़्त" वह मुँह औंधा कर पड़ गई। मगर चन्दर बौखलाया फिर रहा था। ढ़ाई सौ के हार की फ़रमाइश पूरी करना खेल न था। लेकिन जायदाद में उसका भी हिस्सा था। भय्या इंकार थोड़ी करेंगे। मगर चाँदनी के लिए मांगते उसे शर्म आ रही थी। उसने ऊषा दीदी से माँगे, उनके पास मुश्किल से सौ निकले। पचास साठ खुद उसके पास पड़े थे। डेढ़ सौ से काम नहीं चलेगा। मजबूरन भय्या के पास जाना पड़ा।

"भय्या कुछ पैसे मिल जायेंगे?" उसने उनकी पीठ के पीछे खड़े होकर पूछा :

"पैसे?"

"जी रुपये—"

"कितने रुपये?"

"यही दो ढाई सौ,"

"ऐसी क्या ज़रूरत आ पड़ी?"

"वह मैंने टेनिस का रैकेट मँगवाया है, बिल्टी छुड़ाना है—और..."

बड़े सरकार चन्दर के झूठ पर तिलमिलाये। उन्होंने अपने कानों से हार के बारे में खुसुर-पुसुर सुनी थी। पम्मो कह रही थी अगर उसने हार लाकर नहीं दिया तो चाँदनी उम्र भर उससे बात नहीं करेगी। ख़ैर उम्र भर की बात तो दूर रही अगर चन्द दिन को भी यह हँसी और क़हक़हे, यह कोने खदरों की चूमा चाटी में अड़चन पड़ जाये तो बुरा नहीं?

"मेरे पास तो दस बारह रुपये हैं, अब बैंक भी बन्द हो गया," उन्होंने रुखाई से जवाब दिया।

चन्दर पसीना पोंछता भागा।

उसके जाने के बाद वह बड़े इत्मीनान से हटे। लगान के रुपयों की गड्डियाँ सेफ़ में अटाअट भरी थीं। मोटी सी नोटों की एक गड्डी जेब में डाली और कुछ अकड़ते हुए से बाहर निकले। ड्राइवर से मोटर निकलवाई और चल दिये। चन्दर सर पकड़कर सीढ़ियों पर बैठ गया। क्या करें? पम्मो को कौंड़ी न देगी, बहुत दंगा करेगी, फिर चाँदनी को पता चल गया कि चन्दा करके हार ला रहा है तो रूठ जायेगी। वैसे तो वह खुद मना ही करती रही, पम्मो ने ही ज़ोर डाला कि चाँदनी के पास कोई सच्चा ज़ेवर नहीं है। वह खुद या ऊषा दीदी तीज त्यौहार पर ज़बरदस्ती पहना देती हैं। उसे पम्मो ने चढ़ाया तो वह भी मर्दानगी दिखाने पर तुल गया। अब अगर हार न आया तो बड़ी भद होगी।

पम्मो बन संवर कर डांस मास्टर के यहाँ जा रही थी, चन्दर ने उसे सीढ़ियों पर पकड़ लिया,

"अरे पम्मो जी आज तो कमाल कर दिया,"

"किसने—?"

"जादूगर ने,"

"जादूगर?"

"हाँ जी कालेज में आया था, मैंने उससे सीख लिया।"

"अच्छा" कहते हुए पम्मो चलने लगी।

"जादू देखेगी?"

"नहीं बाबा,"

"क्यों गधी—?" चन्दर बिगड़ने लगा।

"अरे भई, हमारा ताँगा खड़ा है, देर हो जायेगी"

"बस दो मिनट में" पम्मो को घसीटकर उसने सीढ़ी पर बिठा लिया।

"चल नोट निकाल,"

"हाय नहीं"

"अरे निकाल तो एक के दो बना दूँगा"

पम्मो ने बड़ी मुश्किल से एक रुपये वाला नोट निकाला।

"चल, चल काली कलकत्ते वाली, तेरा वार न जाये खाली, अंट-संट बिजली बसन्त...ले फूंक मार" पम्मो ने बड़े संकोच से फूंक मारी। चन्दर ने मुट्ठी खोली तो एक की जगह दस का नोट था। पम्मो की चीख़ निकल गई।

"हई है चन्द्रू भइया—"

"ला जल्दी-जल्दी बनवा ले"

"बस भई, अब नहीं बनवाते," पम्मो ने आराम से नोट पर्स में डाल लिया और चलने लगी।

"अरे-अरे भागती कहाँ है," चन्दर ने उसे फिर घसीटकर बिठा लिया।

"फिर पछतायेगी, कसम से, चल झट-पट निकाल" चन्दर ने चुटकी बजाई। पम्मो ने दस का नोट निकाला।

"अरे क्या मर-मर कर निकाल रही है। अब कौन बैठकर दस-दस के नोटों पर मंत्र पढ़ता फिरे। सौ का निकाल हज़ार बना दूँगा।"

"हाँ—"

"हाँ—"

"हजार—?"

"और क्या, जो हज़ार का हो तो दस हज़ार"

"हज़ार का तो नहीं,"

"अच्छा ला सौ का निकाल," नोट लेकर चन्दर ने ज़ोर-ज़ोर मंत्र पढ़ने शुरू किये?

"काली कलकत्ते वाली, चलचाल, ले फूंक मार, ठीक से मार, यह क्या फू-फू कर रही है। देख भई उल्टी सीधी फूंक मार दी तो एकदम मामला बिगड़ जायेगा।"

"फूं..." पम्मो ने सारे कलेजे का ज़ोर लगाकर फूंक मारी। चन्दर ने मुट्ठी खोली तो पुराने अख़बार का टुकड़ा निकला।

"देखा—"

"हाय राम मेरा सौ रुपये का नोट?"

"तो मैं क्या करूँ? गदहिया से कह रहा हूँ कि ठीक से फूंक मार, भई ठीक से फूंक मार मगर—" चन्दर गुर्राया,

"मैं कुछ नहीं जानती मेरा नोट लाओ,"

"अहा—खुद ही तो उल्टी सीधी फूंक मार दी, अब जादू उल्टा पड़ गया तो मैं क्या करूँ?"

"मुझे देर हो रही है चल हट,"

वह उसे दूर झटक कर चलने लगा।

"हाय भय्या मैं मर गई। डांस मास्टर की फीस कहाँ से दूँगी? लाओ चोर कहीं के मेरा नोट, यह लो अपना दस का नोट"

"अरे तेरे सामने जादू किया और अब ऐसी बातें कर रही है। अरे भई यह तो जादू है, कभी सीधा पड़ गया, कभी उल्टा"

उसने बड़ी भोली सूरत बनाकर कहा। वह दस का नोट भी ले लिया।

"घबड़ा नहीं पम्मी, मैं ज़रा काम से जा रहा हूँ, अभी वापस आकर तेरे सारे रुपये दस गुना बना दूँगा,"

"अरे जा सुअर, अब तेरी चालों में कौन आता है वह चन्दर की चालें समझती थी, मगर सीधी तरह माँगता तो कभी न देती।"

हवेली बिजली के बल्बों से जगमगा रही थी, सब जानते थे कि चाँदनी की सालगिरह का तो बहाना है, इन हवेली वालों को और कुछ नहीं तो कुत्ते कुतिया की बर्थडे मनाने की सूझ जाती है। ज़िन्दगी का ठहराव

और उक्ताहट कुछ वक्त के लिए कम हो जाती है। कुछ हंगामा हो जाता है, ऊषा दीदी को अपना सुघड़पन दिखाने का चांस मिल जाता है जो अतीत के हिसाब से बड़े सरकार पर असर जमाने का अच्छा तरीक़ा है।

चाँदनी बेक़रार चन्दर के इंतिज़ार में कमरे में टहल रही थी। खिड़की से उसने उसकी साइकिल को फाटक की तरफ़ मुड़ते देखा तो दीवानों की तरह गिरती पड़ती भागी।

"चन्द्रू जी मेरी माला," वह उसका उदास लटका हुआ मुँह देखकर धक से रह गई।

"क्या हुआ?" उसने सहमकर पूछा।

"बिक गया हार तो"

"हार बिक गया?"

"हाँ कोई घण्टा भर पहले, मगर उस सुनार ने वायदा किया है। बिल्कुल ऐसा का वैसा हार पन्द्रह दिन में!"

"हूँ पन्द्रह दिन में" वह रुआंसी होकर जाने लगी।

"सुन तो चन्नू"

"नहीं सुनती..." वह चिंघाड़ी। "...इतने दिन से कह रही थी कि बिक जायेगा मगर..."

"दूसरा बन जायेगा–तो–"

"मुझे नहीं चाहिए दूसरा तीसरा चौथा पांचवां, तुम लाये तो क़सम से पत्थर से कुचलकर फेंक दूँगी।"

"चन्दा रानी"

"ख़बरदार मुझे जो चन्दा रानी कहा। मैं रानी नहीं घूरे पर फेंकी हुई अनाथ छोकरी हूँ। रानी होती तो मजाल थी कि तुम मेरे लिए हार न लाते।" उसके गालों पर मोटे-मोटे आँसू बहने लगे।

बड़े सरकार ने यह हसीन ड्रामा देखा तो खिल उठे किसी ने उनकी छिछोरी मुस्कुराहट नहीं देखी। घण्टे भर से वह हार को उलट-पलट कर देख रहे थे। हर साल वह मुंशी जी के ज़रिये सालगिरह पर हर साल हर किसी को रुपये दिलवाया करते थे। वह चाँदनी को हार कैसे दें। घण्टों टहल-टहल कर वह मंसूबे बांधते रहे। क्या कहेंगे? कैसे कहेंगे? सबके

सामने दें या अकेले में। वह तो बस एक बार उसके चेहरे पर मुस्कुराहट देखना चाहते थे जो हार को पाकर उसके होंठों पर मचलने लगेगी। चन्दर जो उन्हें पिता समान समझता था, जिसे वह अपने प्राणों से ज़्यादा चाहते थे, उसे ज़ुकाम हो जाता तो बेचैन हो उठते—उन्हें उससे कितना लगाव था और कितनी नफ़रत थी, वह सोते जागते उसकी मौत का सपना देखा करते। चन्दर घोड़े पर से गिर पड़ा है, उसका भेजा फट गया है, उन्होंने ग़म से निढाल चाँदनी को अपने प्यासे होंठों से लगा लिया है और—और फिर आँख खुल जाती। गला सूखा हुआ, पसीने से शराबोर वह थककर हाँफने लगते। कितनी बार कल्पना में उन्होंने चन्दर की हत्या कर दी। खून में डूबी हुई उसकी लाश को रौंदते हुए वह दुल्हन बनी चाँदनी के कमरे में दाख़िल हो गये और...फिर आँख खुल जाती, उनका दिल खूब में डूब जाता, वह बेक़रार होकर हिचकियों से रोने लगते। चन्दर—उनका प्यारा नन्हा भाई।

“मेरे लाल चन्दर और पम्मो के तुम ही पिता हो और तुम ही माता। इन्हें दुख न देना नहीं तो मेरी आत्मा जनम्-जनम् तक भटकती फिरेगी।”

माँ ने मरते समय कहा था और उस दिन से उन्होंने बचपन त्याग कर बुढ़ापे और ज़िम्मेदारी का कांटों भरा चोला पहन लिया था। मगर क़ुदरत उनका खेल मिटाने पर तुल चुकी थीं, एक अंजानी ताक़त उन्हें कठपुतली की तरह नचा रही थी, सारी उम्र की नेकी और पारसाई एक ही वार में भस्म हुई जा रही थी।

रातों को डरावने स्वपन देखकर वह चौंक पड़ते। रौशनी जलाकर अपने हाथों और कपड़ों पर खून के निशान ढूँढते। फिर भी जी ठण्डा न होता तो चन्दर के कमरे में जाकर उसे देखते। कहीं ज़ख़्म तो नहीं, साँस तो चल रही है। उसे ज़िन्दा और सही सलामत पाकर अचानक उनकी ममता जाग उठती, अच्छी तरह कम्बल उढ़ाते। मच्छरदानी चारों तरफ़ दबा देते। कभी चन्दर की आँख खुल जाती तो वह उनकी हँसी उड़ाता। “वाह भय्या कोई मैं बच्चा हूँ,”

“तराई में मलेरिया फैल रहा है, तुम एहतियात नहीं करते,” जब दोनों भाई पास-पास बैठ जाते, छोटे-छोटे प्यार के जुमले (वाक्य) कहते,

माँ-पिता की मुहब्बत को याद करते, उस वक़्त चाँदनी उनके ध्यान से दूर होती और वह चन्दर के चमकदार भविष्य का प्लान बनाते, पम्मो की शादी के ख़र्चों का हिसाब लगाते, बड़ी उदारता से उसे रुपये देते, जैसे अपने लगाये घावों पर मरहम लगा रहे हों हालाँकि वो सारे घाव उनके दिल पर कुछ कम गहरे नहीं थे।

लेकिन उस वक़्त चन्दर की हार और अपनी जीत का दिलचस्प ड्रामा देखने के लिए वह एक कमसिन बच्चे की तरह बेचैन थे।

जब वह हार लेकर नीचे हाल में पहुँचे तो दृश्य एकदम बदला हुआ था। घड़ी भर पहले की बिफ़री हुई चाँदनी चन्दर के अलिंगन में पिघल रही थी।

"चन्दर राजा मेरे गले का हार तो तेरी बाँहें हैं। थू है हार पर मैं भी कितनी बुद्धू हूँ, वाह चन्दन राजा एक दिन तू मुझे हीरे जड़ी माला पहनायेगा, क्यों? है न?"

"मगर मैंने आज तक तुझे कुछ भी नहीं दिया," चन्दर शर्म से गर्दन झुकाये था।

"तूने मुझे जीवन का सहारा दिया पगले। तूने मुझे वह दिया जो भगवान ने छीन लिया था। यह घर सुख चैन, पम्मो जैसी गुइयाँ—और क्या चाहिये मुझे। और तू जब ऐसे देखता है मुझे तो मेरे मन में मोतियों की फुहार होने लगती है। मेरी तरफ़ मत देख चन्दर," उसने चन्दर की आँखों पर हथेली रख दी।

एक अलाव बड़े सरकार के वजूद पर दहक उठा, जंगली भैंसे की तरह उनकी साँस की धौंकनी चलाने लगी। आँखों में विषैली सलाखें कनपटियों को चीरती चली गईं। हार साँप की तरह उंगलियों को डसने लगा। इससे पहले कि वह जंगली दरिन्दे की तरह अपने दुश्मन पर टूट पड़ते किसी के पैरों की चाप सुनकर वह जाग पड़े।

ऊषा रानी सोलह सिंगार किये सीढ़ियों पर से उतर रही थी।

"ऊषा" उन्होंने अपने गले की सारी तल्ख़ी को पीकर निहायत मीठे स्वर में पुकारा।

आह—अपना नाम उनकी ज़बां से सुनकर जैसे ऊषा की छाती पर

धायं से गोली लगी। वह कलेजा थाम कर बोली, "जी"

"ज़रा इधर आइये" वह उसकी अकुलाहट से मज़ा लेते हुए नर्मी से बोले। ऊषा के प्राण खिंचने लगे नई दुल्हन की तरह हौले-हौले क़दम उठाती वह उनके पास पहुँची, शुक्र है भगवान् आज उन्होंने पुकारा।

"देखिये न हम आपके लिये क्या लाये हैं?"

"मेरे लिय?"

"यह तुच्छ सा उपहार है" उन्होंने हार उसकी आँखों के सामने नचाया।

"मेरे जीवन का सबसे सुन्दर सिंगार है"

उन्होंने दबी ज़बान से कहा और हाथ फैला दिये।

"ऊँ हूँ—हम खुद पहनायेंगे"

"अरे यह हार आप ले आये?" चन्दर ने ऊषा के मना करने से पहले कह डाला।

"हाँ, क्यों, क्या पसंद नहीं?"

"जी नहीं, मेरा मतलब है, जी हाँ" चन्दर ने मरी हुई आवाज़ में कहा।

इतने में मासी आ गईं और एकदम फूट-फटकर रोने लगीं।

"जियो मेरे लाल, जुग-जुग जियो, मेरी उम्र भी तुम्हें लग जाये" उन्होंने बड़े सरकार की बलाएँ लेकर कहा और ऊषा को गले लगाकर ऐसे फूटकर रोईं जैसे डोला तैयार हो चुका है और वह अपनी ससुराल जा रही हो।

क्रोध और नफ़रत का एक भयानक तूफ़ान बड़े सरकार के दिमाग़ में गूंजने-गरजने लगा मगर वह ज़ब्त कर गये।

"हाँ ऊषा जी मुंशी से कहना चाँदनी को गये साल जन्मदिन के जितने रुपये दिये थे, बस उतने दे दें"

बड़े खुश्क लहजे में उन्होंने हुक्म दिया और लाइब्रेरी में चले गये।

"हमें नहीं चाहिये रुपये" चाँदनी फुंकारी। थोड़ी देर के लिए दोनों मुरझा से गये फिर सब कुछ भूल-भालकर साल गिरह के उधम में लग गये। लान पर नौजवान लड़के-लड़कियाँ उधम जोत रहे थे। फ़िज़ा उनके क़हक़हों की झंकार से गूँज रही थी। ऊषा रानी की आँखों में आज निराली ही जोत जगमगा रही थी। वह बार-बार गले में हार को छूतीं और फिर

खुद ही शरमाने लगती

मासी की अजीब हालत थी। एक तरफ़ तो वह चाँदनी के ठाठ देखकर सुलग रही थीं, दूसरी तरफ़ खुश थीं कि चन्दर पूरी तरह छोकरी पर उतारू हो चुका है। शादी कर ले तो बड़े सरकार झट उसे जायदाद से महरूम कर देंगे। मालिक तो वही हैं, उन्हीं के नाम सारी पूंजी जो थी।

बड़े सरकार इस हंगामे में भी अकेले थे। उनके दिमाग़ पर धन बरस रहे थे। मायूसी और नामुरादी के बादल उमड़-उमड़कर उनका दम घोंट दे रहे थे। दिल की वीरानी बढ़ती जा रही थी। हताश से वह चन्दर और चाँदनी पर नज़रें जमाये हुए थे। उनकी हर शोख़ी पर उनके एहसास पर एक आघात सा लगता और वह तड़पकर रह जाते। एकदम उनकी नज़र घास पर पड़े हार पर पड़ी जो ऊषा के गले से खुलकर गिर गया था। झुककर उन्होंने हार उठाया और ऊषा को देने लगे। यकायक न जाने क्या सोचकर ठिठक गये। शला साफ़ करने के बहाने वह उठे। चाँदनी का पर्स मेज़ पर पड़ा था उसे खोल कर हार डाल दिया।

**चाँदनी** मौलश्री के पेड़ तले सूखे पत्तों के ढेर पे बेसुध पड़ी थी। जब कभी उसके मन को कोई चोट पहुँचाता तो वह यहीं पत्तों के ढेर पर जा बैठती। यही पत्ते तो उसका मायका थे। चन्दर ने उसे यहीं पड़ा पाया था। यही पड़ें-पड़ें वह पत्तों की तरह सूख जायेगी, फिर माली अरहर के झाँकड़ की झाड़ू से उसे समेटकर बाग़ के कूड़े के साथ जला देगा, फिर उसकी राख वातावरण में आहें भरती जन्म-जन्म तक उड़ती रहेगी मगर पहले जब कभी वह रूठती थी तो चन्दर बेक़रार होकर उसे मना लेता था। अबके उसने चाँदनी को कूड़े के ढेर पर पड़ा देखा तो अनजान बन गया, मानो वह वहाँ है ही नहीं, वह इतनी संजीदगी से कभी नहीं रूठा था।

जब ऊषा दीदी का हार सारे मेहमानों के सामने उसके पर्स से निकला तो मारे लाज के ज़मीन में गड़ गया। उसने चाँदनी को सबके सामने इतने ज़ोर से तमाचा मारा कि अब तक गाल सूज रहा था। उसे अपनी सफ़ाई में कुछ कहने भी न दिया।

"किसी चोर डाकू की संतान होगी मुई" मासी ने मेहमानों से तलाशी लेने पर माफ़ी माँगते हुए कहा था।

"जाने दीजिये मासी" बड़े सरकार उन्हें रोकते रहे मगर भला वह रुकने वाली थीं। खूब जली कटी सुनाती रहीं।

"ओ हो, जाने दीजिये, इंसान से भूल हो ही जाती है ऊषा रानी अब यह हार न पहनें..." बड़े सरकार बोले।

"...जिसे पसंद है उसी को दे दीजिये, हम आपको दूसरा ला देंगे।"

"क्यों दे दे बड़ी आई पसंद करने वाली। उसे सदक़े करूँ मरी को। हमारे टुकड़ों पर पली और हम से बैर बांधती है!"

"मासी जी चाहे जैसी सौगंध ले लो, मैंने हार को हाथ तक नहीं लगाया," चाँदनी शर्म से लरज़ कर रोने लगी।

"अरी चल निगोड़ी तेरा मरा जीता है कौन, जिसकी क़सम खायेगी? कोई होता तो यों कूड़े पर फेंक जाता? अरे मेरी बेटी से तूने किस बात का बैर निकाला, अरे मेरी बेटी ने इस कुतिया के सगी बहन से ज़्यादा दुलार किये, जन्मदिन का सारा इंतिज़ाम किया, मरी को हमेशा सी पिरोकर सजाया और उसने यह बदला दिया।"

"चाँदनी..." पम्मो सिसकियों से रो पड़ी थी, "...तुझे यह हार इतना प्यारा था कि चोरी से भी डर न लगा,"

"छोटे भय्या–" दौड़कर चन्दर से लिपट गई।

चन्दर ने आँसू भरी आँखों से चाँदनी की तरफ़ देखा। वह कटकर रह गई।

"चन्दर तुम्हें मेरे ऊपर विश्वास नहीं,"

और चन्दर ने भरपूर तमाचा उसके मुँह पर जड़कर उसे अपने से दूर धकेल दिया।

"भई तुम लोग अकारण इतनी सी बात का बतंगड़ बना रहे हो, हार पसंद था तो ले लिया तो इसमें ऐसा कौन सा ग़ज़ब हो गया? चन्दर तुम ज़्यादती कर रहे हो"

बड़े सरकार ने आग पर तेल छिड़का, जिसका यह नतीजा हुआ कि चाँदनी पर और गालियाँ पड़ीं।

"भई किसी को हार इतना पसंद हो कि वह चोरी तक कर बैठे ऐसा हार मैं ऊषा रानी को देना नहीं चाहता, दे दो उसी को..."

"मेरी जान भी चली जाये तब भी यह हार मैं किसी को नहीं दूँगी," ऊषा ने घुटे हुए गले से कहा, जैसे हार नहीं कोई उनसे उनका सुहाग माँग रहा हो।

"हाँ जी काहे को देवे हार। कल को यह किसी की जान माँगेगी तो क्या..." मासी गुर्राई पार्टी बिखर गई लोग खिसियाने से जल्दी-जल्दी रुख़्सत हो गये।

घर में ऐसा मालूम पड़ता था, जैसे मौत हो गई हो। चन्दर के लाडले दिल को कभी इससे ज़्यादा भारी सदमा नहीं पहुँचा था। चाँदनी के लिए तो जीने का बहाना भी ख़त्म हो चुका था। चाँद पर घनघोर घटाएँ छा जायें तो फिर चाँदनी क्यों न सिसककर दम तोड़ दे।

"क्या चाँदनी चोर है? तो फिर मेरे ज़ेवर मेज़ पर पड़े रहते हैं क्यों नहीं चुराती?" पम्मो ने अपने से पूछा, और चन्दर से बहस की।

"मुझे नीचा दिखाने के लिए उसने चोरी की" चन्दर ने थूक निगल कर कहा।

"जलकुकड़ी बहुत है, किसी की ख़ुशी नहीं देख सकती, मेरा दिल दुखाना चाहती थी" ऊषा ने बिसूरते हुए कहा।

"नहीं जी तुम उस कमीनी को नहीं जानती। असल में बड़े सरकार से जलती है। उसका बस चले तो सारी सम्पत्ति चन्दर के नाम करवा दे। वह उसके तलवे चाटता है न," मासी ने और ज़हर उगला।

बस एक बड़े सरकार थे जिन्होंने चाँदनी के ख़िलाफ़ एक शब्द मुँह से नहीं निकाला।

वह महापुरुष जो थे, कितनी दया थी उनके हृदय में, वह बराबर यही कह रहे थे, इतनी सी ग़लती की इतनी बड़ी सज़ा, यह ज़्यादती है चन्दर की।

वह देवता थे, क्षमा करना ही तो बड़प्पन की निशानी है। चाँदनी जिन्हें अपना समझती थी वो कितने कच्चे निकले और जिन्हें अपना दुश्मन समझती थी वह देवता समान उसका पक्ष ले रहे थे। एकदम

उसके दिल से बड़े सरकार के विरुद्ध जमा सारा मैल धुल गया। अगर वह उनसे इतना डरती न होती तो जाकर उनके पैरों को पकड़ लेती।

"मेरे सरकार मैंने आपको ग़लत समझा, मैं पापिन हूँ मुझे क्षमा कर दीजिये, जो चाहे दण्ड दीजिये मगर चन्दर से कहिये मुझको यों बे मौत न सिसकाये, मैं तो मर भी न सकूँगी उसके प्यार बिना,"

हाय जिस घर में उसके इतने लाड होते थे आज पलट कर किसी को उसकी तरफ़ देखना भी मंजूर न था।

यह बचपन की लड़ाई नहीं थी। पम्मो ने कई बार उसके पास आकर बोलने की कोशिश की मगर मासी ने वह शोर मचाया कि हिम्मत न पड़ी उसकी।

"चोर नीच जाति की संगत में तेरा नास लग जायेगा," उन्होंने चिंघाड़ना शुरू किया और उसका पलंग उठवाकर ऊषा के कमरे में लगवाने की धमकी दी। मगर ऊषा के कमरे में पम्मो का दम घुटने लगा, कोई चीज़ इधर से उधर हो जाती तो ग़ुल मचाने लगतीं। वह चाँदनी से दूर रह भी नहीं सकती थी।

"पर चाँदनी सुवरिया तूने हार क्यों चुराया। जी चाहता है तेरा भूर्ता बना दूँ चुड़ैल।" उससे रहा न गया। इस डांट में कितना प्यार था कि चाँदनी रो पड़ी।

"पम्मो रानी तेरी क़सम मैंने हार को हाथ भी छुवाया हो तो मेरे कोढ़ फूटे, मैं मर जाऊँ, मेरी आँखें पत्थर हो जायें।"

"न भई ऐसी बातें न कर। मगर यह चन्दर का बच्चा बड़ा नीच है। इतवार को पिकनिक का प्रोग्राम था, सब चौपट हो गया। हार न हुआ एक मुसीबत हो गया। सारा घर सूना पड़ा है, जी ऊब गया।"

चाँदनी से मिलाप करके वह सीधी ऊषा के पास पहुँची।

"हाँ"

"मुझे क्षमा कर दो रानी दीदी,"

"कैसी क्षमा?"

"वह तुम्हारा हार था न—वह मैंने चुराया था" पम्मो ने आँखें मसल कर कहा।

"तूने चुराया था?"

"हाँ फिर–?"

"फिर?"

"फिर पर्स में डाल दिया,"

"चाँदनी के पर्स में?"

"और क्या, मेरा पर्स तो कमरे में था।"

"चल झूठी।"

"अरे सच, क़सम से प्यारी दीदी!"

"बकवास मत कर तू क्यों चुराती हार?"

"अरे मैं तो मज़ाक कर रही थी, चुराया नहीं"

"फिर क्यों झूठ बोल रही थी?"

"उठा लिया था घास पर पड़ा था। मैंने उठाकर पर्स में डाल दिया। आप उधर थीं नहीं, इसलिए"

"हाय राम तो तूने तभी क्यों नहीं बताया?"

"वह–वह मुझे डर लगा कि कहीं सब मुझ ही को चोर न समझ लें। मासी इतना गुस्सा कर रही थीं। मैं जरा बाथरूम गई थी, वापस आई तो देखा सब चाँदनी को चोर कह रहे हैं–" पम्मो रोने लगी।

"चल झूठी, तू तो खुद उस बेला चाँदनी को डांट रही थीं?"

"ऐं, तो फिर क्या करती? ऊषा दीदी मेरी कुछ समझ में नहीं आया।"

"हाय राम यह तो बुरा हुआ," ऊषा दुखी हो गई।

"अच्छा चुड़ैल तूने हार चुराया और चाँदनी पर डांट पड़ी बताया क्यों नहीं?"

"वह चाँदनी जो मुझसे दंगा कर रही थी सुबह से,"

"तो तूने उसे फंसा दिया, चल भूतनी, चल बड़े भय्या के पास" चन्दर ने उसकी चोटी पकड़कर घसीटा, "देख तुझे कितने जूते खिलाता हूँ।"

वह उसे मारता धक्के देता ले चला। पम्मो ने उसे खूब ठोकरें मारीं, दाँत काटे और फुसकक्ड़ा मारकर बैठ गई मगर चन्दर ने उसे उठा लिया और बोरे की तरह ले जाकर भय्या जी के सामने पटक दिया।

“यह देखिये भय्या इस चुड़ैल की करतूत”

“चन्दर होश में हो कि नहीं?”

“मैं अपने होश में कैसे रह सकता हूँ? हार इसने चुराया और इल्ज़ाम बेचारी चाँदनी के सर थुप गयी।”

“प्रमिला यह सब क्या है?”

“बड़े भय्या मैंने वह हार था न—चुराकर”

“तुम बुद्धू हो छोटे भय्या, तुम बीच में मत बोलो। बड़े भय्या मैंने हार चाँदनी के पर्स में डाल दिया”

“झूठी,” बड़े भय्या ज़ोर से गरजे, पम्मो के आँसू छलक पड़े।

“मगर बड़े भय्या यह तो खुद ही कह रही है।”

“यह झूठ बोल रही है,” बड़े सरकार की आँखों से चिंगारियाँ फूटने लगीं।

“नहीं भय्या यह खुद कह रही है आप ही सोचिये और कौन पाजी हो सकता है इसके सिवा?”

“हाँ—मगर—” बड़े भय्या की आँखें झुक गईं।

“माफ़ कर दीजिये भय्या, मैंने तो मज़ाक में छिपाया था। जब बात इतनी सीरियस हो गई तो मैंने डर के मारे नहीं बताया”

“पम्मो—”

“जी भय्या”

“यहाँ आओ मेरे पास”

“जी—”

“जानती हो झूठ बोलना पाप है”

“मगर बड़े भय्या मैं सौगंध ले सकती हूँ कि चाँदनी ने हार नहीं चुराया”

“फिर किसने चुराया?”

“मैंने” उसने बड़ी सफ़ाई से झूठ बोला। मगर उसकी चमकदार मासूम आँखों में ज़रा भी झिझक नहीं थी।

“नहीं”

“तो फिर किसने चुराया?”

"मैंने—" बड़े सरकार ने कहा।

"आपने—ओह नो..." वह ज़ोर से क़हक़हा मारकर हँसी।

"...जाइये बड़े भय्या भला आप?" और वह हँसी के मारे लोट-पोट हो गई।

चन्दर ने जाकर चाँदनी से कह दिया कि पम्मो ने अपना जुर्म क़बूल कर लिया है कि हार उसने बटुवे में डाला था,

"पम्मो ने?" चाँदनी चौंक पड़ी।

"हाँ, क्योंकि वह तुम्हारे जन्मदिन पर जल रही होगी,"

"राम-राम क्या कह रहे हो चन्दर जी, पम्मो मेरी ख़ुशी से जलेगी? वह तो ख़ुद मेरी ख़ुशी है। भगवान् ने मुझे कुछ न देकर पम्मो को मेरा बना दिया, मेरे लिए यही सबसे बड़ी दौलत है।"

"अरे वह बड़ी बदज़ात है चुड़ैल"

"नहीं—नहीं वह झूठ बोल रही है"

"अरे वाह, इसमें उसे क्या मिल जायेगा?"

"क्योंकि—तुम उसे नहीं पहचानते चन्दर जी—क्योंकि वह बच्चों की तरह नर्म दिल व भोली है, मेरे लिए उसने सारा दोष अपने सर ले लिया।"

"तुम्हारा मतलब है, हार उसने नहीं बल्कि ख़ुद तुमने..."

"...नहीं मैंने हार नहीं चुराया, लेकिन इससे क्या फ़र्क़ पड़ता है? तुमने तो मुझे चोर मान ही लिया और दण्ड भी दे दिया। अब छान-बीन से क्या लाभ?"

"चाँदनी" मगर चाँदनी मुँह फेर कर चली गई।

"सुनो तो चाँदनी" चन्दर ने उसकी बाँह पकड़ी, मगर उसने झटक दिया।

"क्या मुझसे अब कभी बात नहीं करोगी?"

"नहीं—" चाँदनी होंठ काटने लगी।

"तो फिर कुट्टी?"

"बिल्कुल"

"तो मुझसे ब्याह नहीं करोगी?"

"मेरी मौत आई है, जो तेरे जैसे छिछोरे से ब्याह करके अपनी मिट्टी

पलीद कराऊँगी।"

चाँदनी ने नाक सिकोड़ी।

"फिर किससे ब्याह करेगी?"

"जिससे मेरा मन चाहेगा,"

"तेरे मन की ऐसी की तैसी, मैं उस स्साले को गोली मार दूँगा।"

"ओह बड़ा आया लाट साहब गोली मारने वाला। पहले कहीं मुँह धो आ, बुद्धू।"

"चाँदनी ज़बान सँभालकर बात कर—मुझे बुद्धू कह रही है," चन्दर गुर्रा कर उस पर चढ़ आया।

"हाँ-हाँ बुद्धू गंवार," चाँदनी ने उसे परे धकेला।

"गंवार,"

"हाँ पल्ले सिरे का गंवार—" चाँदनी पलटकर मोरी फलांगती भागी।

"पल्ले सिरे का गंवार?" चन्दर ने अड़ंगा लगाया।

"हाय राम" चाँदनी मोरी से बही हुई कीचड़ में रपटी।

दाँत किचकिचाकर उसने दोनों हाथों से कीचड़ समेट कर छपाक से चन्दर के मुँह पर मारी और आन की आन में दोनों कीचड़ में गुत्थम गुत्था हो गये।

"यह क्या हो रहा है?" बड़े सरकार ने बरामदे की सीढ़ियों से पूछा।

"मिलाप" ऊषा रानी खिलखिलाकर हँसी और नारंगी के रस का गिलास उनकी तरफ़ बढ़ा दिया। चन्दर उठकर भागा और चाँदनी भीगी हुई चुहिया की तरह बाथरूम में रेंग गई।

"ऊषा रानी"

"जी?"

"यह नारंगी का गिलास तुम पी लो। तुम्हें इसकी बहुत ज़रूरत है। देखो न कितनी मुरझा गई हो।"

"मैं—?"

"हाँ, तुम बूढ़ी होती जा रही हो। अरे बत्तीस बरस में ही तुम्हारे बाल सफ़ेद होने लगे? च—च, मेरी जान के पीछे पड़ी रहती हो, अपनी सूरत आइने में देखती, कैसी मनहूसियत बरस रही है।"

ऊषा रानी के हाथ से रस का गिलास छूट गया।

"सूरत भगवान् जैसी आदत शैतान जैसी" चाँदनी बड़े सरकार की चाँदी के फ्रेम में लगी हुई तस्वीर पर रिमार्क पास कर जी ही जी में खुश हो रही थी और उमंग बढ़ी तो गरीबां में से क़लम निकाल कर शैतान लिखकर सींग बनाने में व्यस्त थी कि एकदम क़यामत टूट पड़ी।

"हे भगवान" चाँदनी पल्टी तो मासी का वह ज़न्नाटेदार थप्पड़ पड़े कि तारे नज़र आ गये।

"नमक हराम, कमीनी, चोट्टी" तड़ातड़ थप्पड़ों और धमकियों का तूफ़ान बरसता रहा।

"जिस थाली में खाना, उसी में छेद करना, बदज़ात छिनाल की जनी"

"चाँदनी की चीखें सुनकर सुनकर सब जमा हो गये। वह दुपट्टे से तस्वीर साफ़ करने लगी तो मासी ने उसे एक ज़ोर का धक्का दिया और थानेदार की तरह तस्वीर दाबकर खड़ी हो गई, जैसे क़त्ल के सबूत में उसे लाश ही हाथ आ गई हो।"

"यह देख-देख अपनी चहेती के लच्छन" उन्होंने चन्दर की आँखों में तस्वीर घुसाकर कहा

"यह—यह तूने लिखा है?" चन्दर ने मरी हुई आवाज़ में पूछा।

"चन्दर जी" चाँदनी लरज़ कर हकलाई।

"हाँ-हाँ कह दे मालज़ादी कि तूने न लिखा," बड़े सरकार को लाइब्रेरी से निकलता देखकर चाँदनी को छोड़कर उनपर लपकीं।

"तुम से कहती हूँ इस अभागन को किसी अनाथ आश्रम में फिंकवा दो। यह देखो—देखो" मासी रो पड़ीं।

"खूब" बड़े सरकार बड़ी दरिया दिली से मुस्कराये।

सारा घर उनकी ऐसी पूजा करता था कि वह उक्ता गये थे। बजाय गुस्से के उन्हें चाँदनी की इस शरारत में चाशनी मिली।

"मासी अगर हमारे बारे में कोई कुछ राय रखता है तो इसमें बुरा मानने की क्या बात है?" वह हँसते हुए चले गये।

"बड़ी आई राय की बच्ची, मिट्टी डालो इस कुतिया की बच्ची पर—कमीन हराम का बीज।"

"चन्दर जी मैंने...मैंने तो यों ही मज़ाक़ में।"

"तुम्हारा इनसे मज़ाक़ का कौन सा नाता है?" चन्दर ग़ुर्राया।

"मैं हाथ जोड़ती हूँ चन्दर जी भूल हुई, तुम्हारे पैर पड़ती हूँ।"

"मेरे हाथ पैर जोड़ने से काम नहीं चलेगा, जिसे गाली दी है, उसी से माफ़ी माँगो।" चन्दर ने उसे झिड़का।

"हाय—नहीं—" चाँदनी सहम गई।

"हूँ, तो अब इनसे माफ़ी भी नहीं माँगेगी, क़सम से इतने जूते पड़ेंगे कि..." चन्दर बिफ़रा।

"तो मार लो जूते"

"दूर हो—मुझसे आइन्दा बात की तो अच्छा न होगा।"

"तो माफ़ी माँग लूँगी, चलो—"

"मैं क्यों चलूँ?" चन्दर कुर्सी पर लेट गया।

"हाय मैं अकेली जाऊँ?" चाँदनी बिगड़ी।

"अकेली को क्या कोई खा जायेगा?"

"मगर—मैं..." चाँदनी आगे बोल न सकी, "पम्मो रानी"

"न भई मुझे काहे को फँसाती हो, मुझे क्लास जाना है"

"हे भगवान—मैं तो मर ही जाऊँ—पम्मो जी दरवाज़े तक चली चलो—मेरी प्यारी पम्मो—" चाँदनी उसे फुसलाने लगी।

"चल दरवाज़े तक चले चलते हैं पर कहे देते हैं हम अन्दर नहीं जायेंगे हाँ" पम्मो राज़ी हो गई है।

"मगर सुवरया तुझे यह क्या सूझी? बाप रे बाप बड़े भय्या को शैतान कहती है, वह तो तेरा कितना ख़्याल करते हैं?"

"तू नहीं जानती पम्मो..." वह एकदम चुप हो गई।

"अरे मैं सब जानती हूँ। तुझे वह ग़ुस्से से घूरते हैं तो तू समझती है नफ़रत करते हैं। नहीं चाँदनी वह तुझसे नहीं चन्द्रू से नाराज़ हैं और फ़ेमिली प्रेस्टिज का ख़्याल है? तू देखना वह राज़ी हो जायेंगे, ले जा"

उसने बड़े सरकार के दरवाज़े पर पहुँच कर कहा।

"पम्मो—तू भी—"

"चल हट"

"मगर सुन तो देख क्या कर रहे हैं?"

"पढ़ रहे हैं कोई बुक" पम्मो ने झाँककर कहा।

"क्या है—?" अन्दर से बड़े सरकार की आवाज़ आई।

"वह—चाँदनी—बड़े भय्या।" पम्मो पकड़ी गई।

"तो फिर—?"

"माफी—मां—वह माफ़ी माँगने आई है।"

"अच्छा—" बड़े सरकार दिल की धड़कन सँभालने लगे।

"आने दो," उन्होंने माथे से पसीना पोंछते हुए कहा।

"तू भी आ रानी," चाँदनी उसके गरीबां में झूल गई।

"प्रमिला दुर्गा से कहो चाय ले आये" बड़े सरकार ने हुक्म दिया। पम्मो झटका देकर भागी।

चाँदनी एकदम बिदककर भागने लगी, मगर फिर कोई रास्ता न पाकर मरे मरे क़दमों से अन्दर दाख़िल हुई।

बड़े सरकार उसकी तरफ़ पीठ किये बिल्कुल बेख़बर बैठे थे, वह फिर पलटकर जाने लगी।

"तो तुम माफ़ी माँगने आई हो?" वह उसकी तरफ़ मुड़े मगर नज़रें किताब पर जमाये रखीं। चाँदनी की कुछ हिम्मत बंधी।

"आओ बैठो" वह सहमी हुई आई और ऐसे पर तौलती हुई चिड़िया की तरह कुर्सी की कग्गर पर टिक गई कि शू किया और वह फुर्र से उड़ी।

"हूँ—तो अपने कौन-कौन से गुनाहों की माफ़ी माँगने आई हो?" वह बड़बड़ाये।

"जी" मरी हुई आवाज़ हल्क़ में ही सिसक कर रह गई।

"हाँ..." उन्होंने ठण्डी साँस भरी, "...पिछले जन्म में जो पाप किये थे उनकी सज़ा मिल रही है?" वह जैसे अपने आप से बोले।

"मैं ग़लती की माफ़ी चाहती हूँ," वह उठकर चलने को तैयार हो गई।

"मगर मैंने तो अभी माफ़ नहीं किया...?" वह शरारत से मुस्कुराये "...बैठो" लेकिन चाँदनी खड़ी रही।

"कोई मेरे सवाल का जवाब नहीं देता" वह बड़बड़ाये।

“जी” चाँदनी कुछ नहीं समझी। अनजाना खौफ़ उसका गला घोंटने लगा, वह विनम्र आँखों से उन्हें देखने लगी।

“कि...कि जब तुम यों देखती हो तो मेरा दिमाग़ फटने लगता है।” उनकी आँखों जैसे प्रेत मंडराने लगे।

“चाँदनी ने लज्जित होकर झट से पल्के झुका ली”

“यह और भी ज़्यादिती हुई,” वह अपने से बोले।

“मैं जाऊँ?”

“परन्तु मेरे सवालों के जवाब तो देती जाओ,” वह उठ खड़े हुए।

“मैं—?”

“हाँ तुम—तुम मेरा तमाशा बनाना चाहती हो?” उनपर एकदम खून सवार हो गया।

चाँदनी ने फिर पलकें झुका लीं।

“यह और भी ज़ुल्म हुआ” बड़े सरकार ने फ़रियाद की।

“मैं—मैं जाऊँ?”

“मेरे सवालों के जवाब देती जाओ, मुझे क्या हो गया है...” उन्होंने दोनों हाथों से सर पकड़ लिया।

“...मैं पागल हो जाऊँगा।”

चाँदनी उठकर भागी।

“ठहरो—” उन्होंने लपककर उसकी बाँह पकड़ ली।

हाथ लगना था कि क़यामत टूट पड़ी, फ़िज़ा में बारूद फट पड़ी एक ख़ामोश धमाका हुआ और बड़े सरकार का जिस्म लरज़ने लगा। गर्दन की रगें तन गयीं, पसीने के फ़व्वारे फूट निकले। बड़े दीन भाव से उन्होंने उसका हाथ अपने सीने पर रखा। मालूम होता था अन्दर कोई जख़्मी परिन्दा उछल रहा हो।

फिर उन्हें होश न रहा, उन्होंने वहशियों की तरह उसके कपड़े तार-तार कर डाले। चाँदनी के मुँह से एक घुटी हुई चीख़ निकली और होंठों पर अनगिनत साँप डसने लगे।

एक ज़ोरदार झनाका हुआ और आरती की थाली चीख़ती चिंघाड़ती फ़िज़ा के कान गुंग कर गई।

"कलंकिनी, डायन तेरा सत्यानाश हो" मासी दोनों हाथों से अपना गला नोचने लगीं जैसे फांस छुड़ा रही हों। एकदम लड़खड़ाकर वह कुर्सी से टकराईं। खून के दबाव से उनका मुँह नीला पड़ गया, जैसे काली नागिन ने डस लिया हो। त्योराकर वह फ़र्श पर ढेर हो गईं। थाली की आवाज़ और चाँदनी की चीख़ सुनकर सारा घर दौड़ पड़ा।

"डाक्टर—भगवान के लिए डाक्टर—" ऊषा माँ का सर जाँघों पर रखकर बिलखने लगी।

पम्मो ने जल्दी से दीवार से चिपकी हुई चाँदनी की दुरगत से सहमकर पलंग पर से चादर घसीटकर उस पर डाल दी। खुद गिरती पड़ती भागी।

"मुंशी जी डाक्टर को फोन कीजिये, फालिज मालूम पड़ता है," चन्दर मासी के मुँह पर पानी छिड़कने लगा।

"नहीं..." वह बड़ी ज़ोर से चीखे मगर सबको हैरत से तकता देखकर संभल गये, "...मैं फ़ोन करता हूँ,"

नम्बर मिलाते वक़्त वह सोचने लगे अगर मासी बच गई तो? तो सारा मुलम्मा उतर जायेगा। वह यह ज़िल्लत सह नहीं सकेंगी।

"हूँ," डाक्टर ने फ़ोन पर जवाब दिया, "हलो,"

मगर उन्होंने मुजरिमों की तरह चारों तरफ़ देखा और रिसीवर रख दिया।

मासी दिल की पुरानी रोगी थीं। बड़े सरकार बेकार झूठ बोलकर अपनी आत्मा पर पत्थर लाद लिये। अगर डाक्टर को इत्तिला हो भी जाती तो वह उनके आने से पहले ख़त्म हो जातीं।

मासी ने दम तोड़ने से पहले बहुत कुछ कहना चाहा मगर आवाज़ नहीं फूटीं। उन्होंने ऊषा का हाथ उनके हाथ में थमाना चाहा मगर वह अनजान बने रहे। मासी के सिरहाने बैठे सर पकड़े रोते रहे। कौन जाने वह मासी को रो रहे थे, या उस मौत का मातम कर रहे थे जो उनके वजूद में आहिस्ता-आहिस्ता रेंगती चली आ रही थी। सब यही समझे कि मासी ने क्रोध में चाँदनी को मारा इस वजह से शायद दिमाग़ की नस फट गई। बड़े सरकार ने इसका खण्डन करना उचित न समझा और चाँदनी का मुँह न खुल सका।

मासी की मौत के बाद कई माह तक खामोशी छाई रही बड़े सरकार एकदम ही अर्न्तध्यान हो गये, अपने कमरे में अकेले अपने विचारों की दुनिया में खोकर वह और भी उलझ गये। चाँदनी भी यही कोशिश करती कि उसपर उनकी दृष्टि न पड़े। ऊषा रानी पर सारे घर की ज़िम्मेदारी आ पड़ी। अब तो वह बिल्कुल घर वाली मालूम होने लगी। बिल्कुल पुरानी ब्याही पत्नी की तरह जिसे पति घर के साज़ो सामान की तरह रखकर भूल गया हो।

मौसम में कुछ बेकली के जरासीम आ गये थे। टीसू का जंगल दहक उठा था, बड़े सरकार कुछ बेचैन से रहने लगे थे, मगर माहौल में अभी खामोशी थी!

चाँदनी बेख़बरी में तीतरी की तरह नाचती ज़ीने पर से उतरती चली आ रही थी, आज बड़े सरकार उक्ताकर बाहर निकल पड़े थे और पियानो के पास बैठे यों ही इधर-उधर के सुर छेड़ रहे थे, उसे देखकर महीनों की दबी हुई चिंगारी को फिर हवा लगी और उनकी उंगलियाँ बहकने लगीं। चाँदनी बौखलाकर भागने को मुड़ी।

"सुनो–" साँप की फुंकार की तरह उनकी आवाज़ सरसराई चाँदनी के रौंगटे खड़े हो गये और जहाँ की तहाँ खड़ी रह गई।

"इधर आओ," उनकी आँखों में से जैसे दो काले नाग निकलकर उसके जिस्म से लिपट गये। एक अंजानी ताक़त से खिंचती हुई वह उनकी तरफ़ बढ़ने लगी। हवा सकते में रह गई माहौल की जैसे सांस ही रोक ली। बड़े सरकार की निगाहें लोहे की गर्म-गर्म सलाख़ों की तरह उसके आर-पार निकल गईं।

आहिस्ता से उन्होंने उसकी पतली सी कमर को अपने हाथों के घेरे में जकड़ लिया, हाथ हौले-हौले ऊपर सरकने लगे। ऊपर और ऊपर। उड़ान से महरूम परिन्दे की तरह वह हाथ ढीले छोड़े कांपती रही। एक हल्के से इशारे पर वह उनके सीने से लग गई।

धड़-धड़ करता चन्दर तूफ़ान मेल की रफ़्तार से सीढ़ियों पर से उतरा। एकदम फ़िज़ा चीख़कर जाग उठी, चाँदनी बड़े सरकार के हाथों से निकलकर चन्दर से लिपट गई, "चन्दर जी–चन्दर"

बड़े सरकार ने अपने खाली हाथ पियानो पर दे मारे और उस पर अपना सर डाल दिया। यों बड़े भाई के सामने चाँदनी का लिपटना उसे बहुत बुरा लगा।

"अरे-अरे बड़े भय्या बैठे हैं पगली,"

चाँदनी घबड़ाकर दूर हट गई और मरे-मरे क़दमों से ऊपर चल दी।

"क्या हुआ बड़े भय्या..." वह उन्हें सर झुकाये बैठा देखकर घबड़ा गया। "...क्या सर में दर्द है?"

"ऊं–हाँ"

"ओफ्फोह–आप दिन भर पढ़ा करते हैं। मैं अभी ठीक किये देता हूँ।"

"चाँदनी–" उसने सीढ़ी के पास जाकर पुकारा।

"क्या है चन्दर जी," चाँदनी ने मरी हुई आवाज़ में कहा।

"ज़रा दीदी के कमरे से बादाम के तेल की शीशी तो लेती आओ," उसने हाँक लगाई।

"भय्या आप ज़रा कुर्सी पर आराम से लेट जाइये" उन्हें लिटाकर उसने जूते के फ़ीते खोलना शुरू किया। चाँदनी तेल लेकर आई तो उसने कहा–"ज़रा भय्या के सर में तेल डालो वह उनके पैर दबाने लगा।।"

"मैं–चन्दर जी–मैं?"

"हाँ"

"मैं–मुझे काम है–तुम डाल दो न" वह रुआँसी हो गई।

"अरे मैं प्रेक्टिस के लिए जा रहा हूँ, हाथ चिकने हो गये तो रैकेट फिसल जायेगा।"

"धो लेना हाथ,"

"बको मत, तुम डाल दोगी तो कौन सा तुम्हारा दम निकल जायेगा।"

चन्दर जितना अकेले में चाँदनी से दबता था, उतना ही सबके सामने दिखाने के लिए उस पर रौब जमाता था।

"रहने दो चन्दर, आप ही ठीक हो जायेगा" बड़े सरकार से मासूमियत से कराहे।

"अरे वाह भला आप ही कैसे ठीक हो जायेगा?"

चाँदनी उसकी आवाज़ के रूखेपन से सहमकर तेल डालने लगी, बड़े सरकार उसकी घबड़ाहट का मज़ा लेने लगे।

"चन्दर आज का अख़बार कहाँ है?" उन्होंने अख़बार पहलू में दबाकर पूछा। चाँदनी के पसीने छूटने लगे।

"आपके कमरे में होगा"

"नहीं, वहाँ तो नहीं है।"

"तो शायद बरामदे में रखा होगा, लाऊँ"

"प्लीज़–"

"और वो रैकेट की बिल्टी छुड़वाना हैं" चन्दर ने दबी ज़बान में कहा।

"बटवा (पर्स) सिरहाने होगा।"

"अभी लाया," चन्दर सीढ़ियों पर लपका।

"चन्दर जी–" चाँदनी की कमज़ोर आवाज़ गले में ही घुट गई।

बड़े सरकार के चेहरे पर शरारती मुस्कान मचलने लगी, नथुने फूल गये, गर्दन की नसें फड़फड़ाने लगी। कनपटी खुजाने के बहाने उन्होंने चाँदनी की उंगलियाँ छू लीं। सहमकर उसने हाथ समेट लिया।

उसकी आँखें सीढ़ियों पर लगी थीं कि कब गधा चन्दर अख़बार ढूँढ़कर लाये तो उसकी जान छूटे। काश अख़बार छिपाता देखकर वह चिल्लाने लगती। लेकिन उसमें कहाँ इतना दम है। बड़े सरकार बड़ी मक्कारी से अनजान बने बार-बार उसकी उंगलियों से छेड़छाड़ किये जा रहे थे।

चाँदनी की दुआ क़बूल हो गई। ऊषा रानी रसोई की तरफ़ से लौट रही थीं। कोई बड़े सरकार का काम करे यह उनके अधिकर पर हमला था। हौले से आकर उन्होंने चाँदनी को हटा दिया और खुद सर थपकने लगीं। एकदम बड़े सरकार ने हैरत से आँखें खोल दीं। उनके दिल में खुशी से मोर नाचने लगे। उन्होंने फिर बड़ी होशियारी से हाथ छूने की कोशिश की। जब उधर से भी उल्टी कोशिश होने लगी तो उन पर नशा सा छा गया। ऊषा खिलकर फूल की तरह महक उठीं। अड़चन न पाकर हौले से उन्होंने उनकी उंगलियों में अपनी कांपती हुई रोप दीं। बड़े सरकार ने उनकी हथेली में अपने नाखुन गाड़ दिये। खुशी से झूमकर ऊषा ने आँखें बन्द कर लीं। हिम्मत और बढ़ी और बड़े सरकार ने उनका हाथ खींचकर अपने

रुख़्सार पर रख लिया। ज़रा सी ठेस की बात थी ऊषा रानी पके फल की तरह बड़े सरकारी की गोद में आ रहीं।

बड़े सरकार पर जैसे आसमान फट पड़ा। वह उन्हें दूर झटककर एकदम खड़े हो गये, जैसे उन पर किसी ने टोकरी भर साँप लोट दिये हों। ऊषा रानी बेसहारा होकर धड़ाम से फ़र्श पर गिरीं। अचानक यों रंग में भंग की वजह उन्हें थोड़ी देर समझ में नहीं आई और वह फटी-फटी आँखों से बड़े सरकार आग उगलती आँखों का जलाल देखकर कांप उठीं।

"हूँ—समझी" उन्होंने मामले की तह में पहुँचकर सर को झटका दिया।

"क्या समझीं? तुम कुछ नहीं समझीं? समझने की कुछ ताक़त होती तो,"

"तो—"

"तो यह कहने की ज़रूरत न पड़ती कि—कि—ओफ़्फ़ोह—"

ऊषा की आँखों से बड़े-बड़े आँसू ढुलकते देखकर वह पस्त हो गये।

"मेरा कोई काम आपको पसंद नहीं?"

"लेकिन तुम आख़िर मेरे पीछे ही क्यों पड़ी हो घर का कोई और काम क्यों नहीं करतीं?"

"मेरा हाथ लगाना आपको इतना नागवार गुज़रा? और वह—वह—"

"कौन—?" बड़े सरकार गरजे

"आप जानते हैं कौन, आपने उसका हाथ समझकर पकड़ा था,"

ऊषा रानी इतनी हतक न सह सकीं और सिसकने लगीं।

"बन्द करो बकवास—बेवकूफ़—क्या—क्या तुम मुझे बदनाम करना चाहती हो—तुम" उन्होंने ऊषा को कंधों से पकड़ कर झिंझोड़ डाला। वह बुरी तरह रोती हुईं उनके चरणों में गिर गईं।

"भगवान के लिए ऐसा न कीजिये। मैं मर जाऊँगी मुझे न ठुकराइये,"

"ऊषा रानी यों स्त्री जाति का अपमान करने से तो अच्छा है तुम कहीं डूब मरो—"

उनके भीतर कहीं दुबके पड़े स्वाभिमान ने अचानक अंगड़ाई ली।

"आप यह अच्छा नहीं कर रहे हैं, पछतायेंगें।"

"तुम्हारी बला से, तुम्हें मेरा इतना दर्द क्यों है?"

"इसलिए कि–कि–आप तो स्वयम् जानते हैं कि यह अपने बस की बात नहीं हुआ करती।"

"उफ़–मेरा भेजा मत चाटो–जाओ–"

"मैं– ?"

"मैं कहता हूँ जाओ"

ऊषा सिसकियाँ रोकती भागीं, एकदम बड़े सरकार सहम गये।

"ऊषा–ऊषा, तुम्हें हमारी सौगंध,"

ऊषा घायल हिरणी की तरह ठिठक गईं।

"भई बड़ी मूर्ख हो–मज़ाक़ में ही रो पड़ीं" उन्होंने नर्मी से उसकी ठोड़ी छूकर कहा। ऊषा अहमक़ों की तरह तकने लगीं।

"चन्दर ने जबरदस्ती कहा तेल डाल दो, मैं इंकार नहीं कर सका। फिर तुम आ गईं मुझे फौरन पता चल गया। मगर योंही न जाने दिल में क्या समाई कि तुम्हें सताने के लिए–ज़रा मज़ाक़ में खींचा, तुम गिर पड़ी तो मैं घबड़ा गया–तुम ही सोचो–मैं समझा था तुम हाथ छुड़ा लोगी।"

"ओह–" ऊषा इतना सारा जुर्म सुनकर शर्म से लाल हो गई।

"अगर तुम्हें बुरा लगा हो तो माफ़ कर दो, ग़लती हुई,"

"परन्तु–क्या आपको पसंद नहीं कि मैं आपका कोई काम करूँ?"

"बिल्कुल पसंद नहीं, जब तुम्हें काम करते देखता हूँ तो ख़ून खौल जाता है। इतने नौकर किसलिए हैं। बस तुम ज़िद करती हो तो उल्टी सीधी बातें मुँह से निकल जाती हैं। बाद में दुख होता है, क्षमा कर सकोगी?"

कोई बात नहीं ऊषा और शरमाई।

"अरे तुम्हारी कोहनी छिल गई, वाक़ई मैं बड़ा ज़लील हूँ,"

"नहीं–नहीं ऐसी कोई ज्यादा चोट नहीं लगी।"

ऊषा बेचारी ने आशिक़ों के कोई और तौर तरीक़े नहीं देखे थे, समझीं यही तरीक़ा हुआ करता होगा आशिक़ो का। मुस्कुराती रहीं। इतने में चन्दर आ गया–

"कहीं नहीं मिला अख़बार, अरे यह तो यहाँ पड़ा हुआ है," बड़े सरकार हड़बड़ाकर उठे तो पहलू से अख़बार टपक गया। "तुम तो तूफ़ान की तरह ऐसे गरजते-बरसते सीढ़ियाँ चढ़ते हो कि तुम्हें पुकारा लेकिन तुमने नहीं सुना।"

चन्दर खिसियाकर जाने लगा।

"अरे चन्दर इधर आओ, अख़बार उठाते लाओ।" फिर उन्होंने बैठकर उससे स्पोर्ट्स कालम पर बहस शुरू कर दी।

ऊषा चन्दर को कोसती ठण्डी सांस भर के चली गई। एक ज़रा सा मौक़ा मिला था अच्छा ख़ासा लव सीन चल रहा था कि मनहूस टपक पड़ा। मामला फुस्स हो गया। ख़ैर आज रात जब सपनों का ताना-बाना बुना जायेगा तो वह उनके हाथ का कोमल स्पर्श, वह उनकी आग़ोश का एक लम्हा, उनकी उंगलियों का ठोढ़ी को छूना—सब तो दिप-दिप करता दिल के सूनेपन का सहारा बन जायेगा।

पे-दर-पे नाकामियों से बजाये चाँदनी का असर कम होने के अजीब-अजीब रूप धारण करने लगा। बड़े सरकार अगर मामूली इंसान होते तो शायद हालात इतना नाज़ुक मोड़ न लेते, उन्हें ऊषा से प्यार हो जाता या औरत मात्र से नफ़रत हो जाती और सदा कुँवारे रहने की क़सम खा लेते। मगर वह धीरे-धीरे इच्छा शक्ति खोते जा रहे थे, उनकी बेचैनी बढ़ती जा रही थी। रात-रात भर सर्दी में नंगे पैर खुली छत पर टहला करते। अगर रात गये आँख लग भी जाती तो उनके दिमाग़ में जो भूत प्रेत क़ैद थे आज़ाद होकर उधम मचाने लगते तब उनका बस न चलता और तब उनकी फ़ड़फ़ड़ाती चेतना मनमानी करने लगती। कभी चौंककर जाग पड़ते तो उन्हें मालूम होता कि रात को न जाने किस वक़्त नींद में चलकर चाँदनी के दरवाज़े तक पहुँच गये हैं, उसकी देहरी पर सर टिकाये आँसू बहा रहे हैं, जब होश ठिकाने आ जाते तो शर्म और अपमान के एहसास से हताश भाग खड़े होते, रात के सन्नाटे में वह दूर-दूर जंगल में भटकते चले जाते। तब तो उन्हें नींद से भी डर लगने लगा क्योंकि वह उसी तरह बजाये दरवाज़ों के तारीक रास्तों से गुज़रते हुए उस बुर्ज पर पहुँच गये जहाँ से चाँदनी के कमरे की खिड़की तक पहुँचने के लिए एक निहायत ख़तरनाक पतली सी मुंडेर पर चलकर जाना पड़ता है, अपने होश ओ हवास में होते तो उनकी कभी हिम्मत नहीं पड़ती क्योंकि मुंडेर इतनी बोसीदा और पतली थी कि कोई बन्दर या बिल्ली ही चल सकती थी। उस पर नींद में। जब पाँचों हवास सो रहे थे—चाँदनी की लगन एक छठी

हिस बनकर उन्हें घसीटती लिये जा रही थी। सारी कमज़ोरी और डर उस छठी हिस के अधीन होकर सो रहे थे, सिर्फ़ एक अनजानी प्रेत शक्ति जाग रही थी। एक दिल तोड़ चीख़ सन्नाटे को चीरती हुई दूर पहाड़ियों पर सर पटककर पलटी, आसमान से एक तारा टूटा और लम्बी दरार के सिरे पर दम तोड़कर डूब गया। बड़े सरकार एक ख़ामोश धमाके से जाग पड़े उन्होंने देखा वह खिड़की तक पहुँच चुके हैं। शीशा नंगे हाथ से तोड़ने की वजह से ख़ून से तर हो रहा था। छठी हिस जो सोते से उन्हें जगा लाई थी, अब उन्हें तन्हा छोड़कर ग़ायब हो गई। उनकी नज़र नीचे खाड़ी की तरफ़ गई तो सारी सृष्टि हिण्डोले की तरह चक्कर खाने लगी।

जान सबको प्यारी होती है और उस वक्त बड़े सरकार देवता नहीं एक मामूली से डरे हुए इंसान थे।

दीवार से चिपककर उन्होंने आँखें बन्द कर लीं। चाँदनी की मुसलसल चीख़ों से घर में जगार हो गई।

"वह—वह—" चाँदनी दीवानों की तरह खिड़की की तरफ़ इशारा कर रही थी, "बड़े सरकार—बड़े सरकार—" और वह वहीं चन्दर की बाँहों में ढेर हो गई। उसे पम्मो के हाथों में सँभाल कर जब चन्दर खिड़की पर आया तो ऊषा दीदी वहाँ पहले ही पहुँच चुकी थी।

"कौन था?" चन्दर खिड़की खोलने लगा।

"नहीं, कोई नहीं था," ऊषा की चीख़ निकल गई।

उन्होंने दोनों हाथों से खिड़की के पट थाम लिये।

"मुझे देखने तो दीजिये अगर कोई था तो इतनी जल्दी भाग नहीं सकता।"

"नहीं," उन्होंने चन्दर को धक्का दिया। वह जानती थी कि अगर बड़े सरकार का पोल खुल गया तो वह ज़िन्दा नहीं रह सकेंगे। पट बन्द करने से पहले उसने उनका ख़ून में नहाया हुआ हाथ और उनकी अंगूठी देखकर पहचान लिया था। उन्हें बहुत दिन से शक हो रहा था। महबूब अपने दीवाने से दिल का हाल कब तक छिपा सकता है। मगर वह उनकी प्रेमिका नहीं उनकी पुजारिन थी।

"नहीं चन्द्रू चोर होगा तो तेरी गर्दन काट लेगा," पम्मो चिल्लाई।

अगर उनका पैर फिसल गया तब भी मौत उन्हें आ दबोचेगी। ऊषा ने दाँत भींचकर सोचा मगर बड़े सरकार के नाम पर धब्बा तो न लगेगा। आशंकित हादसे के डर से वह सिर से पैर तक काँप रही थीं। सन्नाटे पर कान लगाये खड़ी थीं कि बड़े सरकार आहिस्ता-आहिस्ता सरक रहे थे। एक पत्थर ठोकर खाकर गिरा और दूर तक घाटी में सर टकराता चला गया। ऊषा ने एक घुटी हुई सिसकी भरी।

"बाहर कोई है, मुझे देखने तो दीजिये," चन्दर ने उन्हें हटाना चाहा मगर कुण्ठा भरे तनाव से बिफर कर ऐसी बुरी तरह चीख़ीं कि वह घबड़ा गया।

"चन्द्रू भय्या क्यों अपनी जान के पीछे पड़ा है," पम्मो ने अपने भोलेपन से मौक़े की नज़ाकत को सँभाल लिया।

"ऊषा दीदी इसे मत झांकने दीजियेगा।"

"तुम लोग अपने-अपने कमरे में जाओ। पम्मो चाँदनी को मेरे कमरे में ले आओ।"

"मैं भी वहीं सो जाऊँ?"

"हाँ, मैं यहाँ सो जाऊँगी।"

"नहीं ऊषा दीदी, चोर फिर आया तो"

"नहीं बीबी चोर अब नहीं आयेगा," ऊषा ने महीन मरी हुई आवाज़ में कहा।

"चाँदनी तूने अपनी आँखों से चोर को देखा?" पम्मो ने पूछा।

"चोर नहीं—वह—" चाँदनी एकदम चुप हो गई।

"चोर नहीं तो फिर कौन था?"

"कोई नहीं," चाँदनी एकदम चिढ़ गई।

"तो फिर क्यों चीख़ी?"

"सपने में डर गई थी।"

"मगर शीशा किसने तोड़ा?"

"मेरी जान मत खाओ पम्मो," चाँदनी रो पड़ी।

"अरे वाह हम तो पूछ रहे हैं।" पम्मो उदास हो गई।

"मत पूछ, बस सो जा पम्मो रानी," चाँदनी ने प्यार से कहा।

"चाँदनी—" पम्मो ने सोने से पहले पूछा।

"हूँ"

"तूने बड़े भय्या को पुकारा था?"

"मैंने, नहीं तो"

"जब मैं जागी हड़बड़ाकर तो तू बड़े सरकार—बड़े सरकार चिल्ला रही थी" पम्मो ने उसकी नक़ल की।

"अच्छा—मुझे याद नहीं"

"शायद वह बहुत गहरी नींद सो रहे हैं, वह तो उठे भी नहीं"

"हूँ—" चाँदनी ने दुपट्टे से मुँह ढाँक लिया। वह कैसे बताये पम्मो को? मगर इससे बेहतर मौक़ा फिर नहीं मिलेगा, वह उठकर बैठ गई।

"पम्मो"

"हाँ"

"तुझे मेरी बात का विश्वास होगा?"

"हाँ, क्यों नहीं"

"अगर मैं चन्दर जी की क़सम खाकर कहूँ तब यक़ीन करेगी"

"हाँ क्या बात है?"

"वह शीशा—" आगे वह कुछ कह पाती कि सामने दरवाज़े पर खड़ी ऊषा पर नज़र पड़ी, मोमबत्ती की रौशनी में उसने देखा, उनकी आँखों से चिंगारियाँ निकल रही थीं।

"तू क्या कह रही थी?" पम्मो ने ऊषा को नहीं देखा था।

"अगर तुम्हें रात को दो बजे बकवास करनी है तो निकलो यहाँ से" उन्होंने डाँटा।

"मगर ऊषा दीदी चाँदनी के कमरे में तो—?"

"हाँ वहीं जाओ तुम दोनों। चोर तुम्हारा गला दबा दे तब मज़ा आये। भला रात के वक़्त चाँदनी ने क्या देखा होगा कि कौन था और होगा कौन। यह नीचे खाड़ी में चोर उठाई गीर भरे पड़े हैं।"

"मगर कोई चढ़ा कैसे होगा?" पम्मो ने बहस की।

"मुझे क्या मालूम कैसे चढ़ा होगा। मैं कोई चोर हूँ, सुबह पता चल जायेगा सब। अब चुपचाप सो जाओ।"

उन्होंने आलमारी में से फर्स्ट एड का बक्सा निकाला और बाहर से दरवाज़ा बन्द करके चली गई कि कहीं पम्मो उनके पीछे टोह लेने न आये।

"किसको लगी चोट?" पम्मो ने पूछा।

"शी—" चाँदनी ने करवट ले ली।

"ऊषा दीदी तो जैसे चोर की बहुत सगी हैं, ऐसी हिमायत कर रही हैं कि बात ही नहीं करने देतीं।"

"सो जा प्यारी" चाँदनी ने खुशामद की।

"मैं बताऊँ," पम्मो ने उछलकर कहा।

"क्या—?"

"कोई ऊषा दीदी का चहीता होगा, उनसे इश्क़ लड़ाने आया होगा, भूले से इधर आ गया।"

तनाव के बावजूद चाँदनी हँस पड़ी, "चल पगली"

"सच्ची यही मामला होगा, तभी तो उसका पक्ष लिये जा रही है।"

"खुद तो गर्दन निकालकर झांक लिया, चन्द्रू भय्या को डांटने लगी, वह देख लेते तो पकडा न जाता उनका चहीता।"

"पम्मो अगर तू बकवास बन्द नहीं करेगी तो मैं सर पीट लूँगी," चाँदनी ने डांटा और पम्मो चुप हो गई।

पम्मो तो सो गई मगर चाँदनी आँखें फाड़े छत को घूरती रही। आँखें बन्द करते डर लगता था। बार-बार उसकी नज़रें धुंधली-धुंधली रहस्यमई सी लगती खिड़कियों की तरफ़ जा रही थीं, जैसे हर खिड़की के साथ कोई अजनबी लगा खड़ा था। इधर उसकी आँख लगी उधर वह आया झपटकर उसकी छाती पर, उसे अपनी बेबसी पर रोना आ रहा था और गुस्सा भी। हाय वह पैदा ही क्यों हुई, वह पैदा न होती तो संसार पर कौन सी आफ़त आ जाती।

फर्स्ट एड का बक्स लिए भागती हुई ऊषा रानी पहले चाँदनी के कगरे में पहुँची। धड़कते दिल से उन्होंने खिड़की खोलकर टार्च डाली। वहाँ कोई नहीं था। नीचे नहीं गिरे वरना आवाज़ सुनाई देती। दूसरी टार्च की रौशनी में उन्होंने देखा, दीवार पर जहाँ सहारा लिया था ख़ून के धब्बे थे। कग्गर पर भी ख़ून की बून्दे थीं। उन्होंने यह देखकर इत्मीनान का

सांस लिया कि वह बुर्ज तक सही सलामत पहुँच गये।

तेज़ क़दमों से वह उनके कमरे की तरफ़ झपटीं। अन्दर दाख़िल हुईं तो देखा वह अलमारी की दराज़ में कुछ ढूँढ रहे थे। आहट सुनकर वह पलटे तो उनके हाथ में पिस्तौल था। ऊषा ने जैसे कुछ नहीं देखा, आहिस्ता से बक्स मेज़ पर रख दिया, स्टूल पर बैठकर बड़े इत्मीनान से स्प्रिट रूई और पट्टी निकाली। "क़ैंची कहाँ है" ऊषा ने मेज़ की दराज़ खींचकर क़ैंची निकाली।

"इधर बेड पर ही बैठ जाइये" उसने बड़ी लापरवाही से कहा।

बड़े सरकार की आँखों में ख़ून उतर कर जम गया था। गाल अन्दर को और धंस गये थे। जैसे वह सालों के बीमार हों। बुर्ज पर कांटेदार झाड़ियाँ थीं, जिसकी वजह से कपड़े तार-तार हो गये थे। यों ही पिस्तौल लिये वह ऊषा के सामने रुक गये और पागलों की तरह उसे घूरने लगे। पिस्तौल की नाल अपनी कनपटी से इतना क़रीब देखकर वह न लरज़ी, न कांपी, न मौत से डरी। जैसे मौत की कड़ुवाहट भी ज़िन्दगी की तल्ख़ियों के आगे फीकी पड़ चुकी हो। स्प्रिट में रूई भिगोकर वह उनकी तरफ़ मुड़ी। आँखें चार हुईं और चंद लम्हे पेंच लड़ते रहे। बड़े सरकार की आँखों में नफ़रत का ज़हर था, हिकारत और तिरस्कार था, ऊषा की आँखों में अथाह मोहब्बत की मिठास थी, नर्मी और प्यार था।

बड़े सरकार की नज़रें झुक गईं, उनके हाथ से पिस्तौल छूट पड़ा और दूसरे ही क्षण उसकी गोद में सर डालकर बच्चों की तरह सिसकने लगे—

"ऊषा रानी हमें—हमें बचा लो। ऊषा हमसे शादी कर लो, अभी, इसी वक़्त। ऊषा—वरना—मैं पागल हो जाऊँगा। मेरा दिमाग़ फट जायेगा, ऊषा मुझे बचा लो"

ऊषा एक बार तिलमिला कर रह गई, जैसे किसी ने पूरा चाकू उसके कलेजे में उतार दिया हो। उसने चाहा आज पूछ ही डाले।

"क्या सचमुच आप मुझसे इतनी घृणा करते हैं? क्या आपसे प्रेम करके मैंने पाप किया है कि उसका किसी तरह प्रायश्चित नहीं हो सकता? लेकिन इस क्षण तो मेरे दिल में न प्रेम है और न घृणा, एक खालीपन है बस। सारी उम्र आपका नमक खाया है, शायद वही नस-नस में बस चुका है।"

लेकिन उसने कुछ भी तो न कहा। सिर्फ़ एक बार थकी-थकी बेज़ार आँखों से नज़र भरकर देखा और एक ज़हरीली मुस्कुराहट उसके चेहरे पर फैल गई। चुपचाप सर झुकाये वह पट्टी बांधती रही। फिर फर्स्ट एड बाक्स समेटा और दरवाज़ा भेड़कर चली आई।

वह रात ऊषा ने टहल-टहलकर काटी। कितनी तन्हाई है। उसके नसीब की दुनिया कितनी अकेली है। मासी की मौत के बाद से तो वह बिल्कुल बिना गाय के बछड़े की तरह घूम रही थी। बड़े सरकार पर किसी तरह का इल्ज़ाम उन्होंने सीखा ही नहीं था। मासी के हुक्म के मुताबिक़ वह उन्हें हर इल्ज़ाम से बरी समझती थीं।

ईश्वर उनकी परीक्षा ले रही है, देवताओं को उनसे बैर हो गया है, क्योंकि वह देवताओं से भी ऊँचे हैं, धरती पर रेंगने वाले कीड़ों से बुलन्द व श्रेष्ठ। इसलिए चाँदनी को आसमान से उन्हें नष्ट करने के लिए उतारा गया है अप्सरा के रूप में। वरना वह इतने नीच नहीं जो एक बच्ची पर बुरी नज़र डालते। सारी विरोधी ताक़तें एक गुमनाम लड़की का रूप धरकर उन्हें बहका रही थीं। वही थे जो यों नरक का अभिशाप भोग रहे थे। कोई और उनकी जगह होता तो अपनी वासना पूरी करके तबाह करने वाली को ही तबाह कर देता।

आसमान पर जगमगाने वाले सूर्य देवता की बड़ाई यही है कि वह छोटे-छोटे कणों को भी गर्मी बख़्शता है, धूल को उठाकर सर पर नहीं चढ़ा लेता। जभी तो वह अपनी हस्ती की बाज़ी लगाये भाग्य के लिखे का मुकाबला कर रहे हैं और ऊषा की जगह उनके चरणों में है। वह उसके गुरु देवता और मालिक हैं। न जाने पिछले जन्म में कौन से पुण्य किये थे कि उनके प्रेम का जान लेवा रोग पुरस्कार में मिला। उनकी ठोकर में ही सारी इज़्ज़त है। न जाने देवता का कौन सा रूप असली है और कौन सी छवि। बहरूपी चाँदनी के लिए उनके दिल में वासना हो सकती है परन्तु प्रेम वह किसी से नहीं करते। अगर करते भी हैं तो अपनी इसी दासी से। अगर उन्हें कोई रोग लग गया है तो क्या यह उसका धर्म नहीं कि अपने जीवन की आहुति देकर उन्हें बचाये। टहलते-टहलते जब आँखें शल हो गईं और सोचते-सोचते मस्तिष्क सुन हो गया तो ऊषा ने मीरा के भजनों

की किताब उठाकर अपने दर्द के आवाज़ की गूंज उनमें पा ली और उसका चित्त ठहर गया।

"मेरे तो गिरधर गोपाल दूसरा न कोये,"

वह धीमी आवाज़ से पढ़ती रही, झुमती रही। सारा संसार सो रहा था, एक उदास स्त्री अपने सुनसान मन में दुखों के दीप जला रही थी, मगर रात उतनी ही गहरी थी।

टुनककर उसने कुछ सोचा, न किसी को साथ लिया, न टार्च ली, सर पर शाल ओढ़कर वह तेज़-तेज़ क़दम उठाती वह सरना देवी के मठ की तरफ़ रवाना हो गई। रास्ते के घने जंगल की स्याही को भी उसने महसूस नहीं किया कभी उधर बाघ भी उछलकूद करता था, टेकरी पर साँप और बिच्छू का भी डर था मगर ऊषा के प्रेम की ज्योति ने सारे जग में दीप जला दिये थे। रास्ता आकाश गंगा की तरह जगमगा रहा था। दूर कहीं सियार मातम कर रहे थे, उल्लू उनकी संगत में चीख़ रहे थे मगर ऊषा सती सावित्री की तरह अपने सुहाग की रक्षा की धुन में मस्त चली जा रही थी।

**चाँदनी** ने ऐसे चीख़ मारी जैसे गैलरी में चन्दर नहीं कोई भूत मिल गया हो। ऊषा के कमरे में उसे नींद नहीं आ रही थी। चारों तरफ़ अनजाना सामान नई-नई भयानक शक्लें इख़्तियार कर रहा था। सब दरवाज़े और खिड़कियाँ बन्द कर ली थीं फिर भी बार-बार उधर नज़रें उठ जाती थीं। बहुत ध्यान बटाया मगर खिड़कियों और दरवाज़ों की तरफ़ से इत्मीनान हो जाता तो मालूम होता हौले-हौले दीवार संकरी हो रही है और काले-काले साय उसकी तरफ़ बढ़ रहे हैं, कोई दम में उसे दबोच लेंगे। नींद से डर लग रहा था। उठकर उसने मुँह पर ठण्डे पानी के छीटें मारे और कपड़े बदल कर बाहर निकली। लम्बा रस्ता सुनसान पड़ा था। ढलती हुई रात की धुंधली नीली रौशनी के साय लपकते हुए उस पर हमला कर रहे थे। तेज़-तेज़ चलती हुई ज्योंही वह मोड़ पर पहुँची चन्दर से टक्कर हो गई और उसकी चीख़ निकल गई।

"अरे वाह पगली, अब तो मुझसे भी डरने लगी?" चन्दर चौंककर हंसने लगा।

"चन्दर जी—हाय मैं मर जाऊँगी" वह उसके गरीबां पर मुँह रखकर हिचकियों से रोने लगी।

"तेरा दिमाग़ ख़राब हो गया है। मुझे ऐसा महसूस हुआ कि फाटक खोलकर कोई बाहर गया है, मैं समझा कि कहीं तू न हो।"

"मुझे डर लग रहा है चन्दर, इस घर की दीवारों से मुझे खौफ़ आ रहा है। मुझे ज़िन्दा निगल जायेंगी, मुझे यहाँ से ले चलो नहीं तो मेरा दम निकल जायेगा।"

"कैसी बातें कर रही हो चाँदनी?"

"अगर तुम मुझे यहाँ से नहीं ले जाओगे तो मैं खुद चली जाऊँगी" उसने भन्ना कर चन्दर को दूर ढकेल दिया।

"लेकिन कोई वजह तो हो, तेरे हाथ कितने ठण्डे हो रहे हैं," चन्दर उसके छोटे-छोटे हाथ भाप से गर्म करने लगा।

"वजह—? वजह मैं यहाँ नहीं बता सकूँगी। बस कहे देती हूँ तू इस वक़्त मुझे यहाँ से नहीं ले गया तो सुबह मेरी लाश ही मिलेगी।"

"चाँदनी ऐसी बातें मत कर, मैं तेरे साथ ही मरूँगा!" चन्दर ने उसे लिपटा लिया।

"मगर मैं तो मरना नहीं चाहती। इसी आस पर तो जी रही हूँ कि एक दिन मेरी माँग में तू सिन्दूर डालेगा। बस फिर तेरी छाती पर सर रखकर मर जाऊँगी। मुझे यहाँ से निकाल ले चल, मुझे मत मार चन्दर।"

"कौन मार रहा है तुझे? कल मैं तुझे डाक्टर को दिखाऊँगा।"

"डाक्टर के पास मौत का इलाज नहीं,"

"लेकिन—?"

"लेकिन-वेकिन न करो पछताओगे। तुम एक बार मुझे यहाँ से दूर ले चलो फिर मैं सब कुछ बता दूँगी। अगर मेरा शक झूठा हो तो लौट आना।"

"यहाँ नहीं बतायेगी?"

"रास्ते में बता दूँगी,"

"सुबह तो हो लेने दे"

"नहीं, शायद सुबह तक मुझमें जीने की हिम्मत न रहे।"

"अच्छा यह चाबी ले तू कोट पहनकर मोटर में बैठ"

चाबी लेकर चाँदनी ने कमरे में जाकर कोट पहना। एक नज़र डूबकर सोई पम्मो को देखा तो मन भर आया। उसके बालों को आहिस्ता से चूमा और नीचे उतर गई। उसने मोटर में बैठकर चन्दर का इंतिज़ार करना शुरू क़र दिया।

"कितनी देर लगा दी तूने," वह आया तो चाँदनी ने प्यार से उसके हाथ पर चाबी मारते हुए कहा। अभी से उसके दिल का बोझ हल्का होने लगा। चन्दर ने कोई जवाब नहीं दिया, तेज़ी से मोटर स्टार्ट कर दी। अचानक स्याह कपड़े पहने कोई राहगीर सामने आ गया। मगर चन्दर ने कार की रफ़्तार कम करने के बजाये और बढ़ा दी। चाँदनी चीख़ मारकर उसे झिंझोड़ने लगी और राहगीर बाल-बाल बचा।

"तुझे ग़ुस्सा आ रहा है चन्दर—?" चाँदनी उसकी बाँह से लगकर बोली, उसकी समझ में नहीं आ रहा था कि वह बात कहाँ से शुरू करे। चन्दर गम्भीर बना सर झुकाये सड़क को घूर रहा था। कालर और हैट से उसका चेहरा छिप गया था।

"चन्दर जी," उसने डरते-डरते उसका हाथ छुआ "...तुम नाराज़ हो?" चन्दर जी की आवाज़ भर्राई हुई थी। चाँदनी ने अटक-अटककर शुरू से लेकर आखिर तक एक-एक घटना बयान कर डाली। चन्दर बिफ़रा नहीं, इससे उसकी हिम्मत और बढ़ गई।

"अपनी जान की सौगंध खाकर कहती हूँ। मासी ने तो अपनी आँखों से देख लिया था, जब ही तो मारे ग़ुस्से के उनके दिमाग़ की नस फट गई। अगर वह जीती रहतीं तो सारा भेद खुल जाता। ऊषा दीदी भी सब कुछ जानती हैं। केवल तुम और पम्मो इतने बुद्धू हो कि कुछ नहीं समझते। सबसे पहले तो मुंशी जी ने ताड़ा था। सुअर मुझे ताना देता था : मैंने खूब होशियारी की, छोटा निकम्मा है, सब कुछ बड़े के हाथ में है, वही हर चीज़ का मालिक है, हूँ मलेच्छ कहीं का। मुझे तो उसकी सूरत से उल्टी आती है। राक्षस कहीं का और कैसा भगत बना रहता है..."

चाँदनी ने उसके गले में अपनी बाँहें डाल दीं—"मुझे नहीं चाहिये राजा। मैं तेरी हूँ चन्दर और सदा तेरी रहूँगी। चाहे तो ब्याह करे, चाहे दासी बनाकर रखे, पर इस जन्म में तो मैं तेरी हो चुकी,"

चन्दर के शरीर में एक लहर उठी। उसने मोटर की रफ़्तार तेज़ कर दी, चाँदनी को डर लगने लगा। चन्दर बोलता क्यों नहीं? बहुत क्रोध में है क्या? वह बड़े सरकार का भक्त है, उन्हें दीवानों की तरह चाहता है। उनकी पूजा करता है, कहीं इन बातों से उसका दिमाग़ तो नहीं पलट गया।

"चन्दर जी तुम्हें यकीन नहीं आता? मोटर धीमी चलाओ, हमारी तरफ़ तो देखो चन्दर जी।" उसने चन्दर का चेहरा अपनी तरफ़ घुमाते हुए विनती की।

चाँदनी की आँखें फटी की फटी रह गई, घिघ्घी बन्ध गई। ज़ख़्मी कबूतर की तरह तड़पकर उसने मोटर का दरवाज़ा खोलकर कूदने की कोशिश की मगर बड़े सरकार ने एक राक्षसी क़हकहा लगाया और उसकी कमर में हाथ डालकर उसे भींच डाला।

चन्दर जब कोट पहनकर मफ़लर कानों में लपेटता गैराज में पहुँचा तो भौंचका रह गया। कार ग़ायब थी, दूसरे गैराज में ताला पड़ा था। वह चकराया हुआ बाहर निकला कि शायद चाँदनी अकेली ही चल पड़ी। वह जल्दी से चाबी लेने वापस जा ही रहा था कि ऊषा दीदी धूल में अटी हुई गिरती पड़ती फाटक से दाख़िल हुईं।

"अरे ऊषा दीदी कहाँ गई थीं आप—?"

"वह—वह गये"

"कौन—?"

"वह—बड़े सरकार चाँदनी को लेकर गये"

"ओह, तब तो कोई चिन्ता की बात नहीं मगर—?"

"गधा कहीं का, मेरा मुँह क्या देखता है? जल्दी से दूसरी गाड़ी निकाल, भगवान् जाने क्या होने वाला है, जल्दी कर चन्दर" उन्होंने उसे गैराज की तरफ़ घसीटा।

"मगर चाबी तो बड़े भय्या के पास होगी?"

"हे भगवान् दूसरी चाबी उनके कमरे में होंगी, दराज़ में रहा करती है।"

"क्या बात है सरकार–?" नौकर चाकर शोर सुनकर जमा होने लगे।

"मोटर की चाबी?"

"वह तो मेरे पास है," ड्राइवर अपनी कोठरी की तरफ़ चला।

"जल्दी करो, नहीं तुम रहने दो" ऊषा ने चाबी ड्राइवर से लेकर चन्दर को घसीटा।

"जल्दी करो चन्दर, हाय राम, अगर इन्हें कुछ हो गया तो–?"

"मगर वह उसे ले कहाँ गये हैं?"

"वह–वह–" ऊषा से कुछ कहते न बना। दोनों हाथों में मुँह छिपाकर रोने लगीं।

"ऊषा दीदी," चन्दर घबड़ा गया।

"और तेज़ चलाओ चन्दर–"

"चला रहा हूँ दीदी। इतना घबड़ाने की क्या बात है?"

"तेज़ चल मेरे भय्या"

"इससे ज़्यादा तेज़ कैसे चला सकता हूँ? चक्करदार रास्ता, एक तरफ़ खाई, दूसरी तरफ़ चट्टानें, देख नहीं रही हैं? मगर ऊषा दीदी यह रात के वक़्त कहाँ गये हैं भय्या?"

"मालूम हो जायेगा, सब मालूम हो जायेगा, बस तेज़ चलो"

"ऊषा दीदी"

"हाँ"

"क्या भय्या मुझसे कुछ नाराज़ हैं?"

"ऐं–"

"उन्हें एतराज़ है कि मैं और चाँदनी?"

"तुम और चाँदनी? हाँ-हाँ वह नाराज़ न होंगे तो क्या ख़ुश होंगे। कम्बख़्त विष का गाँठ अच्छी भली जान का रोग बनकर लग गई।"

"मगर दीदी?"

"तुम उनकी जगह होते और तुम्हारा छोटा भाई जो जान से प्यारा होता, वह ऐसी नीच हरकत करता तो क्या तुम उसकी पीठ ठोंकते? स्पीड

बढ़ाओ न।"

"मैं कोई पाप कर रहा हूँ?"

"वह तुम्हें कितना चाहते हैं। क्या तुम पर उनका इतना अधिकार भी नहीं कि तुम ग़ल्ती करो तो—?"

"मगर वह मुझसे बात करते तो मैं जवाब देता,"

"वह तेरे मुँह क्यों लगें?"

"दीदी अगर उन्होंने कुछ—दीदी वह चाँदनी के साथ कोई बुरा सुलूक तो नहीं करेंगे?" चन्दर एकदम भयभीत हो गया।

"चन्दर अगर अपने भय्या और चाँदनी की जान की ख़ैर चाहता है तो बातों में समय मत बर्बाद कर। आज वह अपनी और उसकी जान एक कर देंगे। चुड़ैल कहीं की, कैसा जादू किया है कलमुही ने।"

"आप क्यों उसे बुरा भला कहे जा रही हैं? दोष मेरा भी तो है। मुझे भी सज़ा मिलनी चाहिये।"

"तुम्हें भी ऐसी सज़ा मिलेगी कि जनम-जनम याद करोगे?"

"तुमने घर में विष का बीज बोकर यह दिन दिखाया है, तुम भी सस्ते नहीं छूटोगे। सारी ज़िन्दगी सर पकड़ का प्रलाप करोगे।"

"क्या वह उसकी जान लेना चाहते हैं?"

"अगर आज उसने उनका कहा न माना तो दोनों की जान की ख़ैर नहीं मगर वह होते कौन हैं मेरी ज़िन्दगी बनाने बिगाड़ने वाले, मैं उनकी हर बात मान सकता हूँ दीदी लेकिन चाँदनी के मामले में उन्हें मेरी बात माननी ही होगी।"

"तो क्या इस चण्डालिनी के पीछे भाइयों में ख़ून ख़राबा होगा? हाय राम चन्दर?"

उनके मुँह से असली बात फिर भी न निकली। अब चन्दर को कुछ बताने की ज़रूरत क्या थी? सरना मइया ने आज ऊषा की सुन ली थी, अब सब ठीक हो जायेगा, दूर सड़क के मोड़ पर मोटर दिखाई दी। चन्दर ने ऐक्सीलेटर दबाया। मोटर ज़ोर से उछली और फर्राटे भरने लगी। पास जाकर देखा तो हेड लाइट्स जल रही थीं! मगर मोटर खाली थी!

**एक** हाथ से मोटर और दूसरे हाथ से नोचती काटती और जंगली बिल्ली की तरह बिफ़री हुई चाँदनी को सँभालना मुश्किल हो गया। मजबूरन बड़े सरकार ने गाड़ी रोकी। ज्योंही स्पीड कम हुई वह तड़पी और उनके हाथ से निकलकर सड़क पर जा पड़ी मगर फौरन ही उठकर अंधाधुंध भागी।

उसे नदी के बाँसों वाले पुल की तरफ़ भागते देखकर वह भी उसके पीछे झपटे मगर वह कावा काटकर चट्टानों पर चढ़ गयी। उसका जूता कहीं छूटा और ओढ़नी कहीं। उन्होंने कई बार उसे पकड़ लिया मगर वह मचलकर छूट गई। अब उसके सामने एक ही उपाय था, या तो वह नदी में कूद जाये या बड़े सरकार के आगे सर झुका दे। वह नदी की तरफ़ भागी मगर चट्टान पर फिसलन थी। वह वापस नीचे गिर पड़ी। उठते-उठते उसने मुड़कर देखा तो बड़े सरकार सर पर आ पहुँचे थे। वह उठने लगी तो वह फिर झपटे। उनका हाथ उसके पैर पर पड़ा और गिरफ़्त मज़बूत हो गई। उसने बहुत कोशिश की मगर उनकी गिरफ़्त ज़्यादा सख़्त हो गई। उसका पैर पकड़े वह सिसकियों से रो रहे और पागलों की तरह चूम रहे थे–"चाँदनी मैं तुम्हारे बग़ैर ज़िन्दा नहीं रह सकता–चाँदनी–रहम कर मैं दीवाना हो जाऊँगा।"

घृणा और आवेश एक घना तूफ़ान चाँदनी के दिल में उठा, झुककर उसने एक भारी सा पत्थर उठाया कि साँप का फन कुचल डाले कि सामने चन्दर चट्टान पर चढ़ता दिखाई दिया। पत्थर उसने वापस पटक दिया। उसकी जान में जान आई। अपना मुँह दाब कर सिसकियाँ भरने लगी। आख़िर चन्दर ने उसकी दुर्गत देख ली।

"अगर तुमने फैसला कर लिया है तो ठीक है, मगर याद रखना मेरे हाथ चन्दर के ख़ून में डूब जायेंगे।" बड़े सरकार अपनी धुन में बक रहे थे, उन्हें चन्दर के वहाँ होने का अनुमान नहीं था।

"सुन रहे हो चन्दर जी अपने पिता समान भाई की बातें?"

"भय्या–" चन्दर ने पुकारा और तेज़ी से चढ़ने लगा।

अचानक जैसे बड़े सरकार की सारी ताक़त ग़ायब हो गई। हाथ की पकड़ ढीली हो गई और पसीने के फव्वारे छूट निकले। वह पिटे हुए कुत्ते की तरह एक तरफ़ दुबक गये।

लेकिन पलभर बाद जब उन्होंने सर उठाया तो वह भूत जो घड़ी भर पहले दरिन्दों की तरह दाँत निकोस रहा था, ग़ायब था। उसकी जगह वह देवता समान बड़ा भाई लौट आया। वही आँखों में नर्मी और संजीदगी और वही लहजे की नर्मी। वही बड़े सरकार जो एक छोटे इंसान थे लेकिन बहुत बड़ा धोखा थे।

"रहम कर चाँदनी, मेरे ऊपर दया कर। तुझे जायदाद चाहिये तो तू वह ले सकती है। मेरा और पम्मो का हिस्सा भी ले ले। भगवान के लिए तू चन्दर को छोड़ दे। मैंने अपनी माँ को मरते समय वचन दिया था कि चन्दर की रक्षा करते हुए मेरे प्राण भी चले जायें तो समझूँगा मेरा जीवन सफ़ल हो गया।"

चाँदनी के चेहरे का रंग उड़ गया, हलक़ में कांटे पड़ने लगे, जबान तालू से चिपक गई। वह पागलों की तरह आँखें फाड़े इस बहरूपिये को देखती रह गई।

"भय्या यह आप क्या कह रहे हैं?" चन्दर लज्जित हो गया।

"मैं चाँदनी से तेरे जीवन की भीख माँग रहा हूँ। भय्या तू कितना नन्हा सा था—मां तेरा हाथ मेरे हाथ में देकर कहा था, मुझे वचन दो कि इसकी रक्षा करोगे, माँ की आत्मा अशान्त हो जायेगी तब मैं जीकर क्या करूँगा?"

बड़े सरकार ने बड़े ही नाटकीय अंदाज़ में कहा।

एकदम चाँदनी ने अपना पैर घसीट लिया और दौड़कर चन्दर से लिपट गई—

"यह पाखण्डी है चन्दर जी, इसकी बातों में मत आना। यह सब नाटक है, सब झूठ—अभी-अभी यह तुम्हारी जान लेने की धमकी दे रहा था। यह मलिच्छ है चन्दर—पापी मुझे—"

"चाँदनी पागल हो गई है?" चन्दर ने उसकी फटी-फटी आँखों से डर कर कहा। वह बड़े भय्या की शान में इतने भयानक शब्द सुनने का आदी नहीं था।

"मैं पागल हूँ और तू बड़ा होशियार है, चन्दर तू निरा काठ का उल्लू है—"

"बकवास न कर चाँदनी वरना इतनी ज़ोर का तमाचा मारूँगा कि चेहरा बिगड़ जायेगा—जो मुँह में आता है बके चली जाती है।"

चाँदनी ने एक बार बड़े सरकार के देवता समान रूप को देखा और फिर भोले भाले चन्दर पर नज़र डाली और बेतहाशा क़हकहे लगाने लगी।

"मैं पागल हूँ और तुम पागल नहीं। मैं पापन हूँ और तुम लोग देवता। मेरे कारण भाई भाई के ख़ून का प्यासा हो रहा है, मेरे कारण सूर्य वंश के माथे पर कलंक लग रहा है।"

चाँदनी ने सिसकी भरी। पौ फट रही थी, सूरज के निकलने का समय हो रहा था। दूर घाटी के सर पर चाँद का मुखड़ा जर्द होने लगा था, चाँदनी दम तोड़ रही थी।

चाँदनी ने झुककर चन्दर के चरणों की धूल माँग में भरी। एक बार उसे जी भर कर देखा फिर पलटकर नदी की तरफ़ भागी। ऊषा रानी ने उसे रोकना चाहा, पुल पर चौकीदार ने चिल्लाकर कहा, पुल पर न जाओ, एकदम गला हुआ है, लेकिन वह तीर की तरह निकल गई। पुल डगर-मगर हिलने लगा। बाँस चरचरा कर पानी में गिरे। दीवानों की तरह उठकर बड़े सरकार उसके पीछे भागे।

"उसे रोको—" उसे मौत के मुँह में जाता हुआ देखकर वह बदहवास हो गये।

"क्या करते हैं सरकार, दरजनों का बोझ नहीं सहार सकेगा भगवान के लिए रुक जाइये,"

पहरेदार ने उनकी कमर में हाथ डालना चाहा, चन्दर ने उन्हें पकड़ने की कोशिश की मगर उनमें जैसे कोई देव समा गया था। वह सबको झटककर पुल पर पहुँच गये।

"लौट आ चाँदनी यह क्या कर रही है?" वह चिल्लाये।

एक बांस पैर के नीचे चर्राया और चाँदनी घुटनों तक नदी में जा पहुँची। निकालने की कोशिश में तड़ातड़ बांस चटखने लगे। बड़े सरकार को अपनी तरफ़ बढ़ता देखकर उसने बड़ी मुश्किल से पैर खींचा और एक छलांग में दूसरी तरफ़ पहुँच गई। अभी संभलने भी न पाई थी कि चीख़ता चिंघाड़ता बांसों का बूढ़ा पुल मा बड़े सरकार के तेज़ बहती हुई नदी में गिर पड़ा।

"बड़े भय्या–" चन्दर को मालूम था कि उन्हें तैरना भी नहीं आता है। नदी बड़े ज़ोर-शोर से पुल के लाशे को मा बड़े सरकार को लेकर चल दी–बावजूद पहरेदार के मना करने के चन्दर ने कोट उतारकर दूर फेंका और पानी में कूद पड़ा।

हफ्ता भर तक बड़े सरकार मौत से लड़ते रहे। चन्दर ने अपनी जान पर खेलकर उन्हें बचा ही लिया। उनके सर और माथे पर कई टांके आये थे। बुखार चढ़कर उतरने लगा था। हालांकि डाक्टरों ने कह दिया था कि अब ख़तरे की कोई बात नहीं मगर ऊषा रानी एक पल के लिए भी उनकी पट्टी से अलग न हुई। बहुत नींद आती तो घड़ी भर के लिए वहीं सर टिकाकर सो जातीं। बड़ी मुश्किल से पम्मो और चन्दर उन्हें कुछ खिला-पिला देते। वह कमरे में सिवाय डाक्टरों के किसी और को आने नहीं देती थीं। घड़ी भर को कोई आता और ज्योंही बड़े सरकार बेचैन होकर बर्राना शुरू करते वह सबको बाहर निकाल देती। अभी तक सिवाये उनके और चाँदनी के किसी को असलियत की ख़बर नहीं थी। मुंशी जी को वह कोई महत्व नहीं देती थीं। चाँदनी से उसने कह दिया था कि किसी से कुछ कहा तो अच्छा न होगा। उन्हें इस समय बड़े सरकार की ज़िन्दगी के इलावा किसी चीज़ में दिलचस्पी नहीं थी।

चाँदनी खुद इस बुरी तरह सहमी हुई थी कि उसकी बुद्धि गुम हो चुकी थी। चन्दर और पम्मो से भी मुँह छिपाये पड़ी थी।

जब बड़े सरकार की तरफ़ से इत्मीनान हो गया तो इशारों-संकेतों से उन्होंने चाँदनी को समझाना शुरू किया कि अब सारे अहसानों का बदला चुकाने का अवसर आ गया है। मगर चाँदनी ऊषा रानी जैसी साहसी नहीं थी, हज़ार उसने स्वर्ग के सब्ज़ बाग़ दिखाये, दूसरे जन्म के आनन्द भरे जीवन का बहलावा दिया, बलिदान पर लेक्चर झाड़े, मगर चाँदनी मरने को तैयार नहीं थी।

"मैं यहाँ से कहीं दूर चली जाऊँगी।"

"चन्दर तुम्हारे पीछे जायेगा,"

"क्या मौत के सिवा मेरे भाग में और कुछ नहीं?"

"यह मौत नहीं है पगली, तब तू अमर हो जायेगी, अगर इन्हें कुछ हो गया।"

"तो क्या फिर भी चन्दर तुझसे प्यार करता रहेगा? वह अपने प्यारे भाई की हत्या करने वाली को पत्नी बना सकेगा?"

"नहीं—परन्तु—?"

"अगर उसके भय्या की जान बच गई तो वह सारा जीवन तेरी याद में तड़पेगा। तेरी पूजा करेगा।"

"तब तो चन्दर तुझसे प्यार करेगा?" चाँदनी ने सिसककर कहा।

"हाँ"

"तब मैं मर जाऊँगी,"

"मैं जानती हूँ चाँदनी तू मामूली नीच लड़की नहीं, तू देवी का अवतार है।"

"हाँ मैं देवी का अवतार हूँ मगर दीदी—पल भर मुझे दरिया से बहुत डर लगा था। मैं मरने गई थी और नहीं मर सकी। चाकू से बहुत दर्द होगा और फिर मुझे तो आता भी नहीं चाकू घोंपना—दीदी"

"हाँ—"

"तुम घोंप दो मेरी छाती में चाकू या चन्दर जी से कहो वही मेरा गला घोंट दें" चाँदनी रो पड़ी।

"किसी को मारना पाप है,"

"आत्महत्या भी तो पाप है"

"आत्महत्या पाप है, बलिदान तो महापुण्य है चाँदनी। मेरे पास ऐसा अमृत है, जिसे पीकर गहरी नींद आ जाती है।"

"और फिर?"

"फिर नींद कभी नहीं टूटती"

"तुम्हें किसने दिया यह अमृत दीदी?"

"सरना मइया ने। माता जी के बाद मेरा मन बहुत घबड़ाया। मैंने सोचा इस अकेलेपन से तो अच्छा है, मैं उनके पास चली जाऊँ, सारे दुख दूर हो जायेंगे," ऊषा रानी ने पाठ पढ़ाया।

“फिर तुमने अमृत नहीं पिया?”

“नहीं—उसी रात माँ ने सपने में आकर दर्शन दिये और बोलीं, मेरे बड़े सरकार की सेवा तेरा धर्म है, तेरा जीवन-मरण इन ही के चरणों में है।”

“अच्छा दीदी एक बात बताओगी?”

“पूछो,”

“जो मैं यह अमृत पी लूँ तो अपनी माँ के पास पहुँच जाऊँगी”

“मर कर तो सब ही मिल जायेंगे।”

“तो लाओ दीदी वह अमृत मुझे दे दो, मैं अपनी माँ के पास पहुँच जाऊँगी, उनकी गोद में सर डालकर आँखें बन्द कर लूँगी, फिर उनसे पूछूँगी। माँ मैंने कौन-सा पाप किया था जो तू मुझे कूड़े पर फेंक कर चल दी। मुझे अपनी छाती से लगा ले। मगर दीदी मैं उसे पहचानूँगी कैसे? मैंने तो उसे देखा भी नहीं...?”

“मृत्यु के बाद सब पहचाने जायेंगे...” ऊषा ने पर्स से एक छोटी सी शीशी निकाली।

“...पर कौन जाने मेरे माता-पिता जीवित हों, फिर मैं अकेली कहाँ भटकती फिरूँगी?”

“जीवित होते तो तुझे यों क्यों फेंक कर चले जाते?”

“नहीं वह मुझे फेंककर नहीं गये, ज़रूर मैं खो गई हूँगी, कोई चोर-लुटेरा मुझे वहाँ डाल गया होगा और उन्होंने रो-रोकर बुरा हाल कर लिया होगा। कौन जाने वह अब भी मुझे ढूँढ रहे हों दीदी, क्या मेरे माता-पिता का पता नहीं चल सकता और शायद मेरे भाई भी हों और मुझे सारे संसार में खोजते फिर रहे हों, हाय दीदी मेरा मन कहता है, कहीं मेरा एक भय्या ज़रूर होगा। हाय राम उसे पता भी नहीं कि उसकी अभागन बहन कहीं पड़ी अपने भाग्य को रो रही है।”

चाँदनी की हिचकी बन्ध गई, अपने अकेले होने का एहसास बुरी तरह डसने लगा,

ऊषा उसकी बकवास से उक्ता कर चली गई। वह शीशी को मुट्ठी में भींचे चुपचाप रोती रही। चन्दर की आवाज़ सुनकर उसका कलेजा उछलकर

मुँह को आ गया। वह उसे ढूँढ़ रहा था। उसकी पुकार ने फिर जीने की लालसा को जगा दिया। वो बीते हुए प्यार के दिन, मौत से दूर गुनगुनाती गाती ज़िन्दगी के दिन। जो सपना बनकर मिट गये। चन्दर उसे पुकार कर ख़ामोश चला गया। वह गैलरी के कोने में ख़ामोश दुबक गई। सारा घर चैन की नीन्द सो रहा था, वह अकेली जाग रही थी।

ऐसा क्यों होता है कि एक इंसान इतना दुख झेलता है और किसी को ख़बर भी नहीं होती।

कोई और वक़्त होता तो वह बड़े सरकार के ड्रावने हुलिये को देखकर ख़ौफ़ से चीख़ें मारने लगती मगर उस वक़्त जब उसने उन्हें गैलरी की तरफ़ आते देखा तो न उसका डर से दिल धड़का न चीख़ निकली, क़रीब आकर वह मुजरिमों की तरह आँखें नीची किये ढीले हाथ छोड़े खड़े थे। एकदम चाँदनी को अपनी हैसियत का एहसास हुआ। वह बहुत बुलन्द है कुर्बानी देने जा रही है। उसकी मुट्ठी में अमृत है। अब कोई उसका कुछ नहीं बिगाड़ सकता। न बड़े सरकार का प्यार न चन्दर की नफ़रत, उसे किसी से वास्ता नहीं, किसी से कुछ लेना-देना नहीं।

"आप मुझे चाहते हैं?" उसने दिलेरी से तनकर कहा।

"हाँ" बड़े सरकार की आवाज़ मरघट में शायं-शायं करती हुई हवा की तरह सरसराई उनकी देह लरज़ने लगी। आँखें बन्द किये दीवार से टिक गये।

"आप मुझसे वायदा करेंगे," उसने दाँत पीसे।

"हाँ" उन्होंने दोनों हाथों से अपना सर थाम लिया।

"तो कर लीजिये" चाँदनी की आवाज़ सपाट और बेजान थी

"तुम—तुम—" बड़े सरकार हालात से घबड़ा कर दोनों हाथों से अपना गला नोचने लगे।

"हाँ, मैंने फैसला कर लिया है,"

उन्होंने डरते-डरते उसके कंधे को छुआ शायद यह जानने के लिए कि वह ख़्वाब है या हक़ीक़त, सपना है या यथार्थ। कंधे से ठिठकता हुआ उनका हाथ उसके भीगे गाल तक पहुँचा। वह ऐसे झटका खाकर पीछे हटे जैसे उन्होंने अंगारों पर हाथ रख दिया हो।

"तुम—तुम-मेरा खेल बना रही हो।" उन्होंने सहमकर चाँदनी को देखा। वह चाँदनी जो उन्हें देखकर धुँआ-धुँआ हो जाती थी बड़े अहंकार भाव से उन्हें घूरती रही। मुट्ठी खोलकर उसने अमृत की शीशी को प्यार से देखा और मुस्कुरा उठी। बड़े सरकार हैरत से उसे तकते रहे, फिर एकदम उसे खींचकर उसकी आँखों में अपने सवाल का जवाब तलाश करने लगे। मगर चाँदनी की आँखों में उन्हें कोई रास्ता नहीं मिला, निढाल होकर वह गिरने लगे।

मौत निकट हो तो दिल का सारा मैल धुल जाता है, उनकी यह दशा देखकर चाँदनी का दिल भर आया। बड़े सरकार ढोंगी न थे तो फिर क्या थे? एक अजीब क़िस्म की ममता से शराबोर होकर उसका मन बैठने लगा। उसने अपने दोनों ठण्डे हाथ उनकी सुलगती हुई कनपटियों पर रख दिये और सर कलेजे से लगा लिया। उनके जलते हुए माथे के लम्स से उसके होंठ झुलस गये।

"चाँदनी" चन्दर मूर्खों की तरह इस निराले नाटक को देखकर आँखें झपका रहा था। चाँदनी ने पलटकर भी न देखा लेकिन बड़े सरकार तड़पकर दूर हट गये। चन्दर की आँखों में अपनी महानता और सज्जनता की अर्थी देखकर शर्म से आँखें झुका लीं और सूखे पत्ते की तरह कांपने लगे।

"चन्दर जी हमारा विवाह हो रहा है" चाँदनी जान पर खेलकर चन्दर का मज़ाक़ उड़ाने लगी। एक ही छलाँग में वह नासमझ बच्ची से बूढ़ी हो गई।

"तुमने दूल्हा को देखा?"

"तू पागल तो नहीं हो गई है?"

चन्दर ने उसे कंधे से पकड़कर हिला डाला मगर वह तड़पकर उसकी गिरफ़्त से निकल गई।

"मुझे हाथ न लगाओ चन्दर जी, नहीं तो यह रेत का महल एक क्षण में ढे पड़ेगा। मेरी तरफ़ ऐसे क्यों देख रहे हो, मैं भस्म हो जाऊँगी" उसने विनती करने जैसे अंदाज़ में कहा—

"क्यों खण्डत डाल रहे हो?"

"इसे क्या हो गया है? भय्या आप—?"

"हम—हम सूरज हैं, बड़े सरकार झूमने लगे और यह—यह चाँदनी है—देखा। देखा तुमने? दुनिया कितनी झूठी है कि सूरज और चाँदनी का कभी मिलन नहीं हो सकता, यह सब बकवास है। क्योंकि—क्योंकि असल में हमारा नाम सूरज नहीं—चाँद—चाँद है।"

"आपकी तबीयत ठीक नहीं है भय्या"

"हमारी तबीयत एकदम ठीक है क्योंकि अब हमारा नाम सूरज नहीं"

ऊषा रानी चील की तरह चिल्लाती ऊपर से उतरीं—

"निष्ठुर-बेशर्म, तू इस दो पैसे की छोकरी के लिए अपने बड़े भाई का अपमान कर रहा है। देख तो इनकी क्या दशा हो गई है, देखने से कलेजा मुँह को आता है और तू उनके प्राण लेने पर तुला हुआ है।"

"दीदी"

"बस चुप रह, तेरे लिए इन्होंने क्या नहीं किया, अपनी जवानी ख़ाक में मिला दी कि जब तक चन्दर और पम्मो अपने पैरों पर खड़े न हों। वह कैसे सुख की नींद सो सकते हैं, कोई दूसरा होता तो तुम जैसे निकम्मे को दूध में मक्खी की तरह निकाल फेंकता, मगर उन्होंने तुझे कभी टेढ़ी आँख से नहीं देखा कभी ऊँची आवाज़ से नहीं बोले और तू है कि सर पर चढ़ा आता है," उन्होंने बड़े सरकार को सहारा देकर आराम कुर्सी पर बिठा दिया।

"मैंने—मैंने क्या किया?" चन्दर को ऐसा महसूस हुआ कि इन सबके साथ वह भी पागल हो जायेगा।

"तूने क्या नहीं किया? तू ही इस बला को घर लाया। बोल लाया कि नहीं...?" ऊषा ने सोचा चन्दर को दबाने का एक ही तरीक़ा है कि उसे बोलने न दिया जाये।

"...तेरी ज़िद पर ही इस नागिन को पाला पोसा गया, किसी चीज़ की कमी रही उसे? घर की बेटी से भी ज़्यादा ठाठ-बाट कराये और आज यह बेशर्म इस एहसान का यह बदला दे रही है कि भाई भाई के ख़ून का प्यासा हो रहा है, परन्तु कान खोलकर सुन लो मेरे जीते जी इस परिवार का सत्यानाश नहीं हो पायेगा। मुझे आहुति देनी पड़े तो उससे भी इंकार न होगा। मैंने भी इस घर का नमक खाया है। नमक हरामी नहीं करूँगी, न करने दूँगी।"

"ओफ़्फ़ोह दीदी बात तो सुनो, मैं अभी यहाँ आया तो देखा"

"दूर हो, मुझे दीदी न कह, जिसे अपने देवता समान बेचारे नाचार भाई पर दया न आई वह मुझ बेसहारा-लावारिस का क्या आदर करेगा" ऊषा रो पड़ीं।

"सारी दुनिया को उनसे ही शिकायत है, तू चाँदनी से पूछ"

"मुझे किसी से कुछ नहीं पूछना," चन्दर ने नफ़रत से कहा।

"चन्दर जी," चाँदनी ने उसे कभी इतना गम्भीर नहीं देखा था, तड़प गई। चन्दर जाते-जाते रूक गया।

ऊषा ने ख़ूनी नज़रों से चाँदनी को घूरा और उसकी आँखों में दम भर के लिए जागी ज़िन्दगी फिर दम तोड़ने लगी। उसने थक कर गर्दन एक तरफ़ डाल दी।

"हाँ चन्दर जी मुझसे पूछो—मगर तुम अभी बहुत नन्हे हो, तुमने प्रेम की ज्वाला में भस्म होकर मुस्कुराना नहीं सीखा, तुम क्या समझोगे?"

"तुम—बड़े भय्या—" उसकी ज़बान लड़खड़ा गई।

"हाँ अमृत से किसे प्यार नहीं?" उसने अपनी मुट्ठी को खोलकर नन्हीं सी शीशी को चूमा।

"तो इतने दिन मुझे क्यों धोखे में रखा?"

"जीवन एक धोखा ही तो है। बस मीठी नींद के बाद सब मिल जायेंगे। तब मैं सो जाऊँगी। मैं बहुत थक गई हूँ।"

"...और मुझे मूर्ख बनाती रही कि उनसे तुझे डर लगता है, वह तुझसे नफ़रत करते हैं, मार डालना चाहते हैं।" चन्दर की जबान में ज़हर भर गया।

"नफ़रत और प्यार का भेद कौन जान सकता है? और न भाग में जो लिखा है, उसे कोई मिटा सकता है। यही होना था होनी पर आज तक किसी का बस चला है?"

"होनी और नसीब का सहारा न लो, साफ़ कह दो कि रानी बनने का अरमान था सो पूरा हो गया, मैं—मैं बुद्धू हूँ न—छिछोरा—सब से डर जाता हूँ, हुँ तू क्या समझती है, यहाँ कोई तेरे लिए मर जायेगा?"

चन्दर की धमनियों में जवानी का गर्म और खुददारी का ख़ून सनसना रहा था।

"ठीक कहते हो रानी बनना चाहती थी, सो भोर होने से पहले ही बन जाऊँगी, हाँ तुम बुद्धू भी हो और डरपोक भी। बड़े सरकार के सामने चूहे की तरह दुबक जाते हो। उनके चरणों की धूल बनने योग्य भी नहीं और मैं कोई पागल-दिवानी हूँ जो सूर्य देवता को ठुकराकर उनकी छाया पर जगमगाने वाले चन्द्रमां से माथा फोड़ूँगी—यह—यह देवता हैं, महापुरुष हैं और तुम? तुम कुछ भी नहीं,"

अपने दुख का बदला वह चन्दर से लेने लगी,

"चुड़ैल भय्या का सहारा पाकर तो सर पर चढ़ी चली जा रही है। ठीक ही कहती थी मासी। मोरी की ईंट से ठोकर लगी तो सारा शरीर गन्दा हो जायेगा। तेरा ब्याह हो रहा है चल जा चूल्हे में," चन्दर जाने लगा।

"चन्दर—जाते समय मुझे आर्शीवाद तो दे दे।"

"ले आशीर्वाद" चन्दर ने मुड़कर ऐसा ज़ोर का थप्पड़ रसीद किया कि सूखी-मारी चाँदनी दीवार से जाकर टकराई,

"हाय निर्मोही" ऊषा का दिल पत्थर का न था, बड़े सरकार जो नीम बेहोशी में पड़े थे तड़प कर उठ बैठे मगर ऊषा ने उन्हें रोक दिया।

"रहने दो दीदी, इसने अच्छा किया जो मुझे मारा अब मेरी याद में तड़प-तड़प कर रायेगा तब पता चलेगा," चाँदनी सिसकियाँ भरकर रोने लगी।

"मैं तुझे याद करूँगा कमीनी। मैं तो तेरी सूरत पर थूकूँगा भी नहीं,"

"ऐसे बोल मुँह से न निकालो चन्दर जी, कहीं बाद में पछतावा आये और सर पकड़कर रोओ," ऊषा शर्मिन्दगी से बेक़रार हो गईं।

"अगर गुस्से में कुछ कर बैठी तो उसका ख़ून तुम्हारी गर्दन पर होगा," ऊषा ने अपना गुनाह उसके सर मंढने की तरकीब निकाल ली। सुबह चाँदनी की लाश देखकर सब यही समझेंगे कि चन्दर से लड़ाई हुई थी आवेश में कुछ खाकर मर गई।

"सर पकड़कर रोने के लिए तो तुम पैदा हुई हो, ऊषा रानी तुम्हें बहन कहकर मैं इस पवित्र शब्द का अपमान नहीं करना चाहता। तुम स्त्री नहीं समाज के उसूलों की कुचली हुई लाश हो। तुम्हें केवल यह बताया गया है कि पति की सेवा तुम्हारा धर्म है, लेकिन यह तो तुम्हारे पति भी नहीं। वैसे बचपन से अपना पति मानती आई हो..."

"चन्दर,"

"...तुम महान भारत की बेचारी स्त्री, जिसे एक बार पति मान लिया उसी के साथ सती हो जाओगी, चाहे वह तुम्हारी बोटियाँ करके कुत्तों को खिला दे, तुम उसके चरण धो-धोकर पीती रहोगी तुम औरत नहीं लौंडी हो," वह मुड़कर जाने लगा।

"ठहरो–" बड़े सरकार की आवाज़ पर उसने चौंक पड़ना सीखा था, सहसा ठिठक गया।

"किरण से माफ़ी मांगो," उन्होंने सख़्ती से कहा।

"किरन–?"

"हाँ, यह चाँदनी नहीं, आज से इसका नाम सूर्यकिरण है"

"हाँ-हा-हा–बहुत अच्छे,"

"बदतमीज़ी न करो, माफ़ी मांगो वरना–"

"वरना–?"

"तुम्हें यह घर छोड़कर जाना होगा।"

"आप समझते हैं, मुझे इस घर में रहने का शौक़ है? मगर यह न समझियेगा कि मैं किसी से डरकर जा रहा हूँ, मुझे इस घर से ऊब हो रही है।"

"किरण चन्दर को क्षमा कर दो, वह नादान है,"

"चन्दर नादान है, आप ज्ञानी हैं"

"चाँदनी जाओ अपने कमरे में, तुम्हें आराम करना चाहिये,"

"हाँ, ऊषा दीदी भी ज्ञानी हैं, उन्हें सब मालूम है कि क्या करना चाहिये, किस वक़्त जागना चाहिये, किस वक़्त जीना चाहिये और कब मर जाना चाहिये," वह बड़बड़ाती जाने लगी।

बड़े सरकार ने नदीदों (लालचियों) की तरह मदहोश चाँदनी को घूरा। उसका दुपट्टा ढुलका हुआ था। हवा के एक झोंके से कपड़े जिस्म से चिपक गये, वह औंधियाकर उसकी तरफ़ लपके।

"नहीं–" उसका पुराना डर जाग उठा। ऊषा की दबी हुई सिसकारी सुनकर उसका जी चाहा उनका मुँह नोच ले। वह इस कमीने जानवर पर क्यों इस तरह लट्टू हैं।

"शादी का प्रबन्ध कीजिये। सब तैयार हो जाना चाहिये कोई कसर न रह जाये," उसने जाते-जाते कहा।

वह कमरे में पहुँची तो पम्मो और चन्दर बातें करते हुए गैलरी से गुजर रहे थे।

"सुनो तो छोटे भय्या–" पम्मो उसके पीछे भागी जा रही थी।

"अब पम्मो भी उसके मुँह पर थूक देगी," वह ख़ामोश खिड़की के पास जाकर दूर पथरीली चट्टानों को देखने लगी। पम्मो मरे-मरे क़दमों से वापस आई और मौन उसे तकने लगी। पम्मो जो उसकी बचपन की सहेली थी, उसकी हमराज़ थी मगर चन्दर को दीवाना वार चाहती थी। वह उसी ख़ामोशी से अपनी अलमारी तक गई, चुपचाप उसे खोलकर अपने कपड़े निकालकर सूटकेस में डालने लगी।

एक बार तो जी चाहा कि वह पम्मो के गले में बांहें डालकर सब कुछ बता दे वरना वह मर गई तो असल वजह उसे और चन्दर को कौन बतायेगा? फिर चन्दर उसकी पूजा भी नहीं करेगा, उसे भूल जायेगा, वहाँ मृत्यु लोक भी इतना भी सहारा नहीं होगा। उसने उस छोटी सी शीशी को देखा और बटुवे में रख लिया, नहीं वह ऐसे नहीं मर सकती, वह देर तक सर झुकाये काग़ज़ पर कुछ लिखती रही और उसे आँसुओं से मिटाती रही।

"चन्दर सब ठीक हो जायेगा, वक़्त आने पर सब मालूम हो जायेगा," ऊषा ने उसके सूटकेस में कपड़े रखते हुए कहा।

"ज़िन्दगी में ठीक होने के लिए अब कुछ बाक़ी नहीं रहा"

"बहुत जल्द तुम लोग फिर लौट आओगे"

"मैं मरकर भी यहाँ वापस नहीं आऊँगा"

"कहीं भाई एक दूसरे को सदा के लिए छोड़ सकते हैं? तुम नहीं जानते इस वक़्त वह कितने बीमार हैं, मैं जो कहती हूँ कि..."

"आप जो कहती हैं वह न कभी मेरी समझ में आया है और न आयेगा, आप इंसान नहीं पत्थर हैं। वह आपका इतना अपमान करते हैं और आप हैं कि मरी जा रही हैं और आज तो आपने हद कर दी, हँसी-खुशी उन्हें दूसरी औरत को दान दे रही हैं"

"मैंने उन्हें किसी को नहीं दिया और न मेरे जीते जी कोई उन्हें मुझसे

छीन सकता है। इस बीमारी में मैं उन्हें यमराज से छीनकर लाई हूँ मगर तुमको कैसे बताऊँ ख़ैर...एक दिन सब कुछ सामने आ जायेगा—इसी में अपनी और ख़ान्दान की भलाई है। लो यह चेक चाचा जी से कहना कैश करा देंगे, मैं मोटर निकलवाती हूँ और देखो, पम्मो का जी छोटा न हो। यों तुम्हें परेशान देखेगी तो छिप-छिपकर रोयेगी।"

"दीदी मैं कितना बुरा तुम्हें कैसे बुरे बोल सुना डाले, माफ़ कर सकोगी," चन्दर ने दीदी के पैर थाम लिये।

"अरे क्या करता है भय्या, दीवाना हुआ है, मैं तेरी बात का बुरा कैसे मान सकती हूँ?"

"मां तो बचपन ही में रूठ गईं, आपने ही माँ के सुख दिये विचार था एक दिन आप और भय्या...दीदी मेरा ख़ून खौल रहा है क्या करूँ कुछ बस नहीं चलता, तुम अब यहाँ क्या करोगी?"

"यह मेरा घर है," ऊषा मुस्कुराईं।

"मेरा कहा मानिये अब यहाँ आपकी गुज़र न होगी, हमारे साथ चलिये, वहाँ मज़े से रहेंगे।"

"मेरी तो अरथी ही अब इस घर से निकलेगी। भय्या तुम मेरे ऊपर विश्वास रखो और देखो कोई ऐसी-वैसी ख़बर सुनकर जी को बेक़ाबू न कर लेना।"

"कैसी ख़बर दीदी?" चन्दर सहम गया।

"शादी की—" ऊषा हँसी।

"अरे हाय मुझे तो उसकी शक्ल से नफ़रत आ रही है।"

"नहीं चन्दर—" वह रुक गईं।

"क्या—?"

"कुछ नहीं, मैं नाश्ता भिजवाती हूँ,"

ऊषा ने पम्मो को प्यार किया। चन्दर का जी बहलाने की हिदायत की और दोनों को रुख़्सत किया।

"पम्मो—पम्मो—" चाँदनी हाँपती-काँपती सड़क तक भाग गई। पम्मो रानी जा रही है। मोटर रूकी तो उसने खिड़की से झाँककर कहा और डरते-डरते उसके गाल पर हाथ रख दिया, पम्मो के आँसू बह निकले और

उससे मुँह फेर लिया। चन्दर मोटर चलाने को कहा।

"पम्मो—पम्मो बहन एक बार मेरी तरफ़ देख लो—फिर न मिलूँगी—पम्मो," वह मोटर के साथ भागने लगी। ठोकर लगी और कंकरीली सड़क पर गिर गई। मोमी मोतियों की माला जो चन्दर ने उसे जन्मदिन पर हार के बजाये दी थी, टूटकर बिखर गई। फटी-फटी आँखों से वह कंकड़ों को घूरने लगी। एकदम कंकड़ पिघलकर मोती बन गये। खुद उसका सर लाकेट की तरह नीचे टक गया।

हवेली में सन्नाटा छाया हुआ था, मौत के बाद का सा सन्नाटा, चाँदनी अपने कमरे में ख़ामोश बैठी रहती। अब तो उसे किसी से डर भी नहीं लगता था। पम्मो की चीज़ें बिखरी देख-देखकर कलेजा कटने लगता, चन्दर के कमरे में जाते घबड़ाहट होती, कई गुज़री बातें याद आ जातीं।

नहीं वह आसानी से नहीं मर सकती, बड़ी धूम-धाम से मरेगी। वह सिर्फ़ इसलिए ज़िन्दा थी कि बड़े सरकार की असलियत दुनिया पर खुल जाये। इसके इलावा उम्मीद की एक नन्हीं-सी किरण जगमगा रही थी, वह ख़त जो उसने चन्दर के कोट में डाल दिया था उसे पढ़कर शायद उस पर एतबार करे तब बड़ी ख़ुशी से उसके हाथों में दम तोड़ देगी।

ऊषा ने उसे अपना वचन याद दिलाया तो वह चिढ़ गई,

"दीदी मैंने मरने का खेल कभी नहीं खेला। मुझे बार-बार मत टोको, मुझे आप ही मरने दो। वैसे तुम्हारा जी चाहे तो मेरा गाल घोंट दो या जबरदस्ती विष पिला दो।"

ऊषा को चिन्तित देख वह हँस पड़ी।

"तुम मेरे खून से अपने हाथ रंगना नहीं चाहती क्योंकि तुम्हारे हाथ तो मेंहदी से लाल होने के लिए बने हैं। मेरे मरने के बाद जब सब मुझे भूल जायेंगे तो बड़े सरकार से तुम्हारा ब्याह होगा। तुम निश्चिन्त रहो मेरे भाग्य में तो मौत ही लिखी है।"

उन्होंने ज़रा ज़्यादा ज़ोर दिया तो वह सचमुच उन्हें फटकार सुना बैठीं।

"मैं बड़े सरकार से कह दूँगी," उसने धमकी दी।

ऊषा रानी को उसकी ख़ुशामद में खामोश रहना पड़ा। मगर वह

जान-जान उसे मौत की बड़ाई और बलिदान का गौरव सुनाती, दुख भरे भजन गाकर उसका और दम घोंटतीं कि कभी-कभी वह चन्दर का इंतिज़ार किये बिना मरने पर तैयार हो जाती मगर फिर कहीं दूर रेल की सीटी कूक उठती और उसे आस बन्ध जाती कि बस इसी गाड़ी से चन्दर आ जायेगा। फिर सब कुछ जी उठेगा।

ऊषा रानी के दिमाग़ पर इतना दबाव पड़ रहा था कि वह बावली सी कोनों-खदरों में बैठी सरना देवी के बताये मंत्रों का जाप किये जातीं। तीन दिन से व्रत था। सिवाये चुटकी भर प्रसाद और दो घूँट पानी के मुँह में कुछ नहीं डाला था, रात-रात भर जागने से उनकी आँखों के नीचे स्याह घेरा बन गया था। बस मन प्रेम की ज्योति से जगमगा रहा था।

बड़े सरकार के साथी-दोस्त थे ही कौन? उनके हम उम्र तो अपनी औलादों की शादियों में लगे थे, किसे मालूम था कि वह स्वयम् इस उम्र में ब्याह रचाएँगे और वह भी ऊषा रानी को छोड़कर एक गुमनाम लड़की से। शादी की तैयारियाँ बड़े सरकार बड़ी बौखलाहट से कर रहे थे। ऊषा रानी ही घर की करता धरता थीं। जब दिन क़रीब आने लगे तो उनके अन्दर जैसे आशंकाओं का तूफ़ान उठ खड़ा हुआ। कहीं चाँदनी उन्हें धोखा न दे जाये? फिर उनका क्या होगा? उन्हें घर से निकाल बाहर कर देगी तो वह कहाँ जायेगी? किसके आगे हाथ फैलायेगी?

चंद साल पहले मन में जो ज्वालामुखी दहकती रहती थी हर क्षण, अब वह भी ठण्डी पड़ चुकी थी। मोहब्बत अब तो दाल रोटी का सवाल बनकर रह गई थी। मासी ज़िन्दा थीं तो कितना बड़ा सहारा था। ठण्डाइयाँ पिलाकर भगवान् की ओर ध्यान लगाने की नसीहत करके उन्होंने ऊषा को कुछ ऐसी तरबीयत दी थी कि आहिस्ता-आहिस्ता उन्हें इच्छाएँ मारने की सी आदत पड़ गई। मगर पेट की आग और स्वाभिमान अभी शेष था।

शादी का हंगामा शुरू हो गया और चन्दर नहीं आया, उसने चाँदनी की सारी ख़ुशामदों का जवाब ख़ामोशी से दिया। चाँदनी की आशाएँ मौत की आग़ोश में जा सोईं।

**मण्डप** की आग धौंकी जा रही थी। चाँदनी को माँ का सारा ज़ेवर पहना दिया गया, चाँदनी का पल्लू ठीक करने के बहाने वह उसके पास गईं—

"लगन का समय हो रहा है," उन्होंने रुआँसी होकर कहा,

"जानती हूँ दीदी तुम इत्मीनान रखो,"

"अब इत्मीनान का समय नहीं,"

चाँदनी ने बने संवरे बड़े सरकार को दूल्हा के रूप में देखा और एक आह भरकर कुर्सी पर बैठ गई। आख़िरी गाड़ी का वक़्त भी निकल चुका था, नहीं कोई नहीं आया और कोई नहीं आयेगा।

ऊषा ने शर्बत का गिलास उसके सामने रख दिया। चाँदनी ने बटुए में से शीशी निकालकर उसमें उंडेल दी।

"बस अब तो तुम्हें इत्मीनान हो गया।"

ऊषा ने आँखें नीचे झुका लीं,

"दीदी तुम चन्दर, पम्मो को सब कुछ बता दोगी न?"

"हाँ—हाँ—" उन्होंने वायदा किया, "अच्छा जल्दी करो"

"जल्दी की ऐसी क्या ज़रूरत है? अभी लगन में देर है।"

बड़े सरकार ने कुर्सी घसीटकर बैठते हुए कहा,

"ऊषा का रंग फ़क़ हो गया और वह घबड़ाकर खड़ी हो गईं।"

"क्यों? क्या हो गया?"

"कुछ नहीं," वह जाने लगीं।

"बड़ी घबराई हुई मालूम होती हो?" वह मुस्कुराये।

"नहीं तो मेहमान आ रहे हैं—मैं—" ऊषा की ज़बान लड़खड़ा गई।

"हाँ—हाँ तुम जाओ, मेहमानों की देखभाल करो, देखो आईसक्रीम न घुल जाये। मिठाई मुझे लगता है ज़रूर कम पड़ेगी, क्यों—?"

"नहीं कम नहीं पड़ेगी,"

"तुम्हें बड़ा काम करना पड़ रहा है।"

"नहीं तो—?"

"नहीं कैसे, कितना अच्छा इंतज़ाम किया है तुमने, तुम्हारे और मासी के इलावा और किसी में हिम्मत नहीं थी।"

वह एक-एक शब्द चबा कर बोले।

"जी," ऊषा हकलाईं।

"अब सब ठीक हो जायेगा न?"

"जी—जी हाँ—"

"फिर तुम्हें कोई शिकायत नहीं रहेगी?"

"जी नहीं," न चाहते हुए भी ऊषा के मुँह से निकल गया।

"तो जाओ इंतज़ाम करो" वह मुस्कुराकर उन्हें घूरने लगे। बेचारी गिरती पड़ती लोगों से टकरातीं भागीं।

ऊषा के जाने के बाद बड़े सरकार ने एक ठण्डी सांस भरी, फिर बड़ी उदास आँखों से चाँदनी को तकने लगे, वह नज़रें झुकाये दोनों हाथों में ग्लास पकड़े बैठीं रही।

उन्होंने अपना ग्लास रख दिया और डरते-डरते अपने दोनों हाथ उसके हाथों पर रख दिये। जैसे साँप ने डस लिया हो, चाँदनी ने जल्दी से अपने हाथ पीछे खींच लिये और मुँह ढांपकर सिसकियाँ घोंटने लगी।

"अरे तुम तो शरमा रही हो, भई वाह," वह मक्कारी से मुस्कुराये, "आज तुम ख़ुश हो न?"

उसने सारे जग की घृणा अपनी आँखों में समेटकर उन्हें सर से पाँव तक देखा।

"हाँ मैं बहुत ख़ुश हूँ," उसने जल्दी से गिलास उठाकर होंठों से लगा लिया।

"अरे इतनी जल्दी न पियो, अच्छू लग जायेगी,"

वह हँसे और बड़ी नज़ाकत से अपना गिलास उठा लिया,

"ऐसी भी क्या जल्दी," वह बड़े सुकून से घूँट लेकर बोले, ख़ुशी और जीत से मदहोश होकर चाँदनी हँस पड़ी। उसने बड़े सरकार का हाथ नफ़रत से झटक दिया और आँखें बन्द करके बड़े-बड़े घूँट लेने लगी।

ऊषा रानी मेहमानों की तरफ़ थीं मगर उनका ध्यान इसी तरफ़ लगा हुआ था। वह ख़ुश होना चाह रही थीं मगर उनका जिस्म बेक़ाबू होकर लरज़ रहा था।

गिलास ख़त्म करके चाँदनी खिलखिलाकर हँस पड़ी और हँसती रही, यहाँ तक कि आँखों से बहते हुए आँसू भी न पोंछे।

“हाँ बड़े सरकार अब मैं तुम्हारी हूँ,” उसने दोनों हाथ उनकी तरफ़ फैला दिये। मगर वह उसे देखते रहे, मुस्कुराते रहे और गिलास होंठों से लगा लिया। एकदम चाँदनी ने तड़प कर दोनों हाथों से अपना गिलास थाम लिया, सामने परेशान हाल चन्दर खड़ा था।

“चन्दर...” जब उसे अपनी आँखों पर विश्वास हो गया कि यह चन्दर ही है तो वह गिरती पड़ती उसकी तरफ़ भागी और उससे लिपट गई।

“तुमने देर कर दी चन्द्रू—मैं जा रही हूँ राजा। मैंने विष पी लिया, यह देखो यह बैठे हैं तुम्हारे सूर्य देवता।”

“तुम आ गये चन्दर—?” बड़े सरकार की आवाज़ में जीत की खनक थी, उन्होंने अपने गिलास से लम्बा घूँट लिया।

चन्दर ने देर कर दी। मामा जी के साथ वह और पम्मो शिकार को गये थे, वहाँ से लौटे तो लाण्ड्री में डालते वक़्त कोट की जेब से यह ख़त निकला, वरना वह छह रोज़ पहले ही आ जाता।

“होनी को कौन टाल सकता है चन्दर जी...” चाँदनी ने लरज़ते हाथों से उसका चेहरा छू कर कहा।

“मुझे अपने अन्दर छिपा लो चन्दर जी, मेरे प्राण जा रहे हैं,” वह उसकी बांहों में बे सहारा हो गई।

चन्दर ने उसे जल्दी से सोफ़े पर लिटा दिया।

पम्मो उसके चेहरे पर चेहरा रखकर रोने लगी, मेहमानों में खलबली मच गई।

“डाक्टर—डाक्टर को फोन करो मुंशी जी,” उसने चाँदनी के माथे का पसीना होंठों से पोंछ दिया,

“जल्दी करो—”

“रहने दो मुंशी जी, डाक्टर की ज़रूरत नहीं,” बड़े सरकार के होंठों पर क्रूर मुस्कुराहट नाच रही थी। वह बड़े मज़े से बैठे शर्बत की चुसकियाँ ले रहे थे, जैसे चाँदनी इंसान नहीं कीड़ा थी।

“कमीने बुज़दिल एक निर्दोष लड़की की जान लेकर आराम से बैठा शैतान की तरह हँस रहा है। ज़लील कुत्ते...”

लपककर चन्दर ने बड़े सरकार का गरीबां पकड़कर झिंझोड़ डाला, “मगर तू भी मेरे हाथ से बच कर कहाँ जायेगा?”

एक झटके से उन्होंने चन्दर को अलग कर दिया, एकदम उनके चेहरे पर तेज बरसने लगा, हमेशा से डरने वाला चन्दर पल भर के लिए दुबक गया।

"क्या दीवानों जैसी बातें कर रहे हो?" उन्होंने नर्मी से कहा।

"क्या तुमने यह भी कहीं सुना है कि भंवरे ने कली का गला घोंट दिया या पतंगे ने दीपक बुझा दिया," वह मस्तक ऊँचा करते हुए चाँदनी के पास गये, हौले से उसके बिखरे हुए बालों पर हाथ फेरा। "पगली—समझती है उसने ज़हर पिया है—"

ऊषा के मुँह से दिल हिला देने वाली चीख़ निकली और वह गिलास छीनने झपटी मगर बड़े सरकार ने एक ही घूँट में पूरा गिलास ख़त्म कर डाला। ऊषा फटी-फटी आँखों से उन्हें देखती रही फिर चीख़ मारकर उनके पैरों से लिपट गई।

चन्दर ने अपने दोनों हाथों से अपनी कनपटियाँ भींच डालीं, उसकी बुद्धि काम नहीं कर रही थी।

चाँदनी ने कराह कर आँखें खोली? बड़े सरकार ने सोफ़े का सहारा लिया तो वह सहम कर चन्दर से लिपट गई।

"हाँ चन्दर इसे बचा लो, सूरज के सामने चाँदनी मुरझा जाती है। उठो ऊषा, तुम्हारे आँसू विष को और कड़ुवा बना रहे हैं," उन्होंने ऊषा को उठाना चाहा।

"क्षमा कर दो ऊषा रानी, मैंने तुम्हारे प्रेम का आदर नहीं किया, मैंने तुम्हारा अपमान किया...जिसकी सज़ा आज मुझे मिल गई। तुमने सारा जीवन मेरे लिए भस्म कर दिया।"

"नाथ आपकी सेवा मेरा धर्म है..." ऊषा ने उनके पैरों पर सर पटक दिया, "...यह आपने क्या किया?"

"जानता हूँ मैंने जो कुछ किया, अच्छा नहीं किया मैंने चाँदनी को चाहा, अगर मेरे दिल में भगवान की इतनी लगन होती तो उन्हें भी पा सकता था, मगर चाँदनी और सूरज का मेल नहीं हो सकता," वह चकराकर गिरने लगे। चन्दर ने लपककर उन्हें अपनी बांहों में सँभाल लिया।

"भय्या—अरे मुंशी जी डाक्टर को फोन किया?"

"अब डाक्टर कुछ नहीं कर सकता चन्दर,"

"लेकिन भय्या यह आपने क्या कर डाला—?"

"और कोई रास्ता भी तो नहीं था चन्दर, ऊषा मेरे पैर छूकर मुझे और पापी मत बनाओ। एक इंसान को देवता बनाने की कोशिश में हैवान बना डाला। छोटे-छोटे झूठ बढ़कर भयानक पाप बन गये और—और—"

उन्होंने दर्द से तड़पकर ख़ून की बड़ी सी उल्टी की।

भीड़ को चीरता डाक्टर आगे बढ़ा मगर उन्होंने उसे रोक दिया।

"डाक्टर ज़िन्दगी के ये चार पल मेरी आख़िरी पूंजी हैं, यह न छीनो तुम मुझे बचा नहीं सकोगे। अब तो मौत को भगवान् भी टाल नहीं सकता।"

दर्द की शिद्दत से उनकी आँखें पलट गईं, नाक का बांसा मुड़ गया। दम भर के बाद फिर अटकती हुई सांस आई उन्होंने दूर खड़ी चाँदनी की ओर बड़ी कोशिश करके देखा मरते-मरते आख़िरी बार उनकी पुतलियाँ नाच उठीं, ख़ून भरी हँसी के साथ बड़ी शोख़ी से बोले—

"पगली इसे देखो रो रही है पर वहाँ इतनी दूर खड़ी क्यों आँसू बहा रही है? इधर आ चाँदनी मेरी छाती पर सिर्फ़ एक बार प्यार से हाथ रख दे। नहीं—नहीं तो यह जन्म जन्म तक यों ही तड़पता रहेगा,"

चाँदनी त्यौरा कर उनके सीने पर गिर पड़ी। बड़े सरकार ने बड़ी बेसब्री से उसे अपने आलिंगन में भींच लिया। मौत की देहरी पर पहुँचकर पहली बार चाँदनी ने कोई विरोध नहीं किया।

"आह अगर मौत इतनी हसीन होती है तो फिर क्यों न हज़ार बार जन्म लेकर मरने को जी चाहे," उन्होंने मौत और प्यार के आनन्द से शराबोर होते हुए कहा और अपने बेजान पीले पड़ते होंठ उसके माथे पर रख दिये।

चाँदनी तड़पकर रह गई। उसका जी चाहा उनकी छाती फट जाये और वह उसमें समा जाये।

"रो मत मेरी जान, आज तो मेरा ब्याह है, वह देख सूरज डूब रहा है। आज चन्द्रमा का राज होगा और चाँदनी खिल उठेगी।"

पश्चिम की ओर सूरज की आख़िरी किरण सिसककर ख़ामोश हो गई और धीमी-धीमी शरमाई सी चाँदनी किसी सुहागन के कफ़न की तरह फैल गई।

# दिल की दुनिया

**कैसा** अजीब और रहस्य भरा समय होता है जब एकदम आँख खुले और यह पता न चले कि झुटपुटा हो रहा है या पौ फट रही है, अपना सर किधर है और पैर किधर? कहाँ सोये थे और कहाँ जागे। उस वक़्त सर पैर की दिशा जानना कितना ज़रूरी हो जाता है अगर फौरन न मालूम हुआ तो हमेशा-हमेशा के लिए खो जायेंगे।

बचपन में तो रोना आने लगता था फिर किसी अनजानी दिशा से एक वज़नी मुक्का पड़ता और हमें फौरन अपने वजूद का पता मिल जाता। अचानक हँसी के फव्वारे छूटने लगते और हम अपने वजूद को ज़्यादा सुबूत देने के लिए मुर्ग़ियों को खुरेदने लगते या आपस में कुत्ते-पिल्लों की तरह एक दूसरे से गुत्थम-गुत्था हो जाते; तब अम्मा हमें दफ़ान होने का हुक्म देतीं। हम हँसी खुशी दफ़ान हो जाते और बाग़ में अधखिली कलियां चुनकर झोलियाँ भरने लगते।

शाम होते ही अंधेरा घिर आता। अली बख़्श लालटेनों का गुच्छा सदर दरवाज़े के टाट के पीछे से अन्दर बढ़ा देते। बत्तियाँ उक्सा कर लालटेने घर के कोने-कोने में पहुँचा दी जातीं और अंधेरों में खोये हुए दरोदीवार फिर लौट आते फिर चौकीदार सीढ़ी पर चढ़कर सदर दरवाज़े की चौकोर बत्ती जला देता। पौदे एकदम झिझककर तारीकी में खिसक जाते और हमारे कुर्तों की झोलियों में फूल खिलने शुरू हो जाते तब बेकार ही डर लगने लगता। एक पीला गिरगिट गाल फुलाये कच-कच मुँह में जहर घोलता फिर सुर्ख़ अंगारा होकर छलांगें भरता इमली के दरख़्त पर दौड़ जाता और हमारे पैर मोमबत्तियों की तरह पिघलने लगते।

उसी समय दूर तराई में वह पुरअसरार (रहस्यमयी) आवाज़ लहराती सनसनाती फैल जाती!

"कान्हा तोरी मुरली बैरन भई"

हम झट-पट भाग खड़े होते और सदर दरवाज़े का पर्दा उलीचते घर में ग़ोता मार जाते और फूलों भरी झोलियाँ बड़ी-बूढ़ियों की जायनमाज़ों पर उलट कर हम उनके आंचलों में पनाह गज़ीं हो जाते!

"दादी अम्मां जल्दी से आयतुल कुर्सी (सुरक्षा के लिए पढ़ी जाने वाली दुआ) छू करो।"

जब दादी अम्मां की अहमद हुसैन-दिलदार हुसैन के क़िवाम में बसी हुई छू हमारे चेहरों पर पड़ती तब कहीं जान में जान आती।

"कान्हा तोरी—री-री—मुरली—बैरन भई"

आवाज़ दूर-दूर होती जाती फिर गुम हो जाती, सिर्फ़ हवा की सायं-सायं रह जाती।

हमारे अब्बा नये-नये बदली होकर बहराईच आये थे; हमारी दो मंज़िला कोठी के सामने ही सैयद सालार मसऊद ग़ाज़ी की दरगाह थी, पीछे बाग़ था। जहाँ हमारी जागती हुई ज़िन्दगी का बेश्तर हिस्सा गुज़रता था। कोठरियों की क़तार के बाद एक बहुत बड़ी सी बावली थी। पिछवाड़े भुट्टे के खेत थे। दूसरी तरफ़ एक सफ़ेद मस्जिद थी और दूर तलक हरसिंगार, बेला, चमेली और मोगरे के पेड़ चले गये थे। मस्जिद से ज़रा हटकर क़ब्रिस्तान था और नहर के किनारे खरबूजों के खेतों के बाद मरघट था। हमें इन दो जगहों से बहुत डर लगता था। यह रहस्यभरी आवाज़ उसी तरफ़ से आती थी और उस तरफ़ से आने वाली हर आवाज़ ख़तरनाक लगती थी।

जब शरारत करते, उधम मचाते तो इसी आवाज़ से डराया जाता,

"डायन है कच्चा चबा जायेगी, बुरी आत्मा है, अकेले-वकेले पकड़ लिया तो टोना कर देगी! सुना है घाघरा नदी में कोई बारात डूब गई थी। दुल्हन भुतनी बनकर तराई में भटक रही है।"

इस आवाज़ में एक और ख़ासियत थी कि जब भी यह आवाज़ सुनाई देती तो क़ुदसिया ख़ाला पर दिल का दौरा पड़ जाता, दाँत भींचकर मुँह से फेन निकलने लगता और घर में मातम छा जाता :

"या क़वी क़ादिर—क़ुदसिया के दुल्हा को करो हाज़िर" नानी बीवी

झूम-झूम कर गिड़गिड़ाती मगर क़वी कादिर तो ऐसे कानों में तेल डालकर बैठे थे कि किसी की सुनते ही नहीं थे! जैसे क़ुदसिया ख़ाला के शौहर को हाज़िर करने के बारे में गहरी सोच में डूबे हुए हों। उनकी शादी को दस बरस होने को आये थे। शादी के फौरन बाद दूल्हा को नाना मियाँ ने विलायत भेज दिया था कि यही शादी की शर्त थी।

वहाँ से वह उस ज़माने के दस्तूर के मुताबिक़ एक मेम लटका लाये और मैनपुरी में प्रेक्टिस करते थे। इसलिए क़ुदसिया ख़ाला वज़ीफ़े पढ़तीं, चिल्ले खींचती और जब वो नाकाम साबित होते तो वह दाँत भींचकर दौरे डाल लेतीं और ग़रीब क्या कर सकती थीं। उन्होंने "सरताज मन सलामत" के नाम दर्जनों ख़त भेजे।

"मुझे मेम साहब की आया ही समझ कर एक कोने में डाल लीजिये। आप दोनों की ख़िदमत करूँगी। झूठन खाऊँगी, उतरन पहनूँगी और मुँह से उफ़ कर जाऊँ तो जो चोर की सज़ा वह मेरी। आप मालिक हैं, मैं आपकी लौंडी। मेरे लिए इससे बढ़कर क्या खुशनसीबी होगी कि आपके क़दमों में दम निकले" वग़ैरा-वग़ैरा! मगर सरताज ने जवाब देना भी हिमाक़त समझा आमतौर पर क़ुदसिया ख़ाला का लोगों से यही कहकर तारुफ़ कराया जाता था, "भई यह हैं क़ुदसिया जिनके मियाँ ने मेम डाल ली है" लोग प्रभावित होते। उस वक़्त क़ुदसिया ख़ाला भी अपनी नामुरादी भूलकर फ़ख़्र करने लगती थीं। उनकी सौत हाकिमों की बेटी थी क्या अजब बादशाह सलामत से दूर दराज़ का नाता भी हो। हर कोई मेम थोड़ी डाल सकता है। एक तरह उनके मियां ने मेम सौत लाकर उनकी इज़्ज़त ही बढ़ाई है। कोई धोबन या चमारन भी डाल सकते थे!

क़ुदसिया ख़ाला की पन्द्रह साल की उम्र में शादी हुई। छठे महीने मियां विलायत को सिधार गये। दो साल तकतो दीवानगी से इश्क़ चलता रहा। हर वक़्त सर औंधाये पड़ी रहतीं या मियां को ख़त लिखा करतीं या आया हुआ ख़त पढ़ा करतीं। फिर ख़त के फाके पड़ने शुरू हुए फिर ठण्डे पड़ गये। यह ख़त लिख-लिखकर दीवानी हो गईं वहाँ से जवाब नदारद फिर बुरी-बुरी सुनावनियाँ (बातें) आने लगीं। पहली बड़ी जंग के बाद मेमों का भाव गिर गया था! इसलिए जो विलायत जाता बहती नदी से मछली

मार लाता! मगर क़ुदसिया ख़ाला के मियां निराले थे और भी लोग मेमें ला रहे थे। छठे-छैमाहे देसी बीवी को सूरत तो दिखा जाते थे! उन्होंने तो ऐसी चुप साधी कि ख़बर ही न ली!

जब ही तो उर्स पर क़व्वाली होती तो क़ुदसिया ख़ाला को दौरा पड़ जाता। आस-पास कहीं शादी होती तो उनकी दाँती भिंच जाती, कोई दूर कहीं रात के सन्नाटे में बिरहा गाता, उनके मुँह में फेन आ जाते। खास तौर पर यह रहस्यमयी आवाज़ जब भी उन्हें सुनाई देती बेचैन होकर टहलने लगतीं। उंगलियाँ चटख़ातीं आंचल मरोड़ती और दौरे डाल लेतीं।

हम कलियाँ चुन रहे थे। झोलियाँ छलक रही थीं मगर हमें सदर दरवाज़े के चौकोर क़ंदील के रौशन होने का इन्तिज़ार था कि यकायक वह आवाज़ एकदम हमारे पीछे लहराई। रोंगटे खड़े हो गये। हमने चौंक कर देखा वह मस्जिद के पिछवाड़े पुराने क़ब्रिस्तान में टूटी-फूटी क़ब्रों के दरम्यान आंधी में गिरे हुए बरगद के एक दरख़्त के तने पर कुछ रूठी से बैठी थी। वह गाते-गाते रुक गई। हमारे पैर भूसा भरी बोरियों की तरह धँसने लगे,

“छोड़ो हमार आंचल,” वह पीछे मुड़कर किसी को डांट रही थी, हम गिरते-पड़ते बिसूरते भागे!

उसका आंचल कोई नहीं पकड़े था, वहाँ कोई नहीं था : वह एकदम तुनककर खड़ी हो गई और आंचल झटक कर हंसती हुई तेज़-तेज़ भागी जैसे कोई शरीर बच्चा उसे पकड़ने दौड़ रहा हो। तेज़-तेज़ चलती वह पेड़ों में गुम हो गई।

तब हमारी घिघ्घी बंधी और पैरों का भूसा बिखरने लगा।

“मेरठ में मिलेंगे दोनों जने” दूर उसकी आवाज़ ने लहरा लिया और हम गड़ाप से पर्दा पार!

“तुम सय्यां काले, हम गोरे”

“दर्पन में देखेंगे दोनों जने” उसकी आवाज़ फिरकी की तरह थिरकने लगी और हमारी पीठ पर मोती पिरोने की सुइयाँ सी चलने लगी।

“तुम सय्यां मोटे हम दुबले,”

“कांटे में तुलेंगे दोनों जने,”

कैसे इत्तिफ़ाक़ की बात थी। क़ुदसिया ख़ाला के दूल्हा काले भी थे और मोटे भी लेकिन मेरठ में मिलने के कोई आसार नहीं थे फिर उनके दौरे क्यों न पड़ते?

नानी बीवी को तो फ़ुर्सत नहीं थी। दादी अम्मां अभी तस्बीह पर बुदबुदा रही थीं। दादी ने छू भी किया तब भी ख़ौफ़ दूर न हुआ। उफ़ कितनी दादियाँ, नानियां, ख़ालाएं, फूफियां भरी पड़ी थीं मगर कौड़ी काम की नहीं। "छू" तक में दम नहीं।

"ऊके मुँह न लगा करो बेटा" मुजाविर (दरगाह का ख़ादिम) ने एक बार जब हम दरगाह पर फूल चढ़ाने गये थे तो कहा था।

"बड़ी ख़तरनाक औरत है,"

"क्यों"

"बड़ी मनहूस है, माई-बाप, खसम सब का खाये गई"

"खा गई" हम समझे नमक मिर्च छिड़क कर खा गई!

"अकेले मा पा गई तो तुमरा जीव ही निकाल लेगी" कमबख़्त ने और डराया!

"क्या डायन है?"

"और क्या?"

"लाहोल विलाक़ुव्वत—क्या बकवास है, नहीं बच्चू बेचारी पागल है," शाह साहिब ने मुजाविर को डांटा!

"पागल?" शाह साहब की बात हमें पसंद नहीं आई! सारा रूमान ख़त्म हो गया। सिर्फ़ पागल है, बदबूदार पागल नहीं। न उसके पास से बदबू आती है, न कपड़े फाड़ती है, न ईंटें मारती है! बस जब देखो गा रही है!

"सय्यां तोरी गोरी फूल गेंदा बन जाऊँगी,"

"बलमा तोरी गोरी"

आवाज़ बड़ी मीठी थी जभी तो क़ुदसिया ख़ाला तड़पा करती थीं!

"अच्छी बी अम्मां निगोड़ी को बुलवाइये न, ज़रा गाना सुनेंगे"

"नहीं बेटी मुई पागल को क्या बुलवाओगी। अच्छे भले घर की लड़की पर्दा-वरदा को आग लगाकर यहाँ-वहाँ फिरे है, सुना है उसपर साया

है। सारी बारात घाघरा नदी में डूब गई। यह उतराती रही तीन दिन तक, जानो किसी ने तले हथेली लगा दी हो।"

"पर दुखिया गाती अच्छा है," क़ुदसिया ख़ाला को गाना सुनने का जुनून था। जब शब्बीर मामूं नातें (धार्मिक काव्य) पढ़ते तो उनकी आँखों से नदी नाले बह निकलते

"तुम पे कुर्बान मेरी जान रसूले अरबी" वह गाते और क़ुदसिया ख़ाला आँचल में नाक दबाये सिसकियाँ भर-भर के झूमतीं! सब तने बैठे रहते और उस दौरे के पड़ने का इन्तिज़ार करते जो शब्बीर मामूं के आने और नातें पढ़ने पर ज़रूर पड़ता! ख़ाला के हाथ टेढ़े हो जाते, आँखें निठोर लेतीं, मुँह से झाग उबलने लगते। नानी-दादी दौड़कर उनपर आयतें पढ़-पढ़कर दम करतीं। शब्बीर मामूं दूर चौकी पर बैठे अपने हाथों की लर्ज़िश (कम्पन्न) छिपाया करते और जब तक उन्हें चैन न आ जाता बेक़रार सदर दरवाज़े के पास टहले जाते!

शब्बीर मामूं रिश्ते में ख़ाला के देवर लगते थे। ग़रीब माँ-बाप के निहायत दबे हुए फुसफुसे और मरघिल्ले से इकलौते बेटे थे और भाई बहन पैदा न होकर ज़्यादा मज़े में रहे। वरना हमारे उन ही जैसे फुसफुसे और मरघिल्ले बहुत से मामूं होते। बड़े दुबले पतले और क़ुदसिया ख़ाला से कोई गज़ भर ऊँचे थे। बिल्कुल ऊँट की तरह कूबड़ निकाल कर लम्बे-लम्बे डग भरते चलते थे!

"शब्बीर भाई कुछ सुनाइये," क़ुदसिया ख़ाला उनके आने पर ग़मगीन आवाज़ में फरमाईश करतीं। "सुनाइये न ज़रा जी ठहरेगा" "क्या सुनाऊँ, आज गला ख़राब है।" वह हमेशा एक ही बहाना पेश करते फिर ज़रा गला साफ़ करते, आँखें बिछाते, नथुने फुलाते दोनों हाथ जोड़कर घुटनों के दरम्यान लटका लेते और–

"सुन ऐ बादे सबा तू जा...नबे तय्यब अगर गुज़रे..." बड़ी साफ़ निथरी हुई आवाज़ में वह गाते। उस वक़्त उनपर बहुत तरस आता। 'बादे सबा' भी कमबख़्त कानों में तेल डाले बैठी थी! न उनकी सुनती थी न जानिबे तय्यबा जाती थी!

सब जानते थे कि शब्बीर मामूं को क़ुदसिया ख़ाला से उन्स था।

मगर क्या मरगिल्ला ऊँघता हुआ इश्क़ था। घर की दूसरी सियानी लड़कियों, लड़कों का भी एक इश्क़ था क्या दनदनाता छलाँगें मारता, जब देखो धींगा मुश्ती हो रही है। कोनों-खदरों में दबोचा जा रहा है। अकेला पाया और भभोड़ डाला। ताश के बहाने छीन झपट। पचीसी की कोड़ियाँ छीनी जा रही हैं! घर के बड़े बूढ़े डाँट रहे हैं। हमारे पैदा होने पर थूक रहे हैं, मगर चिकने घड़े खि-खि हँसे जा रहे हैं!

मगर शब्बीर मामूं तो पास लग के भी न बैठे कभी छोटी उँगली भी न छुआई। वह 'शज्रे ममनूआ' (निषिद्ध पेड़) जो थीं। किसी और की अमानत जो उन्हें रखकर भूल चुका था। पचीसवां ख़त्म होकर छब्बीसवां लगा था कि माँग में पक्के बाल। सब ही चाहते थे कि वह जल्दी से बूढ़ी हो जायें कि क़िस्सा ख़त्म हो!

"ना भाई हम ऊ पगलिया को न बुलावे जावेंगे..." दाना दलने वाली शरान्दी पठानी बुआ से क़ुदसिया ख़ाला ने खुशामद की तो टका सा जवाब दिया, "...खसम खानी ढेला मारत है।"

"भई कमाल है उसे मर्दुवे छेड़ते नहीं कोई और होती तो तुक्का बोटी हो जाती। नामुराद बनी-ठनी सोलह सिंगार किये रात-बिरात जंगलों में घूमती है। डर नहीं लगता," चची बी ने पूछा।

"अरे ओका काहे का डर है, मजाल है कोई ओकी तरफ़ टेढ़ी आँख उठाकर देखे," पठानी बोलीं।

"क्यों क्या शेरनी है फाड़ खायेगी?"

"अकेली दुकेली घूमती है,"

"अकेली नाहीं घूमत है, ऊके मियां जो संग होत है"

"मियां कौन—?"

"बाले मियां—"

"लो और सुनो चल हट दिवानी"

"चल हट का? कसम से मियां की प्यारी है, अपने गाजी मियां की बन्दिनी है" पठानी बुआ ने तफसील से बताया कि वह ग़ाज़ी मियां की महबूबा है। हालांकि ग़ाज़ी मियां को शहादत का जाम पिये चार सौ साल ऊपर हो चुके हैं। इश्क़ सदियों के हेर-फेर का क़ायल नहीं।

ग़ाज़ी मियां के मज़ार पर हर साल उर्स होता, दूर-दूर से क़व्वाल और गवैय्ये आते। हर सम्प्रदाय और मज़हब के लोग, बूढ़े, जवान, बच्चे, औरत, मर्द ज़ियारत (दर्शन) के लिए हाज़िर होते। मिन्नतें मानी जातीं। मुरादें पूरी होतीं। हर जुमेरात (बृहस्पतिवार) को शहर की और आस-पास के कस्बों की तवायफ़ें नज़राना लेकर आतीं! मियां की शान में ग़ज़लें, ठुमरियाँ, दादरे गातीं जब किसी नौची की नथनी उतारी जाती तो पहले वह मियां की मज़ार पर हाज़िर होकर मुजरा गुजारती। मई जून की आग उगलने वाली गर्मियों में मेला लगता। अक़ीदत मंद महीनों पहले से आकर डेरा डाल देते। ऐन मेले के दिनों में इतनी भीड़ जमा हो जाती कि आस-पास मीलों पैर रखने की जगह नहीं होती। दरगाह के बुलन्द दरवाज़े के आगे शामियाना ताना जाता ज़ायरीन (दर्शनार्थी) आते फूलों का दोना मिठाई और पैसे शामियाने पर उछाल देते!

गाँवों व क़स्बों से झण्डे आते साठ-साठ फिट के बाँसों के सिरे स्याह या सफ़ेद बालों का गुच्छा लटकता होता। उसके नीचे पचास के फरेरा (झण्डा) लहराता होता। जिसकी मन्नत पूरी होती वह मज़ार पर झण्डा चढ़ाता। झण्डे के साथ ढेरों लोग होते जो ढोल-ताशे बजाते, कूदते-उछलते दरगाह के सामने पहुँच कर एक घेरा बना लेते बीच में एक मज़बूत सा आदमी झण्डा लिये होता!

सहारे के लिए उसके सिरे पर रस्सियाँ बाँधकर चार आदमी ताने रहते कि झण्डा झुकने न पाये फिर वह पहलवान सा आदमी झण्डा उठाकर नाचता, अजीब-अजीब करतब दिखाता कभी झण्डा माथे पर साध कर थिरकता। कभी दाँतों पर रखकर झूमता। जब सब पसीना-पसीना हो जाते या शायद वक़्त ख़त्म हो जाता तो दूसरे झण्डों के जुलूस इन्तिज़ार कर रहे होते कि अगले झण्डे का नाच ख़त्म हो तो दूसरे को मौक़ा मिले। फिर थके हारे झण्डे को जहाज़ के लंगर की तरह फरेरे में लपेट कर कन्धों पर रखकर बुलन्द दरवाज़े से अन्दर ले जाया जाता। तब दूसरे झण्डे का नाच शुरू हो जाता। मेले में ख़ात्मा पर झण्डे नीलाम कर दिये जाते।

हमारी अम्मां हर साल ये झण्डे ख़रीद कर उन्हें चौकियों पर जाज़िमों की तरह इस्तेमाल किया करतीं थीं! यह जाज़िमें कशीदाकारी का लाजवाब

नमूना होती थीं! खद्दर पर मुख़्तलिफ़ रंगों के कपड़ों की कतरनों से हाथी घोड़े बने होते थे। कहीं फ़ौजें नैज़े उठाये जा रही हैं कहीं ऊँट सवारों की क़तारें, कहीं भेड़ बकरियों गायों के रेवड़, कहीं राज़ों नियाज़ में मसरूफ़ औरत-मर्द। हम घण्टों चौकियों पर लोट-लोट कर नज़ारे करते! मगर जी न भरता। झण्डों के इलावा जिस किसी की मन्नत पूरी हो जाती वह खुशनसीब सोने चाँदी के पुतले-मेज़ कुर्सी गराहरियाँ और बर्तन वायदे के मुताबिक़ चढ़ाता। फिर ग़ाज़ी मियां की शादी की रस्में शुरू हो जातीं। बुलन्द दरवाज़ें पर नौबत रखी जाती। बड़ी ही उकता देने वाली ताल में सुबह तड़के से बजना शुरू हो जाती और रात गये तक बजा करती गिरोह के गिरोह आकर नौबत बजाने वालों को घेर लेते! फिर दो चार मनचले कानों पर हाथ रखकर बिरहा गाने लगते। एक गिरोह थक जाता तो दूसरा उसकी जगह ले लेता। जिन औरतों पर भूत-प्रेत सवार होता मियां की चौखट पर वे इन्हें उतरवाने जातीं। बाल खोलकर सर धुनती। जब मन्तर पढ़ने वाले धूनी देते तो चीख़ें मारकर बेहोश हो जातीं फिर होश में आकर झूमने लगतीं। ज़बरदस्त क़िस्म का भूत होता तो कई-कई दिन बीत जाते डटा रहता। लाल हरे डण्डों से भूत की ख़बर ली जाती। तब बड़ी मुश्किल से जान छोड़ता फिर सेहत पाने वाली दरगाह पर चढ़ावा चढ़ाती और ख़ुशी-ख़ुशी रुख़्सत हो जाती। पाँच तारीख़ को पंखा उठता फिर सात को सन्दल और नौ को मेंहदी। इसी शब को ग़ाज़ी मियां का कुर्ता जिस पर क़ुर्आन की आयतें लिखी थीं, ज़ियारत के लिए खोला जाता अवाम टूट पड़ते, ग्यारह तारीख़ को बारात चढ़ती!

राधाबाई उर्फ़ ज़हरा बीबी रुदौली की बाल विधवा मियां को दिल दे बैठी। ग़ाज़ी मियां ने उसके ख़्वाब में आये और उसे स्वीकार कर लिया। वह मज़ार पर धूनी रमा कर बैठ गई। रोज़ अपने आँसुओं से मज़ार को स्नान कराती और बालों से फ़र्श झाड़ती। उसका बाप तेली था वह उसे ज़बरदस्ती घसीट लाया मगर राधा अपनी ज़िद पर अड़ गई। राधा नाम की सभी लड़कियाँ बड़ी ज़िद्दी होती हैं। खुले आम अपने इश्क़ का इज़्हार करती हैं। सारी ज़िल्लतें और बदनामियाँ हँसकर झेलती हैं। तन-मन-धन की बाज़ी लगा देती हैं और पांसा उनके हक़ ही में पड़ता है। विरोधी हवाएँ

उनके गहरे प्रेम के आगे सर झुका देती हैं। फिर लोग उनके इस जज़्बे की पूजा करते हैं, उनकी शान में गीत गाते हैं और उन्हें देवी का स्थान बख़्शते हैं!

ग़ाज़ी मियां की राधा को भी अंगारों पर चलना पड़ा, काँटों में घिसटना पड़ा। उसकी माँ ने उसे चार चोट की मार दी। बाप ने भीगी रस्सी से उसकी खाल उधेड़ दी और भैंस के खूंटे से बाँध दिया और सारे गाँव ने उसके मुँह पर थूका! आधी रात को जब भूखी प्यासी राधा ज़ख़्मों से चूर गोबर में लथ-पत पड़ी दम तोड़ रही थी तो ग़ाज़ी मियां ने अपने आँसुओं से उसके ज़ख़्म धोये और उसे अपनी पवित्र छाती से लगा लिया और अपने ख़ूने जिगर में शहादत की उँगली डूबोकर उसकी माँग भर दी।

जब मतवाली मीरा ने अपने गिरधर गोपाल से प्यार किया तो दुनिया ने उसकी ज़िन्दगी में नाग छोड़ दिये और पीने को ज़हर का प्याला दिया। फिर...कृष्ण मुरारी की बाँसुरी जाग उठी और—नाग फूलों की माला बन गया—ज़हर का प्याला अमृत से छलक पड़ा!

सुबह सवेरे रुदौली वालों की आँख खुली तो मन्दिरों में घण्टे बज रहे थे और मस्जिद के बुर्ज से अज़ान गूँज रही थी राधा चन्दन में बसी शाही जोड़ा पहने फूलों की सेज पर चिरनिद्रा में लीन थी। जिस्म पर खरोंच का एक निशान भी न था। कुन्दन की तरह शरीर जगमगा रहा था, माँग में सिन्दूर मुस्कुरा रहा था!

रुदौली वालों की जान निकल गई, पंचायत बैठी और फैसला हुआ कि बेटी पराये घर की हो चुकी है। अब मायके में उसका क्या काम? लिहाज़ा दुल्हन को ससुराल पहुँचा दिया गया।

हिन्दू उसे राधा कहते हैं और मुसलमान ज़हरा बीबी। मज़ार के कदमों में उसकी सादी क़ब्र थी! पायंती जैली का जनादरी पेड़ हुआ करता था! जिसकी खाल जलाने से चन्दन की गन्ध आती थी। हर साल रुदौली वाले ग़ाज़ी मियां की बारात लेकर आते हैं। सरेशाम से ही बच्चो को सुला दिया जाता था कि रात को तीन बजे बारात पहुँचे तो जगा दिया जाये। ज्यों ही जानी पहचानी शहनाइयों की आवाज़ सुनाई देती सबको जगा दिया जाता। मुँह पर जल्दी-जल्दी पानी के छपके मार के सोई-सोई आँखों से

बारात देखने कोठे पर चढ़ जाते। कितने साल हो गये मगर आँखों में अभी तक वह बारात सजी हुई है। आगे-आगे सफ़ेद घोड़ा, सोने-चाँदी के आभूषणों से सजा हुआ, फूलों से ढका हुआ; सेहरे की लड़ियाँ घोड़े के टापों को चूमतीं!

"वह देखो वह बाले मियां," हमें सचमुच वह घोड़े पर बैठे नज़र आने लगते। उसके पीछे सुर्ख़ रेशम के पर्दे पड़ी पालकी, जिसके बीच में कुरान पाक रखा होता और एक शमा रौशन रहती, "दुल्हन-दुल्हन" हम चमत्कृत हो जाते! शमा की थरथराती हुई लौ सुर्ख शबनमी पर्दों के पीछे से बिल्कुल शरमाई-लजाई दुल्हन की तरह लगती। दुल्हन के बाद बराती हाथों में रुपहली सुनहरी मोतियों की झालरें लगी छोटी-छोटी छतरियाँ जिनपर सलमा सितारे का काम क्या होता था, फिरकियों की तरह घुमाते, झूमते, नाचते जौक़दर जाक़ उमड़े चले आते—आँखें फूल कर लाल हो जातीं। कई-कई दिन तक पुतलियों में छतरियाँ नाचती रहतीं!

**कभी** कोई बहुत खूबसूरत चीज़ देखो तो जी भर आता है! क़ुदसिया ख़ाला का जी तो हरदम भरा ही रहता था। बस छलकने के लिए बहाने की ज़रूरत होती। खिड़की की चौखट पर सर रखे वह लम्बे-लम्बे आँसू बहाये जाती। बारात को देखकर उनका कलेजा कटने लगता था। सब ही उदास हो जाते थे; यह बारात थी या जनाज़ा। एक नन्हीं सी कमज़ोर लड़की पर ज़िन्दगी के दरवाज़े बन्द हो जाते हैं! वह अपने ख़्वाबों की दुनिया बनाकर एक छोटी-सी झिर्री खोलना चाहती। मगर नासमझ इंसान इजाज़त नहीं देते, क्योंकि वह उनके विश्वास की मुख़ालिफ़ सिम्त में जाना चाहती है! रख़ने (बाधा) डालना चाहती है।

मगर शब्बीर मामूं न तो कन्हैया जी थे न ग़ाज़ी मियां, वह तो निहायत अधूरे और खोखले इंसान थे। वह क़ुदसिया ख़ाला की ज़िन्दगी में फुंकारते नागों को अपनी बाँसुरी से फूलों की माला नहीं बना सकते न उनकी रूह पर लिथड़े हुए गोबर को अपने यक़ीन के बलबूते पर चन्दन बना सकते थे। उनकी दौलत तो दो लरज़ते हुए हाथ थे, जिनसे वह

मचलती हुई आरज़ुओं का गला घोंटना खूब जानते थे और क़ुदसिया ख़ाला छब्बीस बरस की उम्र में भूली हुई बात बनी सिसक रही थीं, उनमें इतनी हिम्मत भी तो न थी कि बुआ की तरह पागल हो जातीं, उनसे भी लोग डरने लगते, उनके ग़ाज़ी मियां पर तो सब तरस खाते थे और मज़ाक़ उड़ाते थे! बहुत से मुर्दे ज़िन्दा लोगों से ज़्यादा जी दार होते हैं!

बुआ क़ुदसिया ख़ाला से कुछ ही बड़ी होंगी। औरत के दिल में कमसिनी में ही हज़ारों ख़ौफ़ भर दिये जाते हैं! जवानी को वह एक कच्ची ठलिया समझने लगती है! जिसे क़दम क़दम पर कनकरों से वास्ता पड़ता है। बुआ की दीवानगी ने दिल से और बहुत सी आशंकाओं के साथ इज़्ज़त ओ आबरू लुटने का ख़ौफ़ भी खुर्द-बुर्द कर दिया था। कच्ची ठलिया के बजाये वो ठोस गोला लुढ़काती थीं। अँधेरे-उजाले जहाँ जी चाहता मर्दानावार चली जाती थीं। कुछ ऐसे चमत्कार हुए कि सब पर उनकी दहशत तारी हो गई। एक दफ़ा किसी बदमाश ने उन्हें अकेला पाकर दबोचना चाहा, ग़ाज़ी मियां ने उसे इस ज़ोर का लप्पड़ रसीद किया कि उसका थोबड़ा वहीं का वहीं टेढ़ा हो गया! एक और कम नसीब उलझा था, सुनते हैं जिस हाथ से उसने उनकी कलाई पकड़ी थी वह सड़ गल कर गिर गया!

चचा मियां तो ऐसी बातों पर यक़ीन नहीं करते थे, कहा करते थे दरगाह में हर साल हज़ारों कोढ़ी अच्छे हो जाने की आस लगाकर आते हैं! हाथ पैर सड़ गल कर गिर जाना चमत्कार नहीं बीमारी है और शराबी के लकवा मार जाना भी ऐसी कोई बात नहीं। मगर हमें तो बुआ पर शक करते डर लगता था कि कहीं थोबड़ा वहीं का वहीं टेढ़ा हो गया तो क्या कर लेंगे, बड़ी जिन्नाती तबीयत पायी थी। पर जब से मालूम हुआ था कि ज़रा सी पागल हैं, भुतनी-वुतनी नहीं तो हमें उनसे डर भी नहीं लगता था।

एक दिन बरगद के पेड़ के नीचे खड़ी स्लीपर उतारकर मिट्टी झाड़ रही थीं। हमने क़ुदसिया ख़ाला का पैगाम उन्हें पहुँचा दिया! "न आयेंगे," बड़ी रुखाई से बोली "जब हमरा जी करिये आये जावेंगे" इतना कहकर पुलिया से होकर जो पगडण्डी जाती थी, उसपर हो लीं।

फिर खुदा-खुदा करके एक दिन उनका जी करा और वह खट से आ गईं। निहायत बे तकल्लुफ़ी से बग़ैर किसी से बोले चाले पानी पीने की मशकों के पास गईं एक कटोरा पानी पिया थोड़ा-सा आँचल में बंधी बेले की कलियों पर छिड़का! फिर आँचल सर पर धर लिया और बिल्कुल बाहर वालों की तरह कमर पर हाथ रखकर मुस्कुराने लगीं। अम्मां हमेशा से कहती थीं कि शरीफ़ ज़ादियाँ कूल्हे पर हाथ रख कर नहीं खड़ी होतीं, ऐसे बाहर वालियाँ खड़ी होती हैं। एक ऐसी भी उम्र आती है जब हाथ वबाले जान होते हैं और समझ में नहीं आता कि इन्हें कहाँ रखें तो इस डर से कि कहीं बाहर वाली न समझ ली जायें सर पर हाथों की पालथी मारकर रख लेते!

"ऐहे निगोड़ी सर क्यों पीट रही है" तब अम्मां नाराज़ होतीं!

"फिर कहाँ रखें?" हम आजिज़ आ जाते!

"चूल्हे में," वह और जल जातीं "ग़ारत हो यहाँ से" और हम वहाँ से ग़ारत हो जाते।

बुआ एकदम आप ही आप हँसी फिर चौकी पर बैठकर तंग पायजामे की चूड़ियाँ संवारने लगीं। उनके कपड़े बहुत उजले लग रहे थे। गुलाबी दुपट्टा कलफ़ देकर मरोड़ा हुआ कन्धों पर पड़ा हुआ था! बेले की कलियों का गुच्छा आँचल में बँधा कनपटी पर झूल रहा था! उन्हें घूरते देख क़ुदसिया ख़ाला ने झट आँखें झुका लीं और बेकार ही तन ढकने लगीं!

"धन्ना। रोये-रोये अँखिया लाला गाल"

वह क़ुदसिया ख़ाला को जैसे चिढ़ा कर गा रही थीं

"पान पचासी के बीड़ा लगाये

"हमरे निष्ठुर मिया अजहु न आये

धन्ना रोये-रोये—अँखियाँ—"

क़ुदसिया ख़ाला तो चुल्लू में आँसू लिये बैठी रहती थीं, बस छिड़कने लगीं। मगर इससे पहले कि वह दौरा डाल पातीं, बुआ तड़ककर बाग वाले दरवाज़े से ग़ायब।

"चुन चुन कलियाँ सजन बिछायें"

दूर उनकी आवाज़ लहराई

“धन्ना रोये-रोये अँखियाँ—लाल गाल”

सब पर रौब तारी हो गया। बुआ गैब दान हैं, क़ुदसिया ख़ाला को चट पकड़ लिया!

“कहीं सुन चुकी होगी,” चचा बोले! नास्तिक थे न मगर उनकी बात का किसी ने यक़ीन नहीं किया। इसके बाद वह आने जाने लगीं। आती, बैठतीं, जी घबड़ाता उठकर चल देतीं।

“ऐ बैठो न बुआ—”

क़ुदसिया ख़ाला ख़ुशामद करतीं

“नाहीं भाई हमका जाये का पड़ी, हमरी बाट जोअत होइए” हम समझे सचमुच ग़ाज़ी मियाँ कदम की छय्याँ तले खड़े उनकी राह देख रहे होंगे!

“अच्छी भली शरीफ़ घराने की है, निगोड़ी की मत मारी गई”

“नहीं बी मुझे पागल तो नहीं लगे हैं”

“उई—तो क्या ढेले मारे तभी समझोगी कि पागल है! घर में चमरिया को घुसा रखा है। मुई कौड़ी की देवाल नहीं। जिसका जी चाहे दुखिया को लूट ले, ख़बर भी न होगी।”

“ऐ बी उसका ज़िक्र न करो, हमारे जी में वहम आता है” नानी अम्मां बोलीं!

“तो क्या मैं उसके बुरे को कहती हूँ”

“उसके अच्छे-बुरे का क्या ठीक,” मोलवी साहेब ने भी उसके भले ही को कहा था कि ‘शरअ कर लो यूँ मारी-मारी फिरतो हो।’

“यह उनकी जान को आ गईं कि अपनी अम्मां का निकाह पढ़ा दो किसी राह चलते से”

“बग़ैर मर्द के औरत की ज़िन्दगी महफ़ूज़ नहीं होती” मौलवी साहिब ने समझाया!

“हमरा मरद मौजूद है, तुमरे बाप का बाप, सुन पये तो तुम्हारी दाढ़ी में आग ही लगाये देते”

ग़ाज़ी मियां की प्यारी को कोई कुछ कहे और वह चुप-चाप सुन लें।

मुल्ला जी का जवान बेटा बावली से ढोल भर के मुड़ रहा था कि साँप ने डस लिया! मुल्लानी ने बुआ तलुवे चाटे, जूती पर नाक रगड़ी तो लड़के की जान बची!

"पानी का साँप होगा, ज़हरीला नहीं होता," चचा मियां ने जुमला कसा! मगर कौन सुनता है, अपने ईमान के आगे? लोग बुआ से और भी डरने लगे। ऐसी-वैसी न थीं। मियां की चहीती महबूबा थीं। ग़ाज़ी मियां जो बाँझ की गोद में फूल खिलाते, कोढ़ी का कोढ़ मिटाते। एक पल में फ़क़ीरों को शाह और शाहों को कंगाल बना देते, क्या अपनी लाडली का इतना मान नहीं करते होंगे!

क़ुदसिया ख़ाला को अब भी उम्मीद थी कि शायद मेम बाँझ है क्योंकि अभी तक चूहे का बच्चा भी नहीं जन पाई थी!

नानी बीवी के चिल्लों और वज़ीफ़ों ने उसकी कोख पर ताला डाल रखा है। मौला को दिन फेरते देर नहीं लगती! मियां की मज़ार पर मन्नत भी मान रखी थी कि खैर से क़ुदसिया के दिन फिर गये और गोद भरी तो चाँदी का पुतला चढ़ायेंगी!

तीन साल से नानी बीवी मियां की मज़ार पर चाँदी का झूला चढ़ा रही थीं कि "या ग़ाज़ी मियां यह पालना भर दो इधर कवी कादिर से सिफारिश की जा रही थीं कि क़ुदसिया के दूल्हा हो हाज़िर करें। मगर चिल्ले वज़ीफ़े और दुआएँ कुछ ख़लत मलत हो गईं। पालना भरा मगर मेम के वसीले से। जिस दिन सौतन के यहाँ बच्ची पैदा होने की ख़बर मिली, क़ुदसिया ख़ाला और भी ज़मीन के अन्दर हो गईं! जैसे उनकी कच्ची क़ब्र पर संगमरमर का मज़ार खड़ा कर दिया गया। अब तो क़यामत के दिन हिसाब-किताब रखने वाले फरिश्तों को उनमें जान डालते हुए मुश्किल आयेगी!"

बुआ कई दिन से जाने कहाँ ग़ायब थीं! एक दिन अचानक आन धमकीं। नानी बीबी उस नाइन की ख़बर ले रही थीं जो लड्डू देने आई थी। नानी ने लड्डू मोरी में लुढ़का दिये और नाईन का चोंडा मूँडने की धमकी देने लगीं! वह निगोड़ी भागी अपना लहँगा सम्भालती!

बुआ ने जो बच्ची होने की ख़बर सुनी तो बाउलों की तरह चहकने लगीं।

"ऐ बड़ी बिटिया, सौतिया की गोद हरी हुई होगी! सटूरा अछवानी न बाँटियो?" फिर खूंटी से ढोलक उतारकर औंधी-सीधी जच्चा गीरियाँ अलापने लगीं!

"पैर में बैंजनिया लाला छम-छम खेलेगा"

लाला तो पैदा भी नहीं हुआ था। छम-छम खाक खेलेगा। नानी बीवी को यह बे वक़्त की रागिनी खल गई, वह टाँग ली कि बुआ ने ढोल एक तरफ़ लुढ़काया और लम्बे-लम्बे डग भरती मस्जिद के पिछवाड़े जा बैठीं! बुआ कई दिन के लिए उड़न छू हो गईं, उनका यही दस्तूर था! दिन हो कि रात जब वहशत बढ़ती, पैदल, निकल खड़ी होतीं। एक गाँव से दूसरे गाँव निकल जातीं। कुएँ की मुंडेर पर दम भर को दम लेतीं। कोई नया गीत सुनाई पड़ जाता तो उसे समेट कर अपने गीतों के ख़ज़ाने में जमा कर लेती! फिर आगे बढ़ जातीं। कई-कई दिन बिना खाये चलती जातीं। पागलों में बड़ा दम होता है। सोते हुए हमने कभी उन्हें नहीं देखा। न उन्हें साँप बिच्छू छेंड़ते न जंगली जानवर तराई के इधर गांव में शेर लगता था, मगर उन्हें देखकर रास्ता छोड़ देता। कुछ लोग तो कहते थे कि वह उन्हें माथा टेककर सलामी देता था।

ऐसे यक़ीन से बुआ ग़ाज़ी मियां की शरारतों के क़िस्से सुनातीं कि शक करने की गुंजाइश न रह जाती।

दरगाह के पास रहकर हर बात पर यक़ीन आने लगा है! मियां बड़े ज़िद्दी और हठीले थे। हर वक़्त छेड़ख़ानियाँ किया करते, कभी आँचल पकड़कर खींच रहे हैं, कभी चूड़ियाँ मरकाये देते हैं!

"ऐ बी मियां तुम पर आशिक़ कैसे हो गये?" क़ुदसिया ख़ाला पूछतीं!

"दिल आ गवा रहा," बुआ नख़रे से मुस्कुरातीं!

"यही तो पूछती हूँ कि दिल कैसे आया?" क़ुदसिया ख़ाला को दिल आने के गुर मालूम करने की बड़ी फ़िक्र रहा करती थी। तन-मन-धन न्यौछावर करने के बाद भी तो उन्हें किसी का दिल न मिला।

"अब ई हम का बतावें, उन ही से पूछ लो, ई का सामने खड़े मुस्कुरावत हैं।"

वह सपाट दीवार की तरफ़ ठेंगे से इशारा करतीं और सब डरकर इधर-उधर देखने लगते। हमरी मादी आँखों को कुछ दिखाई नहीं देता था, उनके लिए तो जैसे सातों लोक रौशन थे।

"मुलाक़ात कैसे हुई?"

"पनिया भरत जात रहीं, बाट रोक के खड़े हो गये"

"फिर—" हम उनके पारा खिराक कर पूछते!

"हम उठ के भागीं, बस हमरी कलाई पकड़ लिहिन"

"फिर" हम और खिसकते

"हमरे बापू गुस्साए गये" वह कहीं दूर ख़्वाबों की दुनिया में पहुँच जातीं।

"कहिन माँझी का पूत, हम आपन बेटी नाहीं देबे!"

"माँझी का पूत—?"

फिर बुआ बतातीं मारी आँखों के लिए मियां माँझी के बेटे का रूप धार के उनके बापू से पैर पकड़ के उन्हें माँगने आये थे, बापू गुस्साये गये और उन्हें धुतकार दिहिन फिर उनकी शादी किसी दूसरी जगह कर दी। जब बारात घाघरा नदी पार कर रही थी, जबरदस्त तूफ़ान आया। मियां जो माझी बने ओही नौका की पतवार सँभाले थे, खुदै तूफ़ान लाये थे, उन्होंने सबको छोड़कर उन्हें बचाने की कोशिश की मगर बरातियों ने गड़बड़ शुरू कर दी—गुस्साये के बाले मियां ने नौका उलटकर सबको डुबो दिया और बुआ तीन दिन तक पानी पर दुल्हन बनी फूलों की सेज पर तैरती रहीं।

"फिर?" हम खिसककर बिल्कुल उनकी गोद में घुस जाते!

"फिर तुमरा खोपरा" वह उक्ताकर हमें दूर धकेल देतीं और खोई-खोई आँखें लिए कब्रिस्तान में लहरिये गाती सर खोले घूमतीं!

बुआ कुँवारी थीं। किसी मिट्टी के पुतले ने उन्हें हाथ नहीं लगाया था। बारात के डूबने के बाद वह किसी तरह किनारे लग गईं, कई दिनों तक जंगलों में फिरती रहीं, जब उनके मां-बाप को उनका पता चला तो दौड़े आये। मगर तब तक बुआ अपने ख्वाबों की दुनिया में पहुँच चुकी थीं। उन्होंने सुहाग की चूड़ियाँ ठण्डी करने से मना कर दिया। वह सुहागिन थीं और बाले मियां उनके दुल्हा थे! बाले मियां से उलझने की किसी में

हिम्मत नहीं थी!

"ऊ हमका बुलावत हैं?" उनका जब जी चाहता निकल खड़ी होतीं और जंगलों में इश्क़िया लोकगीत गाती फिरतीं! उनकी मरज़ी को बाले मियां की मरज़ी और ख़ुदा का हुक्म समझकर किसी ने चूं न की। फिर आहिस्ता-आहिस्ता उनके बारे में चमत्कारी क़िस्से मशहूर होने लगे तो और लोगों की उनसे कन्नी दबाने लगी। वह पूजी जाने लगीं। लोग मियां से सिफ़ारिश कराने के लिए उनकी सेवा करते। जिधर निकल जातीं आँखें बिछाते। उनका काम करना अपनी खुशनसीबी समझते जिसकी मुराद पूरी होती वह ग़ाज़ी मियां की मज़ार पर चढ़ावा चढ़ाने के साथ उनके लिए भी गुलाबी दुपट्टा और तेल इत्र चूड़ियाँ और फूल नज़्र करता। खाना वह खाती ही कितना थीं। कई-कई दिन तक भूखी रह लेती थीं। लोग थाल सजाकर उनके घर दे जाते। वह उठाकर फ़क़ीरों को खिला देतीं! मां-बाप के मरने के बाद वह इसी तरह अकेली रहती थीं। एक चमारन घर की देखभाल करती थी। दुनिया भर के कपड़े फाड़ने और धोने वाली धोबन उनके कपड़े सबसे ज़्यादा उजले धोती थी। थोड़ी बहुत ज़मीन भी थी लेकिन उन्होंने वसूली कभी ज़रूरी नहीं समझी शायद यही वजह है कि लोग उन्हें ग़ाज़ी मियां की प्यारी मानने लगे थे, वह उन्हें भी प्यारी थीं। उन्हें किसी से डरने की ज़रूरत नहीं थी, उनपर जान न्यौछावर करने वाले बहुत थे! इसलिए वह एक कमज़ोर हुए भी अपाहिज व मजबूर नहीं थी! मर्दों के तमाम अधिकार उन्हें हासिल थे। रात-बिरात जहाँ चाहतीं ऊँची आवाज़ से एलाने इश्क़ कर देतीं? ऊँची आवाज़ से अलापतीं, आवाजें कसतीं। धड़ से गाली बक देतीं! मर्दों के साथ बैठकर कव्वाली सुनतीं और छनाछन रुपये फेंकती! ग़ाज़ी मियां के सलाना मेले के जमाने में लाखों भक्तों के साथ हज़ारों लुच्चे बदमाश भी आ निकलते। आये दिन अग़ुवा और आबरू लुटने की घटनाएँ सुनने में आतीं। बेगमें बन्द शिक्रम में चपरासियों के पहरे में निकलते ख़तरा महसूस करतीं और वह मजे से भीड़ को चीरती गुलाबी आँचल लहराती फिरतीं।

"ऐहे बुआ ज़माना बड़ा खराब है, मेले में मत जाओ" अम्मां उन्हें टोकतीं, "अकेले घूमती हो डर नहीं लगता"

"कौन कहत है कि हम अकेले घूमत हैं? अरे हम अकेले नाहीं

घूमित, हमरे साथ ऊ जो रहत हैं...”

यानी उनके वह “...मजाल है जो कोई हमसे बोले।”

सब ला जवाब हो जाते, कौन उल्टी सीधी बात कहके आफ़त मोल ले, कौन जाने कोई चमत्कार हो जाये तो?

“साली लफ़ंगी है?” शुरू-शुरू में चचा मियां उनसे चिढ़ते थे “पागल-वागल कुछ नहीं सबको उल्लू बनाती है”

उसी रात चचा मियां के गुर्दे में ऐसा दर्द उठा कि चें बोल गये लाख बेचारे ने बहस की कि गुर्दे में दर्द का उनको पुराना मर्ज़ है मगर कौन सुनता है।

अम्मां ने बुआ को खूब परचाया, उनसे दबी ज़बान से कहा कि मियां से सिफ़ारिश कर दें, बेचारे जाहिल हैं।

दर्द कम तो होना ही था मगर अम्मां ने उसे बुआ की सिफ़ारिश का असर ही समझा और चचा मियां को अल्टीमेटम दे दिया कि अब अगर उन्होंने ऐसी वैसी बात की तो अपना सर पीट लेंगी! उनका क्या बगोड़े नाथे, जोरू न जाता अल्लाह मियां से नाता। वह तो ख़ैर बच्चों वाली हैं। वह किसी से बैर नहीं पाल सकतीं। अब्बा को तो उन्होंने पहले ही क़सम दिला दी थी कि अगर बुआ की शान में एक लफ़्ज़ भी बुरा कहें मेरा मरा मुँह देखें!

अब्बा कहते थे यह पीरी मुरीदी ग़ैर इस्लामी है। मगर अम्मां को ज्ञान से ज़्यादा अपना सुहाग प्यारा था।

जब बुआ और घुल मिल गईं तो ऐसा लगा कि जैसे अल्लाह मियां से समझौता हो गया। बुआ के नाते ग़ाज़ी मियां भी अपने कुछ लगते हैं। मूड में होतीं बुआ तो कभी रात में भी रह जातीं, हम लोग उनके साथ सोने के लिए लड़ा करते। उन्हें सूंघने में बड़ा मज़ा आता था, भीनी-भीनी ताज़ी मिट्टी की सी महक आती थी! कई दिन ग़ायब रहने के बाद दूर से जब उनके गाने की आवाज़ सुनाई देती तो हम लोग पागलों की तरह शोर मचाते दौड़ते। च्यूँटियों की तरह लेट जाते और उन्हें घसीट लाते। वह आवाज़ जिसे सुनकर रूह फना हुआ करती थी फिर लहने दाऊदी (एक पैग़म्बर की मधुर आवाज़) का असर करने लगी।

उनके आते ही घर की फ़िज़ा जाग कर खिलखिला उठती, ढोल गमकने लगता!

"हो मोरे राजा दिल्ली से बेद लाना"

"नबज हमरी देखे धीरे-धीरे"

वह नये गीत नयी धुनें सुनातीं

"सावन आ गवो भाई..."

घटाएँ झूमकर आतीं फुहारें पड़तीं। जवान दिलों में उमंगें अंगड़ाइयाँ लेने लगतीं। क़ुदसिया ख़ाला की आँखों में चिंगारियाँ सुलगने लगतीं झूला कौन डालता। क़ुदसिया ख़ाला को तो झूला झूलते देखकर चक्कर और मतली शुरू हो जाती। मगर बुआ किसी के घर से रस्सी उठा लातीं हम रस्सी पर तकिया रख-रखकर झूलते। बुआ लम्बी-लम्बी तानें उठातीं उनके साथ पलंगड़ी पर लेतीं क़ुदसिया ख़ाला भी तान मिलाने लगतीं।

"जिया तरसे बदरवा बरसे

सखिरी दिन कैसे कटेंगे बहार के"

शब्बीर मामू दूर बैठे मुजरिमों की तरह फर्श को घूरते जैसे वही बादल बरसाकर किसी का जी तरसा रहे हैं, और क़ुदसिया ख़ाला की ज़िन्दगी के बहार के दिन जो कठिन गुज़र रहे हैं, उसकी जिम्मेदारी उन्हीं पर आती है क़ुदसिया पराई थीं, वह तो निषिद्ध पेड़ की तरह थीं, चुपके-चुपके मोलवियों से फ़तवे लिये, वकीलों से बातचीत की मगर यह उस वक़्त की बात है जब खुला बिल पास नहीं हुआ था! पहले तो खानदान की नाक कट जाने के डर से किसी ने तलाक़ का ख़्याल भी नहीं किया! फिर जब खानदान के कुछ बाग़ी लोगों ने किसी तरह नानी को राज़ी किया तो क़ुदसिया ख़ाला के दुल्हा को ज़िद सवार हो गई। बुआ ने अपनी एक आज़ाद दुनिया बना ली थी जहाँ वह जमाने को ठोकर मारकर राज करती थी मगर आख़िर को औरत थीं। लाख दर्वाज़े बन्द किये फिर भी कोई झिर्री रह गई। हमें वह वाक़ई अच्छी लगती थीं! उनसे प्यार भरी ज़िदें करते। वह जातीं तो उदास होकर पीछे लग जाते। नाचार लौट आतीं!

"बुआ यह बच्चे तो तुम्हारे पीछे दीवाने हो गये हैं! इन कमबख़्तों को भी अपने संग ले जाओ" और बुआ अपना दौरा मुल्तवी कर देतीं। वह

पागल न होती तो सोने में तौलने के क़ाबिल थीं। काम-काज में भी हाथ बटाने लगी थीं सफाई का उन्हें जुनून था। बच्चों की फौज लेकर जिधर पिल पड़तीं, टोकरों कूड़ा निकाल फेंकती, अब्बा की पेंशन के बाद वतन चली चलें तो क्या कहने।

"क्या इसका इलाज नहीं हो सकता?" अम्मां ने हकीम साहिब क़िब्ला से पूछा जो क़ुदसिया ख़ाला का इलाज किया करते थे और दूसरे तीसरे आते रहते थे।

"हो क्यों नहीं सकता बेगम साहब, दुनिया में कौन सा मर्ज़ है जिसका तिब (यूनानी चिकित्सा) में इलाज नहीं! मुसहल दिये जायें, दिमाग़ इंशा अल्लाह सही हालत में आ जायेगा"

हकीम साहिब क़िब्ला के पास हर मर्ज़ की बस एक ही दवा थी अमलतास की जुलाब, जब क़ुदसिया ख़ाला को बहुत वहशत होती तो यही जुलाब दिये जाते। इन जुलाबों से मर्ज़ के साथ जान से भी हाथ धो बैठने का यक़ीन होने लगता! इसलिए जल्दी से जल्दी ठीक होने के सिवा बेचारी को कोई और चारा नज़र नहीं आता! फिर काफ़ी दिनों तक वह पलक झपकाते भी डरती थीं कि लोग उसे दौरा समझ कर कहीं इलाज पर न तुल जायें। चचा मियां को भी गर्दे के लिए वहीं जुलाब दिये गये! पहली खुराक के बाद ही वह हकीम जी को क़त्ल करने का इरादा करने लगे।

"जिस्म की गर्मी दिमाग़ पर चढ जाती है। पेट की सफ़ाई से तमाम तमाम गन्दी चीज़े खारिज हो जाती हैं।"

वह मुसहल के फायदे बयान करते और हर कोई क़ायल हो जाता लेकिन बुआ सुनी अनसुनी कर देतीं।

"अरे रहे देव ई वैद का बच्चा हमरा का इलाज करिये" उनकी बीमारी पर ज़्यादा बहस नहीं की जा सकती थी। एकदम उक्ता कर भाग खड़ी होतीं!

**बुआ** के इलाज की बात चल ही रही थी कि एक दर्दनाक घटना हो गई,

उनका पागलपन खुल गया! संझली बिचारी ज़रा मसमसी सी थीं। उसकी शादी में मुस्तकिल अड़चनें पड़ा करती थीं। बड़े-जोड़ के बाद सहारनपुर वाली ख़ाला भी एक पैग़ाम (रिश्ता) घेर के लाईं।

दुल्हा की अम्मां बातचीत के सिलसिले में आईं, उनपर रौब डालने के लिए घर को इतना झाड़ा पोंछा गया कि हम खुद अपने घर में मेहमान से लगने लगे। हर तरफ़ ऐसी चीज़ें सजा दी गईं जिनके मैले होने और टूट जाने के डर से हर वक़्त डाँट पड़ती।

बुआ कई दिन से ग़ायब थीं। हम उन्हें तीन चार दिन रो पीटकर नाउम्मीद हो चुके थे। होने वाली समधन के लिए निहायत लम्बा-चौड़ा दस्तरख़्वान चुना जा रहा था, कि अचानक एक दिन बेले की कलियों का गुच्छा आंचल में झुलाती कोई नया गीत मुरमुराती आ गईं तो घर का संवार सिंगार देखकर ठिठकीं। फिर समधन को देखकर एकदम अलफ़ हो गईं, उनके बहुत क़रीब जाके आँखें बिछाईं, भंवें सिकोड़ीं जैसे कोई बहुत नन्हीं सी जूं ढूँढ़ रही हों। हालांकि समधन ख़ासी स्पष्ट थीं। ठिगनी तो ज़रूर थीं मगर क़द की लम्बाई की कमी चौड़ाई में पूरी हो गई थी!

बुआ के रवैये से अम्मां ज़रा घबराईं। उनका ध्यान बटाने के लिए इधर-उधर की फ़िज़ूल बातें करने लगीं। मगर बुआ ने उनका हाथ झटक दिया और समधन से राज़दाराना अंदाज़ में पूछा—

"ए बहनी कौन सी चक्की का पिसा खात हो?"

समधन के चेहरे पर कई रंग फुदकने लगे। स्याह और चिकनी नाक में हीरे की लौंग भड़कने लगी! ऐसा लगा जैसे समधन एक धमाका सी फटने वाली हैं!

"ऐ बुआ ज़रा यह बर्फ़ का पानी मर्दान ख़ाने में ले जाओ" उन्होंने बुआ को घसीट कर समधन की जान बचाई।

"संझली का पैग़ाम आया है, दुल्हा बाहर बैठा है, ज़रा देखकर तो आओ कैसा है?"

अम्मां ने फुसला कर उन्हें बाहर भेज दिया!

"निगोड़ी सिड़िन है" अम्मां ने माफी चाही; मगर समधन का मूड बिगड़ चुका था। बुआ गईं और उल्टे पाँव लौट पड़ीं। बर्फ़ के गिलासों की

कश्ती उन्होंने धम से चौकी पर पटकी और माथा कूटने लगीं!

"ऐ मोरी मइया यह दुल्हा है कि तम्बाकू केर पिण्डा। ऊपर से फिट भर का," उन्होंने दायें हाथ की हथेली पर बायें हाथ की बालिश्त बनाकर खड़ा किया।

"भई ई जोड़ी तनिको ठीक नाहीं, दुल्हा कौनो काम का नहीं है, बिटिया का नसीब फोड़त हो। समधन जी कोई अपनी सकल की परी ढूँढ़ के लाओ पूत के लिए! हमरी बिटिया का बक्सो,"

समधन फटी तो नहीं लेकिन संझली को उन्होंने उसी वक़्त बख़्श दिया। बुआ गुस्से में गलियाती रहीं। अम्मां के क़ाबू में ख़ाक आतीं, खूंटी से ढोल उतार कर कहरंवा ताल उड़ाने लगीं...

"काला बलम हम न लैबे दीदी
जब मोरे पिया सेजों पे अइयें
ऐस मारूं लात उतान गिरे दीदी"
काला बलम...

संझली के नसीब में अड़चनें ही लिखी थीं। सारे घर ने बुआ की टाँग ली। मगर ढोल लुढ़का के वह बड़ बड़ाती चली गई।

"कुँआ मा देवगी का..."

हफ़्तों के लिए ग़ायब हो गईं, ऐसा लगा जैसे अब कभी नहीं आयेंगी!

घर में सूना पड़ गया। क़ुदसिया ख़ाला के दौरे फिर जल्दी-जल्दी वारद होने लगे, मिज़ाज भी बहुत झक्की हो गया!

पहले तो हर बात नानी बीवी की मान लेती थीं

"ऐ बेटी क़ुदसिया ज़रा सा दूध पी लो"

"अच्छा बी अम्मां"

"बेटी अब लेट जाओ, कब से खूंटा सी बैठी हो"

"ऐ हे कब तक पड़ी रहोगी, अब उठ बैठो"

ग़रज़ उठो-बैठो, खाओ-पियो। नानी बीबी की जान को क़ुदसिया ख़ाला रोग की तरह लग गई थी।

हर वक़्त उन्हीं की फ़िक्र, उन्हीं का मातम, हर दम निगाहें उन्हीं पर जमी

रहतीं, इसके सिवा काम ही क्या था उन्हें। क़ुदसिया ख़ाला हर बात अच्छा बी अम्मां कहे जातीं।

एका एकी न जाने क्यों नानी अम्मां को झिड़कने लगीं, दोनों में तू-तू, मैं-मैं होने लगती। कभी क़ुदसिया ख़ाला रोतीं, कभी नानी बीबी, बीच में दादी अम्मां फांद पड़तीं। एक-एक करके सब लपेटे में आ जाते, दो पार्टियाँ बन जातीं। बात कहीं से शुरू होकर कहीं ख़त्म होतीं। ददिहाल और ननिहाल दो कैम्प बन जाते सात पीढ़ी तक हमले होने लगते, फिर मुँह थुथाए सब एक दूसरे पर तने रहते!

सब लड़ाइयाँ क़ुदसिया ख़ाला के मोर्चे से शुरू होतीं, दिन ब दिन उनकी तबीयत में तल्ख़ी बढ़ती जा रही थी। खूब लोगों के दिल दुखते और उन्हें मज़ा आता! शब्बीर मामूं से भी वह खिंची-खिंची रहने लगीं।

"मरी बार क्यों इतनी देर करी" वह क़ुदसिया ख़ाला की दिल पसन्द चीज़ सुनाने लगे तो वह पीठ मोड़कर पड़ गईं, बेचारे मिनमिना कर रह गये।

"जाइये ना, फिर रात हो जायेगी...बरसात का ज़माना है" वह रहम खाकर रुखाई से कहतीं! और वह कुछ एहसान मंद से उठ कर चले जाते, ख़्याल तो हुआ उनका, फिर एक दिन हम ख़ुशी से दीवाने हो गये। वह हमें मिल गईं! बहार का मौसम था। जंगल टेसू के फूल से दहक रहे थे आँखों में लाल-लाल रंग भरा जाता था। वह एक अंगारों से दरख़्त के पास रुक गईं, अपनी स्लीपर में से रेत झाड़ रही थीं! गुलाबी दुपट्टा फूलों के अक्स से आग जैसा हो रहा था! उनकी आँखों में बहारें नाच रही थीं!

जैसे अपने महबूब से मिल कर आईं हों या मिलने जा रही हों। हम लोग उनपर टूट पड़े। मोहब्बत इंसान को कितना बेबस कर देती है। हमारी बेक़रारी पर वह खिल उठीं! गले में मोती बजने लगे!

"अरे भाई चलत हैं, तनिक दम तो लेयो" हम उन्हें घसीटने लगे। एक बार उन्होंने पीछे ठिठक कर देखा और विनती करने जैसे भाव से कहा—

"अब्बे लौट के आवत हैं"

हम बौखलाये, वह किस से अभी लौट कर आने का वायदा कर रही

हैं, वहाँ तो कोई भी नहीं था। "चलीं–" फिर रुक गई फिर बिगड़ कर बोलीं "हमसे नखरे न करो हाँ, हम कहे देत हैं" फिर चलने को मुड़ीं! मगर फिर जैसे कोई नागवार बात सुनी और तेवरी चढ़ाकर ज़ोर से डांट कर बोलीं "अच्छा जाओ न आवेंगे, देखत हैं तुम हमरा का कर लेत हो, हमरा एतबार नाहीं करत हो–हमरी बलाये से"

वह हवा से लड़ रही थीं और अपनी टांगों का यह हाल था कि बही जाती थीं। अगर हम वाक़ई उन्हें इतना न चाहते होते तो कब के भाग खड़े होते।

बुआ के आने से कायं-कायं मच गई। न जाने क्या संयोग था कि जब वह आईं तो फलों या मिठाइयों का कोई पार्सल आ जाता या कोई अच्छी सी खबर आती। उन्हें देखकर सबके दिल चौनचाल हो जाते! लड़ाई हो रही होती तो ख़त्म हो जाती या गुल गपाड़े में लोग भूल जाते कि किस बात पर लड़ रहे थे! क़ुदसिया ख़ाला अपनी नामुरादी झटक कर उठ बैठीं।

बातें करते-करते एक दो त्योरियाँ चढ़ाकर सपाट दीवार को घूरने लगीं "जाओ–न आयेंगे" उन्होंने हवा को डांटा। सब सहम गये!

"क्या हुआ?" अम्मां ने पूछा!

"भाई हमरा मगज खाये गवा, हम पर भरोसा नहीं, कहत है हमरी आसनाई है, हम नैन लड़ावत हैं,"

वह चिल्ला कर बाले मियां की शिकायत करने लगीं,

"अरे हमका समझत का है, हम का पुतरिया है, खानगी (विशिष्ट वेश्या) हैं?"

"ऊई..." अम्मां उदास हो गईं। "...हाय पगली" उन्होंने ठण्डी आह भरी।

"जल के मरण्ड हुआ जात है, कहत हैं हरजाई हन" वह ख़्याली महबूब एकदम चूं-चूं का मुरब्बा था, कुछ जेम्स बाण्ड और कृश्न मुरारी का मिलाजुला रूप समझ लीजिये जेम्स बाण्ड तो हर ज़माने में हीरो रह चुका है, वह चाहे 'दास्ताने अमीर हम्जा' (एक इस्लामी दास्तान) हो, हातिम ताई हो या आल्हा ऊदल–और कृश्न मुरारी की झलक शायद इसलिए थी कि ज़्यादातर लोकगीत उन्हीं की शान में होते हैं। बाले मियां बिल्कुल वहीं

शरारतें करते थे। आंचल पकड़ना कलाई मरोड़ कर चूड़ियाँ मुरका देना और कभी ग़ुस्सा आ जाये तो लप्पड़ मार देना या कश्ती उलट देना!

उनमें वो तमाम खूबियाँ मौजूद थीं जो एक बांके नौजवान में होनी चाहियें। कुछ भी हो बुआ के बाले मियां क़ुदसिया ख़ाला के शब्बीर मामूं से ज़्यादा ज़िन्दा दिल और दिलचस्प थे! हमें बुआ की हर बात सच्ची लगती, उन्हें मियां दिखाई देते थे तो इसमें ताजुब की क्या बात थी! हमें खुद बादलों में हाथी घोड़े और रमीली पुरानी नोनी लगी दावीरों के उखड़े पलस्तर में इन्दर सभा का अखाड़ा जमा नज़र आता था, हमें तो वह पागल भी नहीं लगतीं थीं। अगर ऐसे पागल हर घर में दो चार पैदा हो जायें तो ज़िन्दगी कितनी हल्की फुल्की हो जाये!

"ऐ बुआ ज़रा इधर आओ" अम्मां ने मतलब की बात कहने के लिए उन्हें फुसलाया शायद मियां से ख़फ़ा थीं।

इसलिए अम्मां ने जब हकीम जी से इलाज करवाने की बात कही तो वह बिदकी नहीं। ऐसा लगा जैसे ग़ौर से सुन रही हैं।

"अरे अब का इलाज करवायें, ऊ कम्बख़्त हमका रोग ऐसा लगा दिहिस है कि हमका खतम कै दिहिस, बात-बात पर कर-कर करत है। हमरे ऊपर धौंस जमावत है!"

खूंटी पर ढोल उतारकर बड़ी उदासी से देखती रहीं

"ई चुहिया मालजादी को हैजा समेटे, छिनाल, सब काट डारस!"

जब ढोल से नाउम्मीद हो गईं तो वैसे ही बाले मियां से लड़ने लगीं—

"मियां तुमरे नखरे हम न सहेंगे
अरे तुम चढ़ियो घोड़ा हम हाथी चढ़ेंगे
बलमा तोरे नखरे..."

ख़ूब-ख़ूब सय्यां को खुरेदा वह कोठा चढ़े तो यह पहाड़ चढ़ीं। वह इनकी रेस में पहाड़ चढ़े तो यह पाताल चढ़ीं! गरज़ बेचारे की चीं बुलवा दी!

"अरे देखत जाओ, आप ही झक मार के हमरे पैर पकड़िये"

उन्होंने बड़े इत्मीनान और यक़ीन से कहा!

दीवाने भी अपनी दुनिया के शहंशाह होते। सुब्हान अल्लाह क्या गुरूर

था बुआ को अपने ऊपर! शाहों के शाह उनके क़दम लेते थे, उनकी एक मुस्कुराहट पर मिट धरे थे।

ऐसा जबरदस्त चाहने वाला मिल जाये होश व ख़िर्द की दुनिया को क्यों न लात मार दे इंसान?

पिंजरे में बन्द परिन्दे, फ़िज़ा में उड़ने वाली आज़ाद चिड़ियों की उड़ान देखकर तीलियों से सर फोड़ते हैं जब नहीं निकल पाते तो उन्हें फंसाने के लिए शिकारी से साज़-बाज़ करते हैं! परिन्दों को फांसने के लिए पालतू या पर कटे परिन्दे इस्तेमाल किये जाते हैं।

घर की चहार दिवारी में दुनिया और समाज के बन्धनों में जकड़ी हुई भली बीवियों को भी बुआ की यह आज़ादी भारी गुज़रती थी! औरत होकर वह मर्द के हुक़ूक़ दाबे बैठी थीं, जो सबको खलता था। बुआ ने दवा पीने की हामी तो न भरी मगर हाय तौबा भी न मचाई!

अम्मां ने कहा मुई की 'हाँ' और 'न' की भली चलाई उसके फायदे के लिए इलाज हो रहा है!

रात भर बिना क़लई के पतीले में अमलतास की फलियाँ हड़, आंवला और भी इस क़बीले की मकरूह (अप्रिय) दवाएँ औटाई गईं! नानी बीबी ने तहज्जुद की नमाज़ के बाद आँच फिर तेज़ कर दी! बुआ को फुसलाकर रोक लिया गया था!

सुब्ह सवेरे निहार मुँह खुराक पीनी थी। हम लोग भी जाग गये। सारा घर अमलतास की हीक से सड़ रहा था! घुले हुए गोबर के रंग की दवा, बड़ा प्याला भरा देखकर आँखें हलक़ की तरफ़ उछलने लगीं!

बुआ ने बहुत रस्सियाँ तुड़ाईं मगर अम्मां ने अपने जान की क़समें दीं। नानी बीवी ने 'मियां' का वास्ता दिया!

उन्हें पकड़कर मोरी के पास उकड़ूँ बिठाया गया!

"दुपट्टे से नाक पकड़ लो" दादी अम्मां ने राय दी! सारा घर ठठ लगा के जमा हो गया! जैसे मेंढों की लड़ाई हो रही हों। बुआ ने नाक दुपट्टे से दाबी और नानी अम्मां की मदद से प्याला सँभाला!

"न पिलाओ—अम्मां बी—है-है आपा बेगम रहने दो मुई को" एकदम क़ुदसिया ख़ाला सबके हाथ जोड़ने लगीं।

"अच्छी नानी अम्मां—"

वह यह जुलाब झेले हुए थीं।

"ऐ हे लड़की दिमाग़ ख़राब हुआ है तेरा—"

हम सब अपनी नाकें दबाये मोरी के पास उकड़ूँ बैठे ख़ि—ख़ि—कर रहे थे!

"नहीं ताई अम्मां—अच्छी न पिलाओ। मैं पी चुकी हूँ अल्लाह बचाये।"

"पी चुकी हो इसीलिए तो आपे में हो ज़रा! नहीं तो बन्नो अब तक तिनके चुनने लगतीं"

बड़े एहतिमाम से बुआ ने एक घूँट मुँह में लिया और फिर से ताई अम्मां की छाती पर कुल्ली कर दी। प्याला मोरी में पटक कर वह भागीं नल के पास। मार कुल्लियाँ करते करते उल्लू हो गईं!

"मौत लील ले इस हरामी बैद का। हमका अपनी महतारी का कलेजा पिये को दे दिहिस"

वह हर कुल्ली पर हकीम साहब को एक वज़नी सी गाली देतीं। "ऊकी कबर माँ कीड़े पड़ें!"

"ऐ हे, इतनी कीमती दवा मोरी में लुंढ़ा दी। नहीं पीनी थी तो मुँह सी फूटतीं। क़ुदसिया के काम आ जातीं।"

क़ुदसिया ख़ाला लरज़ उठीं।

"अरे हम कहाँ फेंका और हाथ मार देतीं" वह इल्ज़ाम बाले मियां पर थोप कर इलाइची चबाने लगीं!

"उन से तो लड़ाई थी?" ताई अम्मां जल के रह गईं!

"अरे ऊ एक बदमास है, ऊसे कौन लड़ाई करे"

"रात को हमरे पीछे पड़ गवा। हमरे पैर पकड़ के रोवे लगा!"

"माशा अल्लाह" सबके सब कलप के रह गये! बुआ निहायत बे ताल्लुक़ी से उठीं और चल दीं!

"ऐ लो कहाँ चलीं—सुनो—"

"हमका जाये को पड़ी, फिर खपा होये जहिएँ" वह प्यार से उन्हें देखती हुई चल दीं!

"सय्यां तोरी गोदी फल गेंदा बन जाऊँगी" सख़्त मिलाप हो गया। शहर में थियेटर आया हुआ था। सब तड़प रहे थे। वह मज़े से रोज़ बिला टिकट जाती। वहाँ से नये-नये गीत उड़ा लातीं। इश्क़ व मोहब्बत के सुलगते हुए दावे!

क़ुदसिया ख़ाला के अन्दाज़ भी बदले नज़र आ रहे थे! अब वह राशि दुलख़ैरी (स्त्री पीड़ा चित्रित करने वाले उपन्यासकार) की 'सुबहे ग़म' और 'शामे ज़िन्दगी' पढ़कर हिचकी नहीं बाँधने के बजाये मसनवी (प्रबन्ध काव्य) 'ज़हरे इश्क़' छिपाकर पढ़ा करतीं और रातों को घण्टों आँगन में टहला करतीं।

"क़िब्ला वह मुरदार जुलाब हरगिज़ नहीं पियेगी" अम्मां ने क़िब्ला हकीम साहिब से शिकायत की।

"कोई हर्ज नहीं, मेरे पास अल्लाह की मेहरबानी से और दवाएँ हैं। ऐसी कि इसके फरिश्तों को भी पता न चले! ये गोलियाँ पान में या मिठाई में रखकर दे दीजिये। तीन-तीन दिन छोड़कर! ख़ुदा ने चाहा तो ज़रूर फ़ायदा होगा!"

"लो बुआ पान खाओ," उनके आते ही अम्मां पिटारी खिसका कर इसरार करतीं!

"नाहिं भाई, हमार मुँह बकसा जात है" वह साफ़ कतरा जातीं!

मगर बीवियों को सिवाये दूसरों के फटे में टांग अड़ाने और कोई काम ही न हो तो कोई कहाँ तक बच सकता था! शायद बाले मियां से कुछ अन-बन हो गई थी या उनसे खुद ग़फ़लत हो गई, बुआ के हलक़ में पहली खुराक उतार दी गई और लोग असर होने के इन्तिज़ार में बैठ गये। मगर बुआ को कुछ न हुआ। इतना ज़रूर फ़र्क़ पड़ा कि हमने इससे पहले उन्हें सोते नहीं देखा था! वह नीम के नीचे खाट डाले लेटी थीं और सो गईं।

सबको यकीन आ गया कि ज़रूर बाले मियां ने कोई तिकड़म की होगी कि गोली फुस्स हो गई या शायद निहार मुँह नहीं दी गई इसलिए असर नहीं हुआ!

बुआ एकदम हड़बड़ा कर उठीं। उस दिन से पहले उनके चेहरे पर

एक अजीब सा अनजाना ख़ौफ़ कभी न देखा था! वाक़ई वह ग़ैब दां थीं कुछ ग़ुस्सा में उठ कर चली गईं।

"ऐहे ख़ाक डालो मुए इलाज पर कहीं कोई उल्टी सीधी बद्दुआ लग गई तो लेने के देने पड़ जायेंगे! पहुँचे हुए लोगों से उलझना ठीक नहीं"

अम्मां ने फैसला किया।

"हैरत का मकाम है कि कोई टस से मस न हुई।" नानी बीवी ने मान लिया! मगर शाम के हैरत के मक़ाम ढे पड़े। बुआ की चमारन भागी हुई आई कि बुआ को सुबह से दस्त लगे हैं! अब उल्टियाँ भी शुरू हो गई थीं! अम्मां ने बौखला कर क़िब्ला हकीम साहब के पास आदमी दौड़ाया!

"गर्मी निकल रही है" क़िब्बा हकीम साहब ने फ़रमाया और कोई अर्क़ दिया जिससे गर्मी निकलने में ज़रा कमी आई मगर बुख़ार महीनों चढ़ा रहा।

कई दिन अम्मां बुलाती रहीं लेकिन वह नहीं आईं! वह पहले भी कितना खाती थीं, चमारन आकर उनके लिए पतली खिचड़ी या सागूदाना ले जाती!

हफ़्तों बाद आईं तो हमें ऐसा लगा वह हमसे ज़रा दूर हो गई हैं! जैसे हम तो बच्चे ही रह गये और वह सयानी हो गईं। हम उनके गले में झूले तो त्योराकर बैठ गईं।

"ई का मस्करी करत हो"

वह कुछ नाराज़गी में बोलीं गोया इससे पहले हम कभी उनके गले का हार नहीं बने थे! उनके कपड़े भी मैले हुए थे। बाल सूखे और उलझे हुए। पहले ही दुबली पतली थीं, अब इस झटके में और भी गई गुज़री हो गईं! हम लोगों ने उनसे ढोल मढ़वाने की फ़रमाइश की तो टाल गईं!

अम्मां ने उनके आगे मटर की फलियों की सीनी (थाल) सरका दी, बैठी छीलती रहीं।

नानी बीबी और अम्मां में ऊपर ही ऊपर इशारों में बातें हुईं दोनों ने इत्मीनान का इज़्हार किया अगर बाक़ी दो गोलियाँ और पहुँच गईं तो मर्ज़ का नामोनिशान भी न रहेगा।

"कहो बुआ मियां से तो अनबन नहीं" अम्मां ने टटोला!

"कोई हम झगड़ा करित हैं...?" इसका मतलब झगड़ा चल रहा था। "...ऊ अपने को जाने का समझत है, बड़ा आवा लाट साहब करे बच्चा" वह अनमनी सी हो गई। ना चाक़ी ज़रूर हो गई थी,

उनकी चमारन कहीं पास के गाँव में ज़चगी कराने गई हुई थी, वैसे तो रस्सियाँ बटा करती थीं। साईड बिजनेस के तौर पर ज़रूरत मन्दों की हाजत पूरी कर देती! अम्मां ने रोक लिया कि रात यहीं रह जाओ!

अम्मां हलफ़ उठाने को तैयार थीं कि उन्होंने दूसरी खुराक नहीं दी मगर दादी कहे जो रही थीं कि बहू और समधन में मिस्काट हो रही थी, ज़रूर दवा दी गई जो कि तेजाबी बम साबित हुई। पाखाने जा-जा कर बुआ ढेर हो गईं। रात को तो ऐसी ले दे पड़ी कि अब्बा तक बात पहुँच गई! डाक्टर आया, उसने दवा दी मगर वह सुबह तक हलकान होती रहीं।

अब्बा खूब गरजे कि हकीम साहब क़िब्ला की खूब जूते कारी होनी चाहिये। बिल्कुल चौपट हैं। अगर आइन्दा किसी को ऐसी दवा दी तो हथकड़ियाँ डल जायेंगी। दादी अम्मां को कुछ इस भले काम में दिलचस्पी नहीं लेने दी गई थी। नानी बीवी का केस था, वह खुद मोर्चे पर रहना चाहती थीं

"ऐ बीवियों क्या हो रहा है" दादी बहरी भिन्ड थीं। थोड़ी थोड़ी देर बाद यह जुम्ला दोहरा देती थीं!

"कुछ नहीं बहन, होना क्या, तुम्हारा सर"

नानी बीवी वाक्य का पहला टुकड़ा ज़ोर से और आख़िरी निहायत चुपके से अदा करतीं!

"हमें तो कोई कुछ बतावे ही नहीं है" दादी अम्मां बिसूरती दोनों में हमेशा चलती ही रहती थी। समधिनें भी थीं और रिश्ते में नन्द भावजें भी लगती थीं। मगर इस रार-तकरार की असल बुनियाद दोनों के अक़ायद (मज़हबी विश्वास) थे। नानी बीवी पक्की सुन्नत जमाअत और दादी अम्मां शिया। दोनों की छावनियाँ अलग-अलग बराम्दों में थीं। नानी बीवी के बराम्दे में सुबह से अम्मां आकर बैठ जातीं। अम्मां वह धुरी थीं जिनके चारों तरफ़ घर की दुनिया घूमती थीं! ज़ाहिर है उनके बराम्दे को ज़्यादा अहमियत हासिल हो जाती अम्मां दादी अम्मां को सलाम करके इधर ही

आ बैठीं! क़ुदसिया ख़ाला के कमरे का दरवाज़ा उनके बराम्दे में ही था। क़ुदसिया ख़ाला जो खान्दान का निहायत अहम नैतिक मसला थीं। उनके दौरों से खूब चहल-पहल थी फिर शब्बीर मामूं भी इधर ही आके बैठते थे और बच्चे तो वही होंगे जहाँ गुल गपाड़ा हो। दादी अम्मां कलसती थीं ददिहाल के नाते बच्चों को शिया होना चाहिये था, मगर सिक्का नानी का चलता था, वह उठते-बैठते सुन्नत जमात का प्रचार करतीं!

अम्मां की हौसला अफ़ज़ाई हासिल थी। दादी अम्मां का कहना न मानने पर वह मुस्कुरा कर डाँटतीं और हम शेर हो जाते! मगर नानी अम्मां की न सुनो तो हड्डियाँ तोड़ने की धमकियाँ मिलतीं!

दोनों तरफ़ से हमें सही रास्ता दिखा कर जन्नत में ले जाने की कोशिशें होतीं। एक कलमा दादी सिखातीं तो नानी अम्मां सुन्नत जमाअत का कलमा याद करवाती। हम दोनों को गडमड कर उनकी खिचड़ी पका देते और क़िब्ला हकीम साहिब की गोलियों का सा असर होता। ज़ेहनी जुलाब वाली कैफ़ियत थी। जन्नत के दर्वाज़े की चाबियाँ ग़लत-मलत हो जातीं और दोनों तरफ़ से कुफ्र के फत्वे मिलने लगते।

नानी बीवी दादी अम्मां की मजलिसों (शिया मुसलमानों की धार्मिक सभा) की चोट पर मीलाद शरीफ़ करतीं! मिट्टी के सकोरों में नुक्तियाँ मिलतीं, हम फौरन कट्टर सुन्नी हो जाते! मगर दादी अम्मा के बराम्दे में झाड़ फानूस पर से थैलियाँ उतारी जातीं और ख़िज़री रखी जाती तो हम क़तई उनके हो रहते। जब लरज़ती आवाज़ में नौहे (शोक गीत) पढ़े जाते तो हम काले कुर्ते पहनकर खूब मातम करते! नानी बीवी धमोके लगातीं और रंग बिरंगा गुटका देकर फुसलाना चाहतीं। मगर मुहर्रम के महीने में दादी अम्मां की पार्टी में रहना ज़्यादा फ़ायदेमन्द साबित होता था। हमारे लिए उधर ही जन्नत के दर्वाज़े खुल जाते जिधर तर माल ज़्यादा होते!

"क्यों री तू सुनिन है कि शिया" दादी अम्मा अमूमन पूछा करतीं।

"शिया" हम मुस्तैदी से जवाब देते!

"अरी हुसैनी है कि सुन्नत जमात?" नानी बीवी भी आमतौर पर मिठाई बाँटने से पहले पूछतीं। शुक्र है दोनों के कैम्प दूर-दूर थे और दोनों कुछ ऊँचा सुनती थीं!

बुआ के इलाज का मामला काफ़ी तल्ख़ शक्ल इख़्तियार कर गया! दादी अम्मां ने अब्बा के कान भरे। इस पर उन्होंने कुछ कह दिया, इस पर अम्मां खूब रोईं!

अब्बा की पेंशन का ज़माना क़रीब आ रहा था। खुशहाली के ज़माने में दिल बड़े हो जाते हैं, अपनों पर प्यार आने लगता है, काल पड़ने पर मुहब्बत के सोते भी सूख जाते हैं। सारी उम्र अलल्ले-तिलल्ले ख़र्च किया। अब चंद साल में इस फ़िजूल ख़र्चों का इंतिकाम लेने की फ़िक्र हुई!

कव्वा बोलता तो दम निकल जाता। अब आने वाला है कोई मेहमान हमारे घर रोज़ ही कव्वा बोला करता। कभी ददिहाल वाले चले आ रहे हैं तो पलड़ा बराबर करने के लिए ननिहाल वाले क्यों चूकते! फुफ़ियाँ, चच्चियाँ, ताइयाँ, माशौहरों और बच्चों के आती तो मुमानियाँ-ख़ालाएँ भी कुन्बा लेकर आ जातीं! मेहमान दो मोर्चो में बंट जाते। दो दस्तरख़्वान लगते, जासूस छोड़े जाते कि देखकर इत्तिला दें कि मुखालिफ़ पार्टी के साथ तर-बतर रिआयतें तो नहीं हो रही हैं!

आमतौर पर ननिहाली पार्टी ज़्यादा भारी पड़ती थी क्योंकि अम्मां उनके कैम्प में होतीं!

अब्बा को पार्टी पालिटिक्स में पड़ने की फुर्सत ही नहीं थी वैसे भी वह कमाते थे अम्मां ख़र्च करती थीं। बिल्कुल वही पोज़ीशन थी जो आज अमरीका की है, उनके सब ही मस्का लगाते थे। ख़्वाह किसी पार्टी से तअल्लुक़ हो! अब्बा तो न्यूट्रल थे, दोनों का मान करते।

सिर्फ़ चचा मियां थे जो दोनों पार्टियों के दरम्यान लड़ाई करवाने की ताक में रहते। अम्मां जान ददिहाल वालों की ज़्यादा ख़ातिर करतीं मगर ऐसे कि साफ़ ग़ैरियत की बू आती अगर कोई खाना कम होता तो बा-आवाज़े-बुलन्द इसका ऐलान करतीं।

"उधर भिजवा दो हम लोग तो चटनी अचार से भी खा लेंगे!"

मगर चचा मियां नम्बर एक काइयाँ वह ननिहाल पार्टी के साथ खाना खाते मा उस नायाब खाने के जो कम पड़ गया होता फिर जाकर ददिहाल पार्टी के सामने कहते

"भई आज कलेजी गुर्दे लाजवाब पके थे," जबकि कलेजी कुर्दे बिल्कुल न पके होते।

"ऐ है कितने दिनों से जी कर रहा है, ज़रा सी इधर भिजवा देते, सब उधर ही ज़हर मारकर लिये"

फिर दूसरे दिन जब अब्बा कचहरी से लौट कर उन्हें सलाम करने जाते तो वह फौरन कलेजी गुर्दे की शिकायत करतीं! अब्बा अम्मां से कहते,

"भई कलेजी गुर्दे इधर क्यों नहीं भिजवाये!"

"लो और सुनो, कलेजी गुर्दे कब पके थे?" अम्मां बिगड़ खड़ी होतीं!

"ऐ हे, मैंने अपनी आँखों से देखा है, बकरीदन डोंगा भरके ले गई"

चचा मियां का भरोसा करके दादी क़समें खातीं। ख़ूब हलफ़ उठते। ईमान बीच में घसीटे जाते। फिर चचा मियां को बुलाया जाता, वह मासूम सूरत बना लेते

"कैसी कलेजी-गुर्दे। भई कितनी बार कहा है कि चावलों के साथ तरबूज़ नहीं होना चाहिये। मेरे गुर्दे में बेकली हो रही है कहीं दर्द शुरू हो गया तो—?"

चचा बात का रुख़ मोड़ते!

"उधर कलेजी-गुर्दे खाये तुमने?" ताई अम्मां डट जातीं!

"कब भई हमें नहीं मिले। यह ज़्यादती है तरमाल पकते हैं और लोग डकार जाते हैं"

किसी की कुछ समझ में नहीं आता कि क्या झगड़ा है, एक दूसरे की गवाहियाँ दिलवाता फिर कोई दुखी दिल रो पड़ता इधर से जवाब में कोई शुरू हो जाता, पुराने ज़ख़्म ताज़ा किये जाते

"मैंने ज़रा चूहेदानी मंगवाई, साफ़ टाल गईं,"

"वह ज़ोर का तमाचा मारा निगोड़े को कि पूरा पंजा उतर आया,"

"ऐ बहन, अपनों की बात और है..."

"हाँ भई हम तो दुश्मन हैं"

"जब सब ख़ूब हल्कान हो जाते तो चचा मियां सबको डाँटते"

"क्या कुंजड़ों-क़साइयों की तरह लड़ा जा रहा है। यह भी कोई शराफ़त है...वल्लाह बोटी-बोटी पर कुत्तों की तरह लड़ाई होती है।"

उनके डाँटने पर सब थके-हारे नादिम होकर सो जाते ददिहाल वाले ख़ुश थे कि बुआ के मामले में ननिहाल पार्टी पर जूते पड़े।

बुआ बहुत बीमार पड़ीं। तीसरी ख़ुराक की नौबत ही न आई! दूसरी खुराक ने उन्हें किसी काम का नहीं रखा। अगर क़ैस को क़िब्ला हकीम साहिब की तीन खुराकें दी जातीं तो यक़ीनन वह मजनूं न बनने पाता, न उसमें रेगिस्तानों में मारे-मारे फिरने का दम रहता, न लैला-लैला पुकारने की कलेजे में ताक़त रह जाती!

हज़रत इश्क़ की चौकड़ी भूल जाते!

बुख़ार उतरने के बाद भी कई दिन बुआ के मुँह से मारे कमज़ोरी के बात नहीं निकलती थी, क्योंकि दूसरी खुराक कारगर साबित हुई थी, इसलिए वह हमारे यहाँ ही थीं! वह दिन रात आँखें मून्दे खामोश पड़ी रहतीं हवास वापस लौट आये थे और काफ़ी समझदार हो गई थीं। उनकी चमारन कहीं जाके बैठ रही थी। अम्मां उनके बेइन्तिहा लाड़ करतीं, अपने हाथ से शोरबा बनाकर देतीं, वह मुँह बनाये पड़ी रहती। बड़ी ख़ुशामदों से दो चार घूँट पी लेतीं! तो या तो उल्टी हो जाती या टायलेट के पास खाट पड़ जाता उनका पेट मुस्तक़िल ख़राब रहने लगा! बग़ैर दवा के ही गर्मी निकला करती।

"कहाँ चली गईं बुआ?" हम कभी-कभी सोचते

"वह अकड़ती हुई, मग़रूर बुआ, बच्चों के साथ जामें झाड़तीं। खेतों से ख़रबूजे और ककड़ियाँ चुरातीं हमारी पागल बुआ! अल्लाह ने उन्हें अक़्ल क्यों वापस दे दी, वह हँसना भी भूल गईं!

और गाना?"

दूसरी खुराक के बाद उनका गला बैठ गया!

"अल्लाह, अब कभी वह नीम के पेड़ में झूला डालकर सावन और कजरियाँ नहीं गायेंगी"

अम्मां उनकी मुख़्तारे आम बन बैठी थीं। उन्होंने उनका मकान

किराये पर उठा दिया और बुआ मुस्तक़िल हमारे यहाँ रहने लगीं, चमारन वापस लौटी तो मातम करती बुआ के पास आई। बुआ की सेहत निस्बतन बेहतर थी! बैठी भुर्ते के लिए उबले हुए आलू छील रहीं थीं!

सर्दियाँ शुरू हो गई थीं, इसलिए ज़्यादातर बावर्चीखाने ही में बैठी रहतीं!

एक ज़माना था जब कड़कड़ाते जाड़ों में बुआ एक हल्की सी दोहरा ओढ़े रातों को घूमती फिरती थीं। मगर जब तो उनमें गर्मी थीं। अम्मां ने चमारन को डांटकर भगा दिया। बुआ चुप गर्दन मोड़े बैठी रहीं, मकान का किराया जमा करके अम्मां ने बुआ के लिए कड़े बनने को दिये थे, जब कड़े बनकर आये तो बुआ ने शेरों के मुँह वाले कड़े उलट-पलट कर देखे और वापस दे दिये।

"रख लेओ"

"ऐ हाथ में डाल के तो देखो," नानी बीवी ने ज़ोर दिया

"नाहीं भाई, कड़े पहनने का कौन मौका है" वह तुर्शी से बोलीं। अब तो बुआ मौक़ा महल भी पहचानने लगी हैं!

"देखो, कौन कहेगा, यह निगोढ़ी पागल थी, कैसा ठहराव पैदा हो गया है मिज़ाज में!" नानी बीवी उनके मरघिल्लेपन को ठहराव कहतीं थीं!

बाले मियां का कभी ज़िक्र भी नहीं करती थीं। हम कभी पूछते, "बुआ मियां कैसे हैं?" तो वह ऐसे अजनबी बन जातीं जैसे वह उनके कभी कोई न थे! उन्हें जानती तक नहीं। हम और छेड़ते–

"हमरा मगज मत खाओ" वह झल्ला कर कहतीं, और अम्मां हमें डांटकर भगा देतीं।

"ऐ हे उनकी याद न दिलाओ मुई को, फिर बौला जायेगी!" नानी बीवी डाँटतीं मगर खुद शरारत से छेड़तीं,

"ऐ जान पड़ता है, तुम्हारे गाज़ी मियां तुम्हें भूल गये!"

बुआ जैसे बहरी हों, गुम-सुम बैठी रहतीं!

सिर्फ़ एक दिन ज़रा उनकी तबीयत चौंचाल थी!

बदपरहेज़ी करें तो सब खाना हज़म हो जाता था। अब वह घर का

काम काफ़ी सँभाल चुकी थीं। हल्के-फुल्के काम से अब वह हाँडी भी बघारने लगीं। पांच सेर दो वक़्त आटा गूंधती फिर रोटियाँ भी डालने लगीं।

"ऊ तो हरजाई है" बुआ ने ज़रा तुनक कर कहा! ज़रा जोश में आ गईं। नहाकर बैठी बाल सुखा रही थीं। कुछ-कुछ पुरानी बुआ ही लग रही थीं! एकदम मरी सी आवाज़ में गाने लगीं।

"हो राजा जी सौतन के लम्बे-लम्बे केस

उलझ मत रहना, हो राजा जी..."

उनके लहजे की वह चहक ग़ायब थी! बाले मियां उनसे बेवफ़ाई कर गये थे या करने जा रहे थे। उन्हें अपने छिदराये हुए बाल देखकर सौतन के लम्बे केसों से डर लग रहा था!

"हो राजा जी...सौतन के गोरे-गोरे गाल..."

बुआ का सांवला सलोना रंग मटियाला और गदला हो गया था... यकायक बूढ़ों की तरह झुककर रह गई थीं! उठतीं तो घुटनों पर हाथ रखकर, वह तड़क-भड़ककर एक सिरे से ग़ायब हो गई थी

बाले मियां का प्यार तज कर वह लुंड-मुंड और उजाड़ होकर रह गईं।

बचपन किसी का मातम नहीं करता उन्हें घिसटता छोड़कर हम आगे बढ़ गये। क़ुदसिया ख़ाला पहले से बहुत बदल गई थीं! हर वक़्त हमारी चीख पुकार की शिकायत के बजाये वो हमें खुद बुलाकर हमारे झगड़े निपटवातीं और हमारा होमवर्क पूरा करवातीं! सर्दी से फटे हुए हाथ-पैर मांझकर वैसलीन लगाती या तो वह कभी अधमुई-बिसुरी पड़ी रहा करतीं! कई-कई दिन बालों में कंघी नहीं करती थीं। कपड़े चिकट हो जाते, बदलने का ख़्याल नहीं आता। जिसका देखने वाला ही आँखें फेर ले तो वह सुहागन किस के लिए सिंगार करे।

सुहाग की मुरव्वत में ज़रूर हाथों में दो-दो चूड़ियाँ डाले रहतीं थीं लोग उनके सब्र और वफ़ा के क़िस्से सुनाकर वाह-वाह किया करते थे!

मगर एकदम उनमें बड़ी नर्म व नाज़ुक तब्दीली पैदा होनी शुरू हुई!

आँखें बन्द किये लेटे रहने के बजाये वह घण्टों चहल क़दमी करतीं। रंग भी कुछ निखर आया, शायद उस उबटन का असर हो जो उन्होंने क़िस्म-क़िस्म के मसाले कूट छानकर तैयार किया था! नानी बीवी कभी उनकी चोटी करतीं तो भर-भर बकते बालों के उतरा करते थे, जब से उन्होंने शिकाकाई में बाल छपड़ छैल छैला और नागवार सोथा मिलाकर सर धोना शुरू किया था वाक़ई बाल चमकदार और मुलायम हो गये थे या शायद हमें उनकी हर चीज़ अच्छी लगने लगी थीं कि वह हमें ख़ुदा की लानत के बजाये शरीर बच्चे समझने लगी थी!

पहले वह सुहाग का मान रखने के लिए दुपट्टा किसी भी ऊदे-पीले रंग में डूबोकर अलगनी पर सुखा लिया करती थीं, अब जब से आगरा से छब्बीस की मलमल का थान मंगवाया था, निहायत सफ़ियाने रंग के दुपट्टे रंगे जाते। बिल्कुल मौसम के हिसाब से जोड़े बनाकर लचका टांका जाता। मोहर्रम के लिए सब्ज़ा (हरा) सावन के लिए लहरियेदार पंच रंग दुपट्टे रंगे जाते! हम बड़ी ख़ुशी  से उनके लोटों में पानी भर-भर के लाते। उनके आफ़शां लगे दुपट्टे धूप में उलार-उलार के सुखलाते और ढेरों अधकिली कलियाँ लाकर उनके तकिया पर ढेर कर देते!

उनकी बालियों में कलियाँ पिरोकर गीले कपड़े में लपेटंकर सुराहियों के पास रख देते। शाम को वह नहा-धोकर धीमे-धीमे रंग के कुरकुरे ग़रारे और चिकन की क़मीज़ पर चुने हुए दुपट्टे ओढ़तीं, फूल भरी बालियाँ पहनतीं और शून्य में देखकर ऐसे मुस्कुरातीं जैसे उनके भी कोई ग़ाज़ी मियां खड़े उनसे छेड़ख़ानी कर रहे हों!

उनके बदले हुए रंग-ढंग देखकर घर की बड़ी-बूढ़ी कुछ फ़िक्रमन्द रहने लगीं थीं। ख़ाला को दौरे पड़ते थे वो तो ठीक थे, यानी वो तो पड़ना ही चाहिये थे, शौहर की ठुकराई हुई हर बदनसीब औरत का यही होता है, मगर सोलह सिंगार करके हार फूल पहनना उसे ज़ेब नहीं देता, जिससे उसका दुनियाबी ख़ुदा रूठ चुका हो। अब तो बस अल्लाह का शुक्र करके जो फटा पुराना मिले तन ढांक लिया जाये और रूखी सूखी से पेट की आग बुझा ली जाये, दुनिया देखेगी यह चोंचले तो क्या कहेगी?

यक़ीनन उसके पैदा होने पर थूकेगी!

ये तेल-फुलेल, फूल पान, दिल में ख़्वाहिशात को मड़काते हैं, शैतान को शह मिलती है।

"ऐ क़ुदसिया तेरा जी कुछ भारी हो तो हकीम साहिब को बुलवाये लेती हूँ"

नानी बीवी उनकी तन्दुरुस्ती से डर कर कहतीं!

"नहीं अम्मां बी, अच्छी भली तो हूँ" क़ुदसिया ख़ाला चोरों की तरह नज़रें बचातीं!

"सुबह पड़ी ऐंडती रहती हो, फजिर (सुब्ह) की नमाज़ भी क़ज़ा कर दी"

"क़ज़ा पढ़ ली अम्मां बी"

"वही तो मैं कहूं हूँ यह रात भर अल्लम-ग़ल्लम न जाने क्या बला बदतर पढ़ती रहती हो, फजिर नमाज़ मिले तो कैसे?"

क़ुदसिया ख़ाला आये दिन नाविलों के वी.पी. छुड़ाया करतीं। क्या मजाल किसी को देखने दें, जैसे ही कोई आता झट से तकिये के नीचे छिपा लेतीं!

"उई यह छपके क्यों पहने गये हैं?"

कभी क़ुदसिया ख़ाला हाथ-गले में कोई जेवर डाल लेतीं तो नानी बीवी का मुँह बकस जाता, निहायत फ़िक्रमन्द होकर पूछतीं।

"ऐसे ही हमारा जी करा" ख़ाला कानों में छपका झुलाकर मुस्कुरातीं!

"उई मुआजी न हुआ वह हो गया,"

नानी बीवी बड़बड़ातीं।

या तो हर वक़्त मातम किया करती थीं, डण्डा से हाथ बूचे कान लिये फिरा करती थीं!

"हाय किन अरमानों से बनवाये थे ज़ेवर निगोड़ी को पहनने भी नसीब नहीं हुए, ए क़ुदसिया ईद-बक़रीद तो कुछ पहन लिया करो"

"किस के लिए पहनूं बी अम्मां" क़ुदसिया ख़ाला आहे भर के जवाब दिया करती थीं, मगर यह बीते दिनों की बातें थीं लेकिन अब—नहीं जी

आसार बिल्कुल अच्छे नहीं थे यह रात-रात भर वाही-तवाही खाक पड़ी किताबें पढ़ना, ठण्डी आहें भर-भर के सेहन का फ़र्श नापना और आसमान देख-देखकर आप ही आप मुस्कुराना, ख़ान्दान पर मर मिटने वाली बेटियों के यह लच्छन नहीं हुआ करते! यह सूखे हुए ठूंठ में कोंपलें क्यों फूट रही थीं।

नानी बीवी ने तो अब क़ुदसिया का दिल फेर देने की दुआएँ मांगना भी नाग़ा कर दी थीं! दुल्हा तो ख़ाक भी न आये, हाँ शब्बीर मामूं पाबन्दी से आते हमें तो ऐसा लगता था वह दिन-ब-दिन लम्बे से लम्बे होते जा रहे हैं, ऐसा लगता जैसे बाज़ीगरों की तरह पैरों में बांस बाँध लिये हैं!

वह आकर बहुत दूर बेतअलक होकर बैठ जाते, क़ुदसिया ख़ाला भी अनजान बनी बार-बार दुपट्टा सँभालतीं, वह और भी मचलता। गरीबां के सोने के बटन बोझल होकर धंसने लगते। अब उन्हें एक दूसरे को देखने के लिए ऐनक की ज़रूरत नहीं थी।

फिर वह हममें से किसी को उक्साती, शब्बीर मामूं से कहो "सरकार मदीने वाले" सुनाएँ।

हमें "सरकार मदीने वाले के मुकाबले" आँखों का था किस्सा "छूरी दिल पे चल गई" ज्यादा पसंद था!

मगर ख़ाला को खुश करने के लिए शब्बीर मामूं के पीछे पड़ जाते।

"इधर बिठाओ मोंढे पर" वह शह देतीं और हम लाकर उन्हें मोंढे पर बिठा देते।

वह सुनाना शुरू करते तो हम बोर होकर जाना चाहते मगर ख़ाला हमें पकड़ लेतीं, चुपके से कान में गाजर के हलवे और मूंग की दाल की पींडियों की रिश्वत का हवाला देकर वह हमें मजबूर कर देतीं! जैसे उनके दिल में कोई चोर था। अकेली उनके पास बैठती डरती थीं, हम साथ होते तो मौक़ा अच्छा मिलता था, दोनों न जाने एक दूसरे से क्या कहते अपने पल्ले कुछ न पड़ता। न जाने किस बात पर ख़ाला हँसने लगतीं और हंसे जातीं। हम भी साथ हंसने लगते, बच्चों को हंसने के लिए वजह मालूम करने की ज़रूरत नहीं होती। ख़ाला का रंग निखर आता और फूलों भरी

बालियाँ गालों को चूमतीं, सबको हंसता देखकर मामूं की आँखों में भी मोती भर जाते, बे रौनक़ होंठ जाग पड़ते!

"ख़ाम ख़ां को ही हंस रही हो पगली" वह इतने चुपके से मुँह ही मुँह में कहते मगर ख़ाला सुन लेतीं!

"आप चाहते हैं सदा रोती ही रहूं"

"नहीं क़ुदसिया मैं—मैं तो चाहता हूँ—" वह हकलाने लगते।

"किसे चाहते हैं?" क़ुदसिया ख़ाला उनकी बात बीच से लपक लेतीं, वह अपने मतलब की बना लेतीं!

"क़ुदसिया—" बड़-बड़ मामूं न जाने क्या कहते खाक समझ में नहीं आता! हम अहमक़ों की तरह मुँह तकते!

"बड़-बड़—" क़ुदसिया ख़ाला न जाने क्या कहतीं! अपनी कुछ समझ में नहीं आता। मगर इतना अन्दाज़ा हो जाता कि निहायत मीठी और प्यारी-प्यारी बातें हो रही होंगी! उनके चेहरों के भावों से हमारे दिलों में भी लड्डू फूटने लगते। बच्चे बहुत सी अनकही बातों का मतलब समझ लेते हैं। महसूस कर लेते हैं। हम खिलखिलाकर हंसते उन्हें आड़ मिल जाती!

"झूठे—खाइये मेरी जान की क़सम"

"कोई अपनी जान की क़सम कैसे खाये" वह इतने हौले से कहते कि बहरी भिण्ड नानी बीवी ख़ाक न सुन पातीं। दादी अम्मां का मोर्चो ज़रा परे पर था!

दोनों गुटों में आजकल ज़ारों पर चल रही थी। दादी अम्मां ने मजलिस की मिठाई भिजवाई।

"निगोड़ी क़िल्लतें होंगी"

नानी बीवी कहती थीं शिया खाने की चीज़ों में थूक और गिलाज़त मिला देते हैं! उन्होंने सबके सामने नुक्तियों के लड्डू बत्तखों को चुगा दिये! दादी अम्मां ख़ून के घूँट पीकर रह गईं। फिर जब नानी बीवी ने सहारनपुर से आई पार्सल में से उन्हें लूकाट भिजवाये तो उन्होंने फौरन मेहतरानी को दे दिये!

"अरी बहू धो लीजियो" उन्होंने नानी बीवी को जलाने के लिए ब आवाज़े बुलन्द मेहतरानी को राय दी!

फिर क़ुदसिया ख़ाला न जाने क्या लोरतीं कि फ़िज़ा में तनाव भर जाता। ख़ाला आँखों में आँखें डालने की कोशिश करतीं! शब्बीर मामूं मुजरिमों की तरह फर्श की ईंटों को इतना डूबकर घूरते जैसा ज़रा नज़र चूकी तो वो उछलकर भागने लगेंगे!

शाम हो जाती शब्बीर मामूं उठकर चले भी जाते लेकिन ख़ाला की आँखों में रौशन दीप जगमगाते रहते! होंठ मुस्कुराते रहते। जैसे कभी बुआ बाले मियां को देखकर आप ही आप बड़े नाज़ो अन्दाज़ से मुस्कुराया करती थीं! तब उनकी बाले मियां से अनबन नहीं हुई! मगर अब तो बुआ की आँखें खाली हो चुकी थीं जैसे बिना तेल की बत्तियाँ धुआँ दे रही हों। अजबबासी पन छाया रहता। इलाज हुए काफ़ी अर्सा हो चुका था मगर मालूम होता था हकीम साहिब क़िब्ला की गोलियाँ उनकी आंतों में चिपक गई थीं! आये दिन पेट ख़राब रहता। खट्टी डकारें आया करतीं।

बुआ जो कभी चिड़िया की ज़बान और रोटी का फफोला खाया करती थीं अब भर-भररकाबी (प्लेट) मकई का भात और अरहर की दाल खातीं और दिन भर खट्टी डकारें लिया करती थीं। नींद का जैसे मर्ज़ हो गया था! जब देखो तब मुंह खुला है किसी चींज का सहारा लिए चुपचाप सो रही हैं!

जब पागल थीं तो नींद आती थी अब तो मज़े से हर वक़्त ऊंघती थीं होथियार भी खूब हो गई थीं! रोज़ किरायादारों से जाके दंगा करतीं!

"हरामजादे किरावा नाहीं देत हैं, हर कोई हमका लूटे की फ़िकिर में रहत है"

होश आते ही बुआ ने देखा, दुनिया लुटेरों और चोरों से भरी पड़ी है। जैसे उनकी आँखों में किसी ने जादू की सलाई फेर दी हो! चौदह तबक़ (ज़मीन-आसमान की कुल बुद्धिमानी) रौशन हो गये थे, मकान चू रहा है, मगर मरम्मत किससे करवायें राज मज़दूर चोर होते हैं! मूंड के रख देंगे! कड़ों के बाद शेर के मुँह वाली हंसली भी गढ़वाली फौरन अम्मां के पास

लाकर लोहे की अलमारी में रखवा दी। फिर भी इत्मीनान न होता था, हर वक़्त कड़े हंसली की खैरियत पूछतीं!

"भाई ताली तो ठीक से रखी है"

कहीं आस-पास चोरी हो जाती तो बुआ पर क़यामत टूट पड़ती। फौरन अम्मां से सैफ़ खुलवाकर इत्मीनान करतीं हमें अब वह अपनी प्यारी बुआ नहीं, दूसरी बेवक़ूफ औरतों की तरह लगती थीं।

पुराने ताल्लुक़ात बिल्कुल जेहन से उतर गये थे! अब उन्हें मसाला पीसते-चूल्हा झोंकते देखकर चिढ़ सी आती! अब तो हम उनके साथ सोने को भी हिमाक़त समझते थे! उनमें ताज़ा खुदी मिट्टी की सोंधी महक के बजाये लहसुन प्याज़ और बासी खानों की सड़ांध आती थी!

क़ुदसिया ख़ाला और खिल गईं!

नानी बीवी सर गईं पैर आईं मगर उन्होंने दवा नहीं पी और खुले बन्दों शब्बीर मामूं से मीर का कलाम पढ़ने में मदद लेने लगीं!

शाम होती—अस्र (अपरान्ह) की नमाज़ के बाद जैसे ही क़ुदसिया ख़ाला बाईं तरफ़ सलाम फेरतीं, जादुई देव की तरह शब्बीर मामूं सदर दर्वाज़े पर नमूदार हो जाते! वह रागझाते और ख़ाला रागझती, दोनों की आँखें झुकीं रहतीं, चेहरे अजनबी बने रहते। कभी लम्हा भर को आँखें जुड़ जातीं तो हमारे दिलों में बे समझे-बूझे हलचल सी मच जाती जैसे आसमान पर रंग-बिरंगी पतंगों में पेंच पड़ गये हों।

जब हम बच्चे समझने लगे तो नानी बीवी तो एक ख़ुर्रान्ट थीं। उधर से दादी अम्मां की मानी खेज़ तंज़िया मुस्कुराहटें

"ऐ बीवी, कुछ ऐसी-वैसी हो जाये तो नाक तो घर के मालिक की कटती है।"

वह बदबूदार पठानिन से पैर दबवाते वक़्त उसे बारीक-बारीक फ़िलासफ़ी के मंत्र समझाया करती थीं! बिल्कुल जैसे आम सियासत पर ग़ौर हो रहा हो! किसी की तरफ़ इशारा हो तो ख़ुदा की फटकार। वैसे कहीं पानी मरता हो तो वह क्या करें!

नानी बीवी सुनती और फड़फड़ातीं।

"उई—अल्लाह ज़री इमली तोड़ दीजिये, चटनी पिसवायेंगे," क़ुदसिया ख़ाला गरीबां के बटनों से खेल रही थीं! शब्बीर मामूं आकर बैठे ही थे!

"काहे से तोड़ू कोई बांस-वांस"

"ओह—माशा अल्लाह क्या आप किसी बांस से कम हैं। ज़री हाथ बढ़ाकर तोड़ लीजिये"

एक पल के लिए शब्बीर मामूं की आँखों में कौंदा सा लपका—

ऐसा लगा वह ज़िन्दा हैं और अगर आस-पास कोई न होता तो वही हरकत करते जो मंझू बी का मंगेतर उसे अकेले टुकेले देखकर किया करता था—

काले देव ने क़ुदसिया ख़ाला की गर्दन काट के सिरहाने की छड़ी पायंती और पायंती की सिरहाने रख दी थी। उनकी गर्दन से लाल (सुर्ख रंग का क़ीमती पत्थर) टपक-टपककर शब्बीर मामूं की झोली में गिर रहे थे। मगर वह बेबस थे क्योंकि काले देव ने जादू की छड़ी घुमाकर उन्हें मक्खी बना दिया था। अगर उनमें इतनी सकत होती और वह आगे बढ़कर पायंती की छड़ी सिरहाने रख देते तो क़ुदसिया ख़ाला का कटा हुआ सर फौरन जुड़ जाता!

शब्बीर मामूं के जाने के बाद नानी बीवी ने क़ुदसिया को उनकी शोख़ी पर खूब फटकारा

"तो क्या मैंने कोई छिनाला कर लिया?"

वह एकदम फुंकार कर उठ बैठीं!

"है-है नामुराद, लोग क्या कहेंगे! माना कि शब्बीर बड़ा शरीफ़ बच्चा है, गैर नहीं, रिश्ते में देवर होता है। मगर यह दुनिया बड़ी थड़िल्ली है! बात का बतंगड़ बनते देर नहीं लगती—"

"जूती पे वारूं इस दुनिया को। दस बरस से मुर्दार मुझे रुला रहा है, उसे दुनिया कुछ नहीं कहती"

"सच है लड़कियों को उल्टी-सुल्टी किताबें नहीं पढ़वानी चाहिये, जमाने भर का भुस भरा होता है उनमें—बेटी वह मर्दज़ात है, उसका कोई क्या बिगाड़ सकता है। औरत की इज़्ज़त नाज़ुक आइना होती है। एक

दफ़ा को बाल पड़ गया तो सारी उम्र को मुँह टेढ़ा ही दिखाई देगा।"

"ऊंह"

क़ुदसिया ख़ाला लाजवाब होकर अपने जम्पर से मैच करती हुई चूड़ियाँ डिब्बे में से छांटकर पहनने लगती!

"मेरे तो गुरु गिरधर गोपाल—दूसरा ना कोई—" वह गुनगुनाने लगीं।

"अब तो बेल फैल गई, क्या करेगा कोई!"

"मेरे तो—"

"ऐ बेटी तुमसे कितनी दफ़ा कहा कि ये मुए काफ़िराना गीत मत अलापा करो। गुनाह होता है! ज़ुहर (दोपहर) की नमाज़ भी खा गईं। कितना-कितना जगाया मगर पड़ी ऐंडती रहीं! रत जगे होंगे तो दिन को चमगादड़ों की तरह पड़ के सोओगी"

वह तुनक कर उठीं कि दुपट्टा ज़मीन में लोट गया और गरीबों के बटन के घुंघरू बज उठे। लोटा लेके चौकी पर वज़ू को बैठ गईं!

नानी बीवी क्या सब भली बीवियों को तन-तनकर चलने वाली लड़कियों से चिढ़ थी! शरीफ़ बच्चियाँ आहिस्ता-आहिस्ता अदब से चलती हैं! क़ुदसिया ख़ाला की नई-नई फुर्ती देखकर नानी बीवी को झटके से लगते थे!

"ए बी यह क्या चाल है, जैसे लक़्क़ा कबूतरी। अगाया पिछाया बाहर को निकला पड़ता है"

क़ुदसिया ख़ाला के मुँह लगना अपनी जूती अपने सर मारना है! उन्होंने अम्मां से कई बार मिस्कोट की!

"यह शब्बीर मुआ जान के पीछे अच्छा लगा है, कितनी दफ़ा इशारों से टोक चुकी हूँ। मगर जानो वह भी क़ुदसिया की शह पाकर ढिठाई पर तुल गया है! मुझे तो ख़लजान हुआ जाता है!"

"ऐ बी तुम्हें तो ख़ब्त हो गया है और कुछ नहीं तो शब्बीर निगोड़े पर शक आने लगे। दो घड़ी दुखिया हंस बोल लेती है, जीने का कोई बहाना चाहिये। अम्मां अच्छे मूड में होतीं तो नानी बीवी टूटने लगतीं!"

"ऐ ख़ाक पड़े ऐसे जीने पर, क्या इरादे हैं? तुम भी बहन के टिसुए

देखकर फिसली जाओ हो!"

"मैं कहूं अगर ऐसा हो जाये तो क्या बुराई है" अम्मां ने ठिठकते हुए कहा!

"मतलब क्या है तुम्हारा?"

"मच्छू कह रहे थे, उन्होंने अपने एक वकील दोस्त से मशविरा किया था, वह कहते हैं..."

चचा मियां का नाम मुस्तकीम था, मगर प्यार में मच्छू कहलाते थे। मुस्तक़ीम के मानी हैं सीधा। मगर चचा मियां की कोई कल सीधी नहीं थी! इन्तिहा से ज़्यादा ऐबी थे!

"आग लगे ख़ुदाई ख़्वार के मुँह में। रंडियों के टुकड़ों पर पलने वाला मुआ भड़वा—"

नानी बीवी ने चचा मियां की क़ब्र खोद डाली जो निहायत ज़िन्दा दिली से मोंढे पर बैठे क़ुदसिया ख़ाला से सर में तेल लगवा रहे थे!

"ऐ हे, मैं कहूं..." अम्मां हकलाईं!

"ख़बरदार जो तुमने इस मामले में जबान खोली क्या बहना को दूसरा ख़सम कराओगी?"

"ऐ ग़ारत हो" हमें ग़ौर से इस क़दर राज़ की बातें सुनते पाकर अम्मां ने एक धमोका जड़ा!

क़ुदसिया ख़ाला इन बातों से बेख़बर चचा मियां के कुछ पूछने पर शरमा रही थीं, उनके सफ़ेद गाल तमतमाकर गुलाबी दुपट्टे में डूबे जा रहे थे कि टाट का परदा सरका और शब्बीर मामूं ग़ोता मारकर अन्दर आये। वह हर दरवाज़े से अपना सर बचाने के लिए सर न्योढ़ा लिया करते थे!

फ़िज़ा एकदम सांस रोक के थम गई। अम्मां ने अपना बड़े पांयचों का पाजामा तह करके कमर में उड़सा और राम झोल छटकाती चलीं! अब्बा की टम-टम की घण्टी की आवाज़ दूर ही से आ जाती थीं। वह क्लब से लौटकर बाहरी ज़ीने से ऊपर चले जाते! बिल्कुल मीरे काफ़िला (सर्वप्रमुख) की तरह वह सब से अलग-थलग सुकून से ऊपर की मंज़िल पर रहते थे! अम्मां छन-छन करतीं अपना पिंड छुड़ाकर पति सेवा करने

चली गईं! नानी बी ने मोर्चा सँभाला!

चचा मियां भी आम तौर पर टम-टम की घण्टी सुनकर सरक लिया करते थे। गम्भीर तबीयत वाले बड़े भाई से उनकी रूह फ़ना होती थी! जहाँ तक मुमकिन होता कन्नी काट जाते कि कहीं किसी बात की पूछ-गूछ के लिए तलबी न हो जाये! बातें वह ऐसी करते थे कि पूछ-गूछ के झमेले में न पड़ने ही में ख़ैरो-आफ़ियत थी!

शब्बीर मामूं ने किताबों का बण्डल पलंग पर रखते मुँह ही मुँह में कुछ कहा। क़ुदसिया ख़ाला ने फुस्स से कोई जवाब दिया और वह दादी अम्मां को सलाम करने उनके बरामदे में चले गये!

नानी बावी उनकी ताक में ऐसी बैठी थीं, जैसे चूहे के लिए बिल्ली, जैसे ही बरामदे में वह ग़ोता मार के निकले, उन्होंने दबोच लिया!

क़ुदसिया ख़ाला कुछ झेंपी सी अब्बा के लिए खाना उतरवाने बावर्चीखाने की तरफ़ चली गईं! खाने के ख़्वान (डिशें) चुने जा रहे थे! वह यह सोच के कि अम्मां भी कोई खुशगवार राज़ की बातें शब्बीर मामूं से कर रही होंगी आप ही आप गुनगुना रही थीं!

ढोल मढ़कर आ गया था, वह चौकी पर बैठ कर कड़ियां चढ़ाने लगीं। बुआ उक्ताई सी दीवार से टेक लगाये बैठी एक तरफ़ को थूक रही थीं! शायद अमलतास के मज़े को थूकना चाहती थीं! हर वक़्त जहाँ बैठतीं थूके जातीं!

"अच्छी बुआ ज़री वह नौटंकी वाले की गटकरी बताओ न निगोड़ा कैसे थाप मारता था"

बुआ ने एक दफ़ा को ऐसे देखा जैसे पूछती हों

"यह क्या बला है?" फिर मुँह फेरकर थूक दिया!

"हाय बुआ तुम्हें बाले मियां की क़सम" उन्होंने ढोल सरकाकर बुआ का हाथ पकड़ के खींचा फिर एकदम छोड़ दिया।

"हाय बुआ तुम्हें तो बुख़ार है"

उनका माथा छुआ तो जल रहा था।

कई दिन से नानी बीवी चिल्ला रही थीं कि बुआ ने मेरा बरामदा

गम्का के रख दिया है। नाक नहीं दी जाती। ए भाई इनसे कहो अपने घर जा के रहें। किरायेदार तो भाग गया। दोनों वक़्त खाना यहाँ से पहुँचा दिया जायेगा! उन्होंने अम्मां को चिढ़ाया उनकी दिलचस्पी भी अब बुआ में ख़त्म हो चुकी थी। जो कुछ हो सकता था सबने उनकी भलाई के लिए किया। अब्बा पेंशन की फ़िक्र में हर वक़्त कम ख़र्च पर ज़ोर दिया करते। इस मेहमान नवाज़ी ने तो पस्त कर डाला था। हर मौसम, हर त्यौहार, हर बहाने से मेहमान आन धमकते थे—ख़ास खाने पकते। मौसम और त्यौहार के एतिबार से जड़ावल या गर्मी के कपड़े बनवाये जाते। मेहमान बदहज़मी से बाल-बाल बचकर तोहफ़े समेटकर रुख़्सत होते! ताकि नये मेहमानों के लिए चारपाइयाँ खाली कर सकें! बुआ का मुस्तक़बिल काफ़ी संवार दिया गया था जी अच्छा नहीं रहता था तो इसमें किसी का क्या क़सूर, अला-बला ज़हर मारकर लेती थीं। उनकी चमारन से अर्सा हुआ पीछा छूट चुका था। वह एक दिन आई भी, देर तक बैठी पैर दबाती रहीं! उनकी दुर्गत पर आंसू बहाती रही! मगर फिर डांट के भगा दी गई! अब वह पीपल के पेड़ के नीचे रहने लगी थी। भीख से गुज़र हो जाती होगी!

मगर अब मजबूरी थी!

उर्स के मौक़े पर मंझू मा अपनी ससुराल वालों के यहाँ आ रही थीं।

उसकी सास बहू की गोद हरी होने के लिए मिन्नत मानने आना चाहती थीं इसलिए बुआ थोड़े अर्सा के लिए अपने घर चली गईं! उनकी लाडली चमारन भी बराम्दे में आकर डट गई। तीन वक़्त चाय और खाना सीनी (थाल) में लग के चला जाता। जी अच्छा होता तो वह ख़ुद आ जातीं। कभी कई-कई दिन पड़ी रहतीं। नानी बीवी के बराम्दे में जब से सफ़ेदी हुई थी, वह बहुत मोहतात हो गई थीं! इतनी साफ़ जगह अब बुआ को उठते-बैठते भी हिचकिचाहट होती थी। पहले आया करती थीं तो घर की बीवियों से ज़्यादा उजले कपड़े होते थे तो साथ बैठती थीं फिर मैली होने लगीं तो उनके आते ही उनके सामने पीढ़ा या पीढ़ी सरका दिया जाता और वह बैठ जातीं! पीढ़ी न होती तो देहलीज़ पर बैठतीं—मेहतरानी, धोबन और दूसरी छोटे काम करने वाली औरतों की तरह!

दादी अम्मां किसी का झोल नहीं पालती थीं, उनके पास जाओ तो जी घबड़ाने लगता था, हर वक़्त "हूँ–हूँ" कांखती रहती थीं!

कभी रात को जाने की सकत न होती तो भैंस के छप्पर में आधी खटिया अन्दर, आधी बाहर डालकर पड़ रहतीं। गोबर और मुर्ग़ियों की बीट की बदबू में बुआ की बदबू दब जाती थी!

शब्बीर मामूं जो उस दिन नानी बीवी से बात करके गये तो जैसे गायब ही हो गये! क़ुदसिया ख़ाला बौरानी होकर टहलतीं। सोने की उन्होंने क़सम ही खा ली, जब देखों करवटें बदल रही हैं। मारे फ़िक्र के नानी बीवी घुली जाती थीं!

मंझली का फिर नसीबा जागने वाला हो रहा था। उसकी होने वाली ख़लिया सास और देवरानी बाराबंकी से आई हुई थीं और ख़ातिरें वसूल कर रही थीं!

"ऐ इन्हीं के मियां ने मेम डाल ली है!" होने वाली देवरानी ने गहरी उदासी से पूछा!

क़ुदसिया ख़ाला पहली बार फ़ख्र से निढाल होकर निहायत भोंडेपन से हंसी "हाँ बहन मेम है मेरी सौतन पर सुना है तुम्हारे मिया ने तेलन डाल ली है।"

बात दुरुस्त थी मगर बिल्ली के गूकी तरह छिपाई जाती थी, देवरानी फूट-फूट कर रोने लगीं!

वह चली गईं तो पता चला लड़का ज़रा काना है! मगर सब यही मान रहे थे कि संझू की शादी में यह वाली अड़चन क़ुदसिया ने डाली!

हकीम साहिब क़िब्ला के क़ुदसिया ख़ाला की सेहत के बारे में रुजूअ किया गया तो उन्होंने वही दवा दी, वही नामुराद अमलतास वाला नुस्ख़ा, ख़ून की गर्मी का वाहिद इलाज!

नानी बीवी ने क़ुदसिया ख़ाला की एफ न सुनी और अपने बराम्दे में ईंटों का चूल्हा जलाकर अपने हाथ से तिरयाक़ (दवा) तैयार किया!

"बेटी अल्लाह शाफ़ी, अल्लाह काफ़ी कह के पी जाओ," नानी बीवी ने उन्हें प्याला थमा के पीठ सहलाई।

क़ुदसिया ख़ाला ने बड़े इत्मीनान से दवा मोरी (नाली) में ठीक उस जगह फेंकी जहाँ एक दिन बुआ ने लुढ़काई थी।

"अल्लाह की मार हो तुझ पर—यह क्या कर रही है?" नानी बीवी चिल्लाईं मगर ख़ाला बड़े इत्मीनान से ढोल उतार कर उस पर वह बोल निकालने लगीं जो हाल ही में मेहतरानी से सीखे थे। नानी बीवी ने जल के ढोल खींचा तो इस ज़ोर से झटका उनका हाथ कि बड़ी बी गिरते-गिरते बचीं!

"तुम्हारे ऊपर बोझ बन गई हूँ तो ज़िन्दा दफ़न करा दो, कुत्ते की मौत क्यों मारना चाहती हो, मैं यह ज़हर नहीं पियूँगी, हर्गिज़ नहीं पियूँगी।"

आज ही उन्हें पता चला था कि उस दिन शब्बीर मामूं को नानी बीवी ने बड़े सलीक़े से आने को मना किया था।

"तुम तो उसे बहन समझते हो, मियां मगर दुनिया बड़ी ज़ालिम है—" उन्होंने समझाया था—

उन्होंने समझाया था और शब्बीर मियां समझ गये थे!

"तेरा दिमाग़ ख़राब हो गया है मुरदार?"

"हाँ दिमाग़ खराब न होगा तो क्या होगा। इंसान हूँ पत्थर नहीं! पन्द्रह बरस की उम्र में मुझे भाड़ में झोंक दिया। सुहाग की मेंहदी भी फीकी न पड़ी थी कि सात समन्दर पार चला गया। वहाँ उसे सफ़ेद नागिन डस गई। पर यह तो बताओ मैंने क्या क़ुसूर किया था। किसी से दीदे लड़ाये थे? किसी से यारी की थी?"

"तेरे नसीब ही फूटे हैं बेटी, ख़ुदा की मर्ज़ी में किसका दख़ल है।"

"मैंने ख़ुदा के हुजूर में कौन सी गुस्ताख़ी की थी कि मुझे यह सज़ा मिली और वह कमीना ऐश कर रहा है।"

"बदनसीब—शौहर को कमीना कहते शर्म नहीं आती—वह तेरा खुदा-ए-मजाज़ी है"

"लानत हो उसकी सूरत पर, लुच्चा ज़माने भर का" क़ुदसिया ख़ाला और बढ़ीं।

"अरी कम्बख़्त तुझे अपने सुहाग का भी मान नहीं। उसने कोई गुनाह तो नहीं किया। शरअ में चार निकाहों का हुक्म है। तुम ही एक निराली नहीं हो बन्नो। हज़ारों पर पड़ती है। मगर शराफ़त से झेलती हैं! मर्द की ज़ात ही बेवफ़ा होती है!"

लाजवाब होकर क़ुदसिया ख़ाला ख़ुद को कोसने लगीं

"या अल्लाह मुझे उठा ले, ऐ पाक परवर-दिगार मेरी मिट्टी को अज़ीज़ कर ले कि इस अज़ाब से तो जान छूटे या उस मरदूद को मौत दे कि मेरा दम ही छूटे उस ज़लील से?"

"अरे चुड़ैल यह तू किसको कोस रही है?" नानी बीवी कांप उठीं। शौहर फिर शौहर होता है!

"बाक़र हुसैन, तुम्हारे चहीते दामाद को, हरामज़ादे कुतिया के जने को" क़ुदसिया ख़ाला गईं हाथ से!

"ऐ दोज़ख़ की आग जलाये, कीड़े पड़ें क़ब्र में"

वह दुपट्टा फैलाकर झूम-झूम कर कोसने लगीं!

"तो क्या दूसरा ख़सम करेगी...?"

"हाँ—करूंगी—करूंगी " नहीं यह क़ुदसिया ख़ाला नहीं थीं, कोई भुतनी थी।

"...तो जाके किसी कोठे पर क्यों नहीं बैठ जातीं"

"कोठे पर भी बैठ जाऊंगी, देखती हूँ कोई मेरा क्या कर लेता है"

क़ुदसिया ख़ाला कोठे पर बैठने का इरादा नहीं रखती थीं, ग़ुस्से में बात से बात निकलती चली गई। नानी बीवी खूब नाना मियां को याद करके रोईं। जिस दिन से शब्बीर मामूं ने आना बन्द किया था, माँ बेटी में यह तू-तू, मैं-मैं रोज़ हुआ करती थी। क़ुदसिया ख़ाला सुसराल तक बात पहुँच गई। उनके ससुर बहुत नाराज़ हुए!

"अम्मां ने लाड़ में दिमाग़ ख़राब किया है। अगर यही हाल रहा तो बहू बेगम खान्दान की नाम कटवायेंगी! बेहतर है उन्हें यहाँ बुला लिया जाये अक़्ल दुरुस्त हो जायेगी!"

नानी बीवी भी भेजने को तैयार हो गईं। अब वह इनके क़ाबू की न थीं।

"हाँ भई, वह जानें और उनकी बहू, मैं कहाँ तक मगजमारी करूं," नानी बीवी ने फैसला किया। मगर ससुराल के बुलावे का ज़िक्र सुनके क़ुदसिया ख़ाला बिल्कुल बिखर गईं–

"बेटे को कुछ नहीं कहता मक्कार कहीं का। आग लगे उसकी दाढ़ी में। झुल लगे उसकी सूरत को,"

"अरे बदबख़्त तेरा मामूं है" नानी बीवीं चिल्लाईं।

"थू है ऐसे मामूं के जनम पर, फूटे मुँह से अपने बेटे से कुछ न कहा गया–अरे वह तो बड़े ख़ुश हैं। मेम आती है तो लल्लो चप्पो करते हैं। छुरी-कांटे से मेज़-कुर्सी पर डिनर खाते हैं, बेटे के टुकड़ों पर पलते हैं न, इसलिए मेम के सामने कुत्ते की तरह दुम हिलाते हैं! बस वह मेम ही तो उन्हें बख़्शवायेगी, उसका साया पकड़ के जन्नत मिलेगी"

"बके जायेगी मुर्दी? ऐ ख़ुदा इस नाहन्जार का पर्दा ढक जाये, आग लगे इसकी ज़बान को"

उन्होंने जूती सँभाल क़ुदसिया ख़ाला के होंठ कुचल दिये फिर तो बस जैसे उनपर मरघट की भुतनी सवार हो गई! दाँत किचकिचाकर उन्होंने नानी बीवी की दोनों सींक सलाई जैसी नाज़ुक कलाइयाँ मरोड़ कर रख दीं!

एक पल को नानी बीवी ने उनकी बिफरी हुई आँखों में देखा–और उनका कलेजा सन्न से रह गया। वहाँ उनकी जान से प्यारी बेटी क़ुदसिया नहीं थी, चोट खाई हुई शेरनी थी कि फन कुचली नागिन! जिसकी फौलादी गिरफ़्त में उनकी जान खिंचने लगी। लरज़ के बड़ी बी दोहरी हो गईं!

"हायं–हायं " सब कह के दौड़ पड़े। शिकारी कुत्तों से घिरी हिरनी की तरह वह सर से पैर तक कांपने लगीं

"हाय यह क्या किया क़ुदसिया बन्दी तूने? अम्मां बी पर तेरा हाथ उठा"

हर तरह बेबस होकर उन्होंने दोनों हाथ चबूतरी पर पड़ी हुई सिल पर दे मारे। चूड़ियाँ चकनाचूर हो गईं!

"ऐ हे लोगों क्या हो रहा है?" बहरी दादी अम्मां का दम घुट रहा

था—"अरे लड़कियों ज़रा चिराग़ की लौ तो उक्साओ—क्या हो रहा है?"

लालटनें धड़ा-धड़ जल रही थीं मगर दादी अम्मां का अंधेरा कौन दूर कर सकता था। अन्दर बाहर खलबली पड़ गई! सारे नौकर ठठ लगाकर सदर दर्वाज़े के पास जमा हो गये! चारों तरफ़ से बीवियाँ पायेंचे सँभालती दौड़ी, बच्चे बिसूरने लगे! मुर्गियाँ कुड़कुड़ाने लगीं!

"खबरदार जो किसी ने मुझे हाथ लगाया, कुरानेपाक की क़सम सर फाड़ दूंगी," क़ुदसिया ख़ाला ने सिल का बट्टा सर से ऊंचा उठाया! सबको अपनी जान प्यारी थी। सब हाय-तौबा मचाती रहीं। आगे बढ़ने की किसी में हिम्मत नहीं थी। क़ुदसिया ख़ाला ने बट्टा पटककर पिसा बे पिसा शीशा बटोरना शुरू किया, इससे पहले कि उनके हाथ होंठों तक पहुँचते, शब्बीर मामूं ने बड़े इत्मीनान से उनके कंधे पर हाथ रखा!

दस बरस बाद किसी मर्द ने उनको हाथ लगाया! उनके हाथ बेबस होकर नीचे गिर गये! मुड़कर उन्होंने शब्बीर हसन की आँखों में देखा। इस वक़्त तो वह बहिश्ते बरीं (श्रेष्ठतम जन्नत) से लौट आतीं! आँखें मूंद कर त्योरा कर वह उनके सीने पर गिरीं! एक लम्हे को शब्बीर हसन के नाकारा हाथ ठिठके फिर उन्होंने सबके सामने ख़ाला को इस ज़ोर से भींचा कि उनकी पसलियाँ कड़कड़ा गईं! सारे कुन्बे को जैसे साँप सूंघ गया। हम लोग अकड़ी डकड़ी छोड़ मुँह फाड़े देख रहे थे! एकदम फ़िज़ा ने दम साध लिया। नानी बीवी टूटे छप्पर की तरह ढह गईं!

"क्या हो रहा है लोगो—? यह चुपका क्यों पड़ गया?"

दादी अम्मां सज्दागाह (शिया मुसलमान पत्थर के जिस टुकड़े को नमाज़ पढ़ते में सज्दा के लिए इस्तेमाल करते हैं) टटोलकर तकिये के नीचे से निकालने लगीं!

"क्या सबने नीयत बांध ली है कि कोई नहीं बोलता,"

शब्बीर हसन ने उनका कमज़ोर जिस्म दोनों हाथों में समेट लिया। ऐसा लगा जैसे अब वह कभी उनको इन हाथों से दूर नहीं होने देंगे! इसी तरह उन्हें उठाये चले जायेंगे किसी में ज़ोर से सांस लेने की हिम्मत भी न थी! उन्होंने दिल पर पत्थर रख के हौले से ख़ाला को पलंग पर डाल

दिया और बेतअलुक दूर खड़े होकर फ़र्श घूरने लगे, जैसे कहते हों–

"लो भई यह पड़ी हैं क़ुदसिया बानो! इस वक़्त बेहोश हैं अच्छा मौक़ा है, चुपके से कोई आओ और गला घोंट दो–रिंझा-रिंझा के न मारो"

हकीम साहिब क़िब्ला ने फौरन नब्ज़ देखकर कह दिया कि सर को गर्मी चढ़ गई। साहिबज़ादी का दिमाग़ सुन्न हो गया है! अल्लाह पाक की मर्ज़ी में किसी को दख़ल नहीं!

"बकत हैं बैद जी" बदबूदार पठानी ने लहंगा झाड़ते हुए फैसला दे दिया, "हम्का तो कौर और ही दिखाई पड़त है"

"हाँ भई मुझे भी ऐसा लगे है, जैसे बुआ निगोड़ी का जिन्न उन्हें छोड़ के बच्ची पर पेश हो गया है! देखती नहीं, जों-जों बुआ सुधरती गईं, क़ुदसिया बानो के तौर बिगड़ते गये,"

बाक़री फुफी ने नानी अम्मी को यकीन दिलाया,

"ग़ज़ब ख़ुदा का चिट्टे कपड़े पहन के लाडो इत्र-फुलेल लगा के वक़्त-बे-वक़्त चमन में टहल लगाया करती हैं"

एकदम क़ुदसिया ख़ाला की पोज़ीशन ऊंची होने लगी। अब वह अकेली नहीं थीं। जिन्न, भूत-प्रेत या कोई पीर मर्द भी उनके साथ थे! हमारी अम्मां बेचारी फौरन उनसे मरऊब (प्रभावित) हो गईं। अम्मां तो बस अल्लाह मियां की गाय थीं। हर अक़्ल में न आने वाली चीज़ से एहतियातन डरती रहती थीं!

पीर-मुरीद, भूत-प्रेत और जिन्न, वह कोई भी हो वह उनसे उलझना पसंद नहीं करती थीं! वह तो इसीलिए तत्यनरायन के लिए भी चन्दा दे दिया करती थीं! पांच टांग की गाय को घास खिलवाती, साँपों को दूध पिलवातीं

"बेटी यह कुफ्र है..." नानी बीवी समझातीं! "...नज़र-नियाज़ की और बात है, मगर यह मुई कथा में अपनी आक़िबत (आक़िबत-मौत के बाद का समय) न बिगाड़ो!"

मगर अम्मां को आक़िबत से ज़्यादा अपना सुहाग और बच्चे प्यारे थे।

"अरे भई क्या पता यह देवी देवता बिगड़ खड़े हों तो उनका कोई क्या बिगाड़ लेगा!"

क़ब्रिस्तान से लगा हुआ शमशान था। बच्चे बेलथे बैलों की तरह हर तरफ़ दनदनाते फिरते। एक बार किसी मन्दिर में भगवान् का कुछ अपमान कर आये। महंत जी दुहाई देते हुए आये। अम्मां ने फौरन प्रायश्चित के लिए बामन खिलवाये कि भगवान क्रोध में कहीं तख़्ता न लोट दें। मन्दिर से प्रसाद आता तो सब बीवियाँ थू-थू करके कहतीं, "मुर्ग़ियों को डालो नजिस (अपवित्र) है" मगर अम्मां ताक़ में रख देतीं। बच्चे फौरन ठिकाने लगा देते। तब उन्हें इत्मीनान होता। बच्चे तो पत्थर भी खा लें तो डकार न लें और भई किसी को क्या पता शायद प्रसाद में बरकत हो!

क़ुदसिया ख़ाला की भी सेवा में वह जुट गईं। हर शख़्स की बात से इत्तिफ़ाक़ करके जिन्न भी उतरवाये, भूत-प्रेत भी मनवाये। पीरों की नियाज़ें भी दिलवाईं, उनकी बेतरह ख़ातिर करने लगीं! इस नई क़ुदसिया से उन्हें वहशत होती थी। पागल होने के सवाल पर वह बिल्कुल न्यूट्रल थीं, कौन जाने पागल भी कोई रूहानी ताक़त रखते हों! बाल-बच्चों वाली को हर तरफ़ से चौकन्ना रहना चाहिये ताकि किसी तरफ़ से ख़तरे की गुंजाइश न रहे और जिन्न लोग तो बड़े टेढ़े मिज़ाज के होते हैं कि पाक परवरदिगार ने इंसान को अपना मिट्टी से बनाया और जुनूं को आतश से आग भड़क गई तो लेने के देने पड़ जायेंगे!

यह तो साफ़ ज़ाहिर है कि ख़ाला पर कोई भूत-प्रेत नहीं जो उन्हें कव्वा उछालने की तरग़ीब (प्रेरणा) देता। उन पर किसी निहायत मुहज़्ज़ब (सभ्य) फैशनेबुल क़िस्म के बेहद शौक़ीन मिज़ाज पीरमर्द का साया मालूम होता था!

क़ुदसिया ख़ाला की नाज़ बरदारियाँ देख-देखकर एक चचा मियां थे जो किलते थे उन्हें भी अल्लाहताला ने दहकती से न सही मगर भूबल से ज़रूर बनाया होगा!

"क़ुदसिया बानो बड़ी चंट हो खूब सारे घर को उल्लू बना रही हो," चचा मियां मुस्कुराते मगर सब जानते थे कि वह निहायत नाकारा,

ख़ुदा रसूल को न मानने वाले इंसान थे! सब उन्हें लानत मलामत करते।

"पीर मर्द के छक्के छूट जायेंगे," वह कुफ़्र बकते और नानी बीवी माथा कूट लेतीं!

"आग लगे तेरी ज़बान को, वह निगोड़ी तन-बदन की सुध-बुध खो बैठी है और तू है कि बके जावे है"

वह क़ुदसिया ख़ाला पर बेहद ममता तोड़ने लगी थीं! बात-बात पर गिला भी लातीं और नाना मियां को याद करने लगतीं, वह ज़िन्दा होते ग़रीब को तेरी मेरी सुनना पड़ती! वह क़ुदसिया ख़ाला के लिए फ़ालसों का शर्बत बनाने लगतीं!

"अरे हम उनके चलित्तर खूब समझते हैं, शब्बीर मियां से मिलने का...?"

क़ुदसिया ख़ाला बाल सुलझाते उनसे उलझ पड़तीं, आँखों में आँखें डालकर मुस्कुरातीं!

"क्या मुश्तरी जान ने जूती मारके निकाल दिया?" वह चुटकी भरतीं। सब जानते थे कि चचा मियां रंडियों की कमाई पर ऐश करते थे!

"मेरा ज़िक्र छोड़ो—तुम अपनी कहो!"

"क़ुदसिया बेटी—" नानी बीवी उन्हें शर्बत का गिलास थमाकर उनका रुख़ मोड़ देतीं!

"इस कम ज़र्फ़ के मुँह मत लगाकर। मुआ मोरी का कीड़ा सबको अपनी तरह समझता है!"

नानी बीवी इस हादसे के बाद एकदम प्रो क़ुदसिया हो गई थीं!

"साहबज़ादी पर किसी निहायत जलाली पीर मर्द का साया है, उन्हें जहाँ तक मुम्किन हो इश्तिआल (उत्तेजना) न दिलाया जाये?"

ताई माँ के लखनऊ वाले मौलाना ने फ़त्वा दिया था हकीम साहिब क़िब्ला की भी नाचीज़ राय थी कि फ़िलहाल जुलाब मुल्तवी रहें! इसलिए ज़ज्बात को भड़काने से बचा जाये वरना सर पर गर्मी चढ़ेगी मगर कोई चचा मियां को कैसे समझाये। पागल होकर तो क़ुदसिया ख़ाला के ऐश हो गये, रूई के गालों पर पाली जाने लगीं, बिल्कुल शहज़ादियों की तरह।

साफ़ शफ्फ़ाफ़ चादर किसी पलंगड़ी पर अधलेटी सौदा और ज़ौक़ के कलाम से लुत्फ़ अन्दोज़ हुआ करतीं। शब्बीर हसन मीठे-मीठे लहजे में शेर पढ़ते, वह उन्हें बौखलाने के लिए किसी नाज़ुक से शेर के मानी पूछ बैठतीं। वह पहले की तरह आने लगे थे और अगर आने में देर हो जाती तो क़ुदसिया ख़ाला उठक-बैठक शुरू कर देतीं!

चचा आग तौर पर बदज़ाती पर तुल जाते मगर उस दिन तो वह बढ़ते ही चले गये। क़ुदसिया ख़ाला ने शर्बत का गिलास होंठों से लगाया मगर घूँट न भरा!

"अजीब आशिक़ हैं यह तुम्हारे शब्बीर हसन, हम होते तो–"

उन्होंने हौले से ऐसे मुँह ही मुँह में कहा कि नानी बीवी न सुन पायें!

"तुम होते तो?" क़ुदसिया ख़ाला ने दाँत पीसे!

"ले के भाग जाते" चचा मियां ने लम्बी-चौड़ी अंगड़ाई के हाथ फैलाये!

"कमीने क्या मुझे भी अपनी मुश्तरी जान समझा है," ख़ाला नंगी तलवार बन गई।

"हर औरत में कहीं न कहीं मुश्तरी जान छिपी होती है और मौक़ा पाकर,"

क़ुदसिया ख़ाला ने शर्बत का भरा गिलास चचा के मुँह पर खींच मारा और पाँव से नन्हीं सी सलीमशाही जूती घसीटकर उनपर टूट पड़ीं!

अगर होश खोकर यों दो जहाँ की बादशाही मिल जाये तो कौन कमबख़्त होश में आना चाहेगा! पहले अगर यही क़ुदसिया बानो ऊंची आवाज़ में बोलतीं तो सब नाम धरने लगते आज छै फिट तीन इंच के देव जैसे मर्दुए की जूतीकारी कर रही थीं, एक सांस में सौ गालियाँ दे रही थीं! और सब मुँह में घुनघुनिया डाले बैठे थे बल्कि अश-अश कर रहे थे, उस दिन तो हम सब भी क़ायल हो गये, यह धान-पान सी क़ुदसिया ख़ाला पहलवानी के हाथ नहीं दिखा रही थीं। यह तो वह जिन था जो उन पर आशिक़ था!

और जिस पर जिन मरते हों उससे कौन उलझे?

एक लक़-दक़ (बड़ी) कोठी में हर कोना एक अलग सूबे की तरह बेताल्लुक़ हो जाता है! उर्स का ज़माना क़रीब आ रहा था। तीज त्यौहवारों के इलावा मेहमानों के आने का भी हीला था!

महीनों पहले से दूरदराज़ के जान-पहचान वाले और रिश्तेदार आने शुरू हो जाते। कोई अलग कमरे-गुस्लखाने तो दिये नहीं जाते कि कुछ फ़र्क़ पड़े बस चारपाइयाँ, तख़्त और खटोले ज़्यादा बिछा दिये जाते! दस्तरख़्वान लम्बा कर दिया जाता। एक रकाबी में दो-दो खाने लगते क़तई कोई तकलीफ़ नहीं होती। बस भरे बाज़ार सा हुल्लड़ मचा रहता जिसमें बड़ा मज़ा आता। ननिहाल-ददिहाल के दो कैम्प ज़रूरत के हिसाब से छोटे गिरोहों में बँट जाते! अजब समां होता, दादी अम्मां की तरफ़ ज़्यादा बुढ़ियाएँ सिमट आतीं, जिनके सामने हिलो भी तो इख़्तिलाज के दौरे पड़ जायें। नानी बीवी के यहाँ अमूमन अम्मां की हम उम्र फक्कड़-हंसोड़ और दुनियादार किस्म की बीवियाँ जमा हो जातीं, वो जिनके दूध पीते बच्चे और शोर साथ-साथ होते बिल्कुल अलग-थलग दो-दो पलंग डाल लेते, नई उम्र की लड़कियाँ बिल्कुल दूसरी तरफ़, एक-एक पलंग पर दो-दो सोतीं, बाक़ी वक़्त काना-फूसी किया करतीं। बच्चे मुग़ियाँ-कबूतर और कुत्ते बीच सेहन में पेड़ों के नीचे खड़े पलंगों और चौकों पर उधम मचाया करते! एक कोने में कोई हादिसा होता तो अवाम को ख़बर लगते-लगते कुछ वक़्फ़ा लग जाता! इसलिए चचा की जूतीकारी के बहुत कम चश्मदीद गवाह थे। जब तक जूतियाँ पहनकर बीवियाँ पायंचे सँभालतीं आयें बिजली की रफ़्तार से होने वाले हादिसों का नामोनिशान नहीं मिलता था!

जब सब जमा हुए तो क़ुदसिया ख़ाला दुपट्टे से मुँह छिपाये फुंकार रही थीं और चचा मियां सरपट दर्वाज़े की तरफ़ हंसते हुए जा रहे थे जैसे उन्हें जूतियाँ नहीं बालूशाहियाँ मिल गई हों।

"ऐ लड़कियों क्या हो रहा है, हमें तो कोई बताता ही नहीं," दादी अम्मां कराहीं। उनके साथ की तमाम थकी हुई बूढ़ियों ने करवट बदल लिये और ऊंघने लगीं!

"क्या हुआ क्या बात हुई?"

सब एक दूसरे से पूछने लगे! किसी को पता नहीं था बदबूदार पठानी और ऊपर के काम के छोकरे में हाथा-पाई हुई थी या साँप निकला था!

"किसने मारा? किसने मारा?" सब फिर एक दूसरे से पूछ रहे थे बच्चे वालियाँ अपने बच्चे गिन रही थीं! अम्मां सब बातों से बेनियाज़ पायंजे उड़स के अब्बा के टम-टम की घण्टी की आवाज़ पर पिया मिलन के लिए जा रही थीं!

"ऐ होता क्या मेरा सर?" नानी बीवी चश्मदीद गवाहों में होते हुए भी अनजान बन रही थीं, उनके मुँह जो लगेगा भुगतेगा। उनसे मुराद क़ुदसिया बेगम हर्गिज़ न होंगी! वह ग़रीब धान-पान! निगोड़ी में दम ही कहाँ था, सारी करामात पीर मर्द की थी!

बड़ी उदास सी शाम थी, आसमान पर बारीक सी गर्दो-गुबार की चादर तनी हुई थी! अबाबीलें क़ैंचियों की तरह हवा को कतरती हुई सपाटे भर रही थीं! उर्स में शिरकत करने वाले क़व्वालों की टोलियाँ आने लगी थीं। लम्बे-चौड़े शामियाने की दिन भर मरम्मत हुआ करती, दरगाह सफ़ेदी के बाद सफ़ेद बुर्राक़ हो जाती थी जैसे किसी ने बहुत सा सफ़ेद मारकीन खोल के ऊंचा नीचा डाल दिया हो।

उन दिनों हम घर को भूल कर दरगाह के हो रहते थे वाज़ (धार्मिक उपदेश) से हमें रोना आने लगता था मगर कव्वाली में खूब मज़ा आता!

सर अजम मुनीरा निगार मदीना<br>
तजल्ली मक्का-बहार मदीना

मतलब ख़ाक पल्ले न पड़ता, मक्का-मदीना के ज़िक्र से हम मरऊब हो जाते फिर किसी अल्लाह वाले को हाल (जुनूनी कैफ़ियत) आ जाता और खूब उधम मचता!

कव्वाल किसी एक शेर पर अटक जाते और उसी को दोहराये जाते यहाँ तक कि बोर होकर हाल खींचने वाला सुस्त पड़ जाता और कव्वाल नये बोल शुरू करते,

"क्या हुआ लोगो हमें भी तो बताओ," हम अन्दर आये तो दादी

अम्मां मिनमिना रही थीं, बुआ की चमारिन सबके पैर पड़ती फिर रही थी!

"अरे कोई चल के देखो राम जाने ऊका का हुई गवा,"

"है—है किसे"

"क्या हो गया?" सब एक दूसरे से पूछ रहे थे और जब मालूम हुआ कि बुआ को तीन चार दिन से बुख़ार था, कल रात को जाने कब निकल खड़ी हुईं। सुबह क़ब्रिस्तान में औंधी पड़ी मिलीं तब से घांटी चल रही है।

"है—है निगोड़ी" बीवियाँ अफ़सोस करने लगीं फिर अपने अपने कामों में लग गईं।

"हम पूछे हैं तो कोई बताये नहीं है, हम कुत्ता हैं कि भौंका जावे हैं, क्या मजाल जो कोई कान धरे"

दादी ने तकिया के तले से सज्दागाह निकाली और नीयत बांध ली। नानी बीवी उनके नीयत बांधने के अन्दाज़ पर तौबा-तौबा करती थीं! सज्दा पर भी एतिराज़ था जिसे मेंडकी डुबकियाँ खा रही हो!

एक क़ुदसिया ख़ाला थीं जो बेकल हो रही थीं, हड़बड़ाई हुई इधर से उधर जा रही थीं—"अरे कोई डाक्टर से जाके कहो"

दरगाह के अस्पताल का डाक्टर मुफ़्त इलाज करता था, किसी क़ुदसिया ख़ाला की बिलबिलाहट पर ताज्जुब नहीं हुआ मगर उनका हुक्म टालने की किसी में हिम्मत न थी।

रात भर बुआ की घांटी चलती रही। डाक्टर ने कहा डबल नमूनिया है। सुबह हम लोग भी दूर से उन्हें देखने गये जैसे बीमार को देखने जाते हैं, वैसे नहीं, बस यूँ ही। बुआ छींगने में पड़ी एड़िया रगड़ रही थीं, वह बदबू थी कि नाक नहीं दी जाती थी। तीसरे दिन कहीं जा के कहीं घांटी (हल्क़ काकव्वा) की घरघराहट बन्द हुई!

अल्लाह, तोबा-तोबा, सफ़ेद कफ़न में ऐंठी हुई बुआ किस क़दर डरावनी लग रही थीं। किस ग़ज़ब की नामुरादी और फटकार थी, चेहरे पर, अधखुली हुई आँखें, ऊदा-ऊदा रंग, मुँह और नाक से गुलाबी-गुलाबी पानी रिस रहा था बरसों रात को ख़्वाबों में आ के डराती रहीं। अँधेरे में जाते दम निकलता कि कहीं बुआ न खा जायें। झुटपुटा होते ही दम फ़ना

होने लगते। कलियाँ चुनने जाने की हिम्मत न होती। महसूस होता मस्जिद के पिछवाड़े बैठी हैं, बरगद के नीचे खड़ी स्लीपर से मिट्टी झाड़ रही हैं! और अभी उधर से ढोल बजाती "मेरठ में मिलेंगे दोनों जने" गाती आ जायेगी!

हाय मियां से बहुत रूठा करती थीं मगर जब वह रूठे तो जग ने मुँह मोड़ लिया, बुआ की यह गत हुई और उन्होंने पलटकर नहीं देखा, हाय निगोड़ी बुआ, लोग ख़्वाब देखने पर भी पहरा बिठाते हैं!

सारे घर पर बुआ की मौत की दहशत बैठ गई, सब ही के हाथों पर उनके मासूम ख़ून के धब्बे थे। घर को बलाओं से पाक रखने के लिए फौरन दो मुल्ला ड्योढ़ी पर बिठा दिये गये! सुबह-शाम हिल-हिल के सिपारे पढ़ा करते थे और भर-भर सालन रोटी ठूंसते!

बुआ की मौत ने क़ुदसिया ख़ाला के पाँव उखाड़ दिये दो दिन तक उनके मुँह में खील तक उड़ के न गई! रात-रात भर दीवानगी के आलम में चक्कर काटतीं अँधेरे आंगन में ख़ामोश सर झुकाये फ़र्श को घूरा करतीं जैसे उनमें कोई सनद ढूंढ़ रही हों कि पा जायें तो वहीं समा जायें। प्यासी चिड़िया जैसे आँखें फाड़े अपने चारों तरफ़ मुड़-मुड़ कर देखती हैं कि कोई ख़ून पीने वाला दरिन्दा छलांग लगाकर गला न दबोच डाले! हर तरफ़ मौत मंडलाती नज़र आती! नानी बीवी शर्तत बना के रहतीं यह चुपके से उग़ालदान में उंडेल देतीं! पानी मुट्ठी में दबाकर झूठ-मूठ मुँह चलाने लगतीं फिर जाके पाख़ाने में फेंक आतीं। सिर्फ़ अम्मां की रकाबी (प्लेट) से निवाला लेतीं, उन्हें किसी पर भरोसा नहीं रहा था!

उस शाम शब्बीर मामूं आये। घड़ी भर चोरों की तरह इधर-उधर देखते रहे। बग़ैर आँखें मिलाये दीवाने ग़ालिब की जिल्द क़ुदसिया ख़ाला को दी! दादी अम्मां को सलाम किया फिर उठ कर बग़ैर क़ुदसिया ख़ाला पर नज़र डाले चले गये। क़ुदसिया ख़ाला दोनों हाथों से किताब दबोचे ऐसी बैठी थीं कि अगर खुल गई तो अज़दहा निकल के उन्हें डकार जायेगा! नानी बीवी उनका बिस्तर ठीक कर रही थीं। बड़े प्यार से तकिया पर फूल सजाकर उन्होंने दुलाई तह कर दी!

"लो बेटी, ज़रा के ज़रा लेट रहो, तुम्हारा खाना इधर ही ले आऊँगी

उधर तो फालतू लोगों की भीड़ है," उन्होंने बराम्दे में लगे तवील (लम्बे) दस्तरख़्वान की तरफ़ इशारा किया!

"मुझे भूख नहीं है," उन्होंने किताब तकिये के नीचे रख दी, "क्यों बेटी दोपहर को भी मुँह झुटाल के उठ गईं...औ...!"

हालांकि उन्हें गुमान भी नहीं था कि बेटी उनपर शक करती है। आखिर वो माँ थीं, इकलौती बच्ची पर हमेशा ही जान जाती थी, अपने जानने में, वह जो कुछ करती थीं, उसकी भलाई के लिए करती थीं!

एकदम क़ुदसिया ख़ाला का कलेजा मुँह को आ गया। चचा मियां झुककर किताब उठा रहे थे। क़ुदसिया ख़ाला पर जाड़ा-बुखार की कैफ़ियततारी हो गई! एक नन्हा सा काग़ज़ का पुर्ज़ा हवा में लरज़ता हुआ उनके क़दमों में गिरा। इससे पहले कि वह उठातीं चचा मियां ने पैर रख दिया, झुककर उठाया, बग़ैर खोले अलट-पलट कर देखा और नानी बीवी की तरफ़ बढ़ा दिया। क़ुदसिया खाला ने आँखें बन्द कर लीं।

"क्या है?" उन्होंने पर्चा लेके देखा, फिर फेंक दिया।

"चल हट—" नानी बीवी एक हर्फ़ न पढ़ पाईं थीं।

"अरे-अरे तावीज़ है, बे अदबी न करो" उन्होंने पर्चा उठाकर ख़ाला के तकिया पर रख दिया

"कैसा तावीज़?" वह एकदम अदब में आ गईं!

"ऊहं, भई मैं तुम्हारे साथ की खेली तो हूँ नहीं कि लगे मज़ाक़ करने।" नानी बीवी बिगड़कर चली गईं!

"साथ के खेले कब गिनती में लाते हैं" वह दबी जबान से कहते दादी अम्मां के बराम्दे में चले गये!

"अम्मां बेगम, फतेहपुर वाली ज़मीन मेरे नाम कर दो नहीं तो इमाम हुसैन की क़सम सुन्नी हो जाऊँगा"

"मुआ बौरा गया है," नानी बीवी बड़बड़ाईं।

"अमेठी वाले आमों के बाग़ मेरे नाम जल्द कर दो, नहीं तो अभी सुन्नी हुआ जाता हूँ" वह नानी बीवी से उलझते!

"उई वह तो क़ुदसिया के नाम हैं"

“कोई हर्ज़ नहीं, क़ुदसिया को भी हिबा (उपहार) कर दो मैं सबसे समझ लूँगा!”

“तेरे मुँह में ख़ाक” नानी बीवी जूती सँभालतीं और वह मुमानी को जलाने लगते,

“भाभी ये कड़े दे दो तो तुम्हारी सारी सौतों की नाक चोटी काट के तुम्हारे क़दमों में रख दूँगा,” कोई कुछ नहीं देता वह अपनी सारी जायदाद रंडियों में फूंक चुके थे।

तहज्जुद (आधी रात के बाद पढ़ी जाने वाली नमाज़) की नमाज़ पढ़ने नानी बीवी उठीं तो तहमुम (सूखा वज़ू) के लिए उठे हुए हाथ जहाँ के तहाँ रह गये! क़ुदसिया ख़ाला की पलंगड़ी खाली पड़ी थी तकिया के फूल जों के तों महक रहे थे, एक पत्ती न मसली थी। सदर दर्वाज़ा भाड़ की तरह खुला हुआ था! कुण्टी अभी तक हिल रही थी! नानी बीवी की चीखें सुनकर जगार हो गई, वह कोने-कोने में क़ुदसिया को पुकारती फिर रही थीं। ज़रा होश ठिकाने हुए तो लालटेनें लेकर लोग इधर उधर भागने लगे।

“अरे यह क्या हो रहा है, हमें न बताओगे लोगो?” दादी अम्मां घिघियाकर सबको बौखला रही थीं। नानी बीवी को अम्मां छोटी री बच्ची की तरह कंधे से लगाये दिलासा दे रही थीं।

मुख़्तलिफ़ कोनों से पूछा जा रहा था। बच्चे ठुनकने लगे, मुर्ग़ियाँ कुड़कुड़ाने लगीं।

“ऐ हे शायद दड़बा खुला रह गया,” नीन्द में ताई अम्मां सगझीं कि बिल्ली मुर्ग़ी ले गई! क़ुदसिया ख़ाला के छोटे-छोटे नन्हें नंगे पैरों के निशान बावली की मेंड तक तो मिले फिर ख़त्म हो गये। दायीं तरफ़ स्टेशन जाने वाली पगडण्डी पर सैंकड़ों मवेशियों और इंसानों के क़दमों के निशान नज़र आये लेकिन उनमें क़ुदसिया ख़ाला के नन्हें-नन्हें सफ़ेद पैरों का एक भी निशान नहीं था।

“क्यों रोती हैं, वह जहाँ गई हैं अल्लाह उसे अपनी रहमतों के साये में रखे” चचा मियां अपनी आँखों से न बहने वाले आंसू पोंछ रहे थे :

“आमीन” नानी बीवी ने बुद-बुद दुरूद शरीफ़ पढ़ना शुरू किया।

कुछ दिन बाद उनके लिए अजीब-अजीब क़िस्से मशहूर होना शुरू हुए कि जब वह बावली में कूद पड़ीं तो छन से तह में एक खिड़की खुली, क्या देखती हैं, लक़-लक़ (विराट) मैदान है, हू का आलम, आदम न आदमज़ाद सामने से ग़ुबार उठता नज़र आया, जब धुंध छटी तो क्या देखती हैं कि चाँदी का तख़्त है, सोने-चाँदी के कामों से सजे तकियों से आरास्ता है, चार परियाँ तख़्त के चारों खूंटे सँभाले अदब से सर झुकाये खड़ी हैं! उन्हें तख़्त पर बिठाया गया और वह आसमान की तरफ़ उड़ गया!

यह क़िस्से चचा मियां गढ़-गढ़ के सुनाया करते थे, कुछ बदमज़ाक़ लोग यह भी कहते थे कि वह शब्बीर मामूं के साथ भाग गईं। कुछ भी हो उस दिन से क़ुदसिया ख़ाला का नाम लेना गुनाह हो गया। जब तक वह ज़िन्दा रहीं, उनके डर से कोई ज़िक्र न करता फिर सब भूल भाल गये कि भूल जाने में बड़े फायदे हैं, ज़मीर मलामत नहीं करता! मैं भी कहाँ से कहाँ पहुँच गई।

कोई ढाई महीने हुए एक टेलीफोन आया!

"मैं रफ़िया हसन बोल रही हूँ, विक्टोरिया ट्रमिनस के मुसाफ़िर ख़ाने से बोल रही हूँ, सुबह की प्लेन से लन्दन जा रही हूँ, कुछ वक़्त दे सकें तो..." वह पी-एच.डी. करने जा रही थीं, कोई अदबनवाज़ होगी... ख्वामख्वाह घिसे-पिटे जुमले दोहरा कर जी जलायेगी!

बड़े अदीब नई पौद को उभरने नहीं देते, गठ बनाये बैठे हैं, बस एक दूसरे को उछालते हैं, मुझे मौक़ा परस्त और जानिबदार साबित करेगी,

"दरास्ल मैं अनगढ़ सा बहाना सोचने लगी!"

"मैं ज़्यादा वक़्त नहीं लूँगी, बस दस मिनट काफ़ी होंगे," वह बड़ी होशियार मालूम हो रही थी।

वह आई तो बड़े प्यार से मुझे देखकर मुस्कुराने लगी, उसे देखकर आप ही आप जी हल्का हो गया!

"आपका पता बड़ी मुश्किल से हाथ आया, आपको तो शायद याद न हो, आप मेरी रिश्ते की बहन लगती हैं, मेरी अम्मी क़ुदसिया शब्बीर हसन आपकी ख़ाला होती हैं!"

"क़ुदसिया ख़ाला...तुम क़ुदसिया ख़ाला और शब्बीर मामूं की लड़की हो।"

मैं अहमक़ों की तरह हकलाने लगी। "मेरठ में मिलेंगे दोनों जनें" बुआ की रसीली आवाज़ मेरी यादों के पट झंझोड़ने लगी, तो दोनों मिल ही गये, बाज़ इंसान मरके इंसानों को जीने का सलीक़ा सिखा जाते हैं!

"ओह, ऐन वक़्त पर अम्मी की हिम्मत जवाब दे गई अब्बू से लड़ पड़ीं कि मुझे गुमराह करके गुनाहगार कर रहे हो मगर मुस्तक़ीम मामूं..."

"मच्छू चचा मियां जन्नत तो क्या नसीब होगी मर्हूम को मगर अल्लाह बड़ा रहीमों करीम है। अम्मी की तो उन्हें देखकर जान ही निकल गई...वह तो बावली में कूद कर जान देने जा रही थीं, मच्छू मामूं ने कहा, ये जूते छोड़ के नंगे पाँव आ गईं, यह तो पहनती जाओ, पाँव भीग गये तो ज़ुकाम हो जायेगा!"

"चचा मियां ने कहा!"

"हाँ और जेब से अम्मी की जूतियाँ निकाल कर दीं मगर अम्मी बिखरी जाती थीं कि मुझे मर जाने दो"

"और उनके पैरों के निशान?"

"वह कैसे मिलते," अब्बू ने उन्हें उठा लिया "वह हंस पड़ी, अब तो अम्मी इतनी मोटी हो गई हैं कि सोच के हंसी आती है, वहाँ से पैदल स्टेशन गये,"

"और वहाँ से मेरठ! बुआ की याद बहुत सताने लगी!"

"मेरठ—? नहीं तो, वहाँ से अपने दोस्त के यहाँ रुदौली गये,"

"रुदौली—मियां की सुसराल—खूब"

"किसकी सुसराल—?" वह चकराई!

"फिर—?" मैंने बात टाली!

"उनके दोस्त अबरार चचा वकील थे, तलाक़ लेने की बहुत कोशिश की "मरते मर जाऊँगा मगर तलाक़ नहीं दूँगा," वह कहा करते थे!

"जी हाँ, और सितम ज़रीफ़ी तो देखिये, मरे भी नहीं,"

"क्या फ़र्क़ पड़ा, वह ज़िन्दा ही कब थे,"

“वाक़ई कोई फ़र्क़ नहीं पड़ा!”

जब तलाक़ की कोई सूरत नज़र नहीं आई तो शब्बीर मामूं के दोस्त ने राय दी कि अगर क़ुदसिया ईसाई हो जायें तो तलाक़ हो सकती है। कानपुर के एक पादरी से बात की गई मगर जब उसे मज़हब की तब्दीली की वजह बताई गई तो बहुत नाराज़ हुआ और कहा कि दुबारा फिर मज़हबेइस्लाम इख़्तियार किया तो तलाक़ ख़त्म हो जायेगी!

मच्छू मामूं को जब हचर-पचर की ख़बर मिली तो आकर बहुत उधम मचाया! सब को क़त्ल करके क़ुदसिया को ले भागने की धमकी दी, उसी शाम एक क़ाज़ी को बुला कर निकाह कर दिया!

“यह निकाह नहीं हुआ,” शब्बीर हसन के दोस्त वकील थे।

“हुआ कैसे नहीं,” वह अबरार चचा की गर्दन तोड़ने पर उतारू थे!

अगर क़ुदसिया ख़ाला के शौहर को पता चल जाता तो पुलिस दोनों को हरामकारी के जुर्म में धर लेती। क़ुदसिया ख़ाला और शब्बीर मामूं सारी उम्र चोरों की तरह छिपते रहे, मामूली से आम इंसान वैसे भी गुमनाम रहते हैं फिर भी ख़ौफ़ तो रहता ही था हालांकि चचा मियां ने उन्हें यक़ीन दिला रखा था कि अगर उसने कुछ गड़बड़ की तो उसका क़िस्सा ही तमाम कर देंगे!

“और ख़ुदा को क्या मुँह दिखाऊँगी?” ख़ाला कहा करती थीं!

“वहाँ तुम पछाड़ खाके एक कोने में बेहोश हो जाना बाक़ी मैं समझ लूँगा!” चचा तसल्ली देते!

“फिर जब तलाक़ बिल पास हुआ तो वह ब्रिटिश नैशनलिटी को लेकर इंगलिस्तान जा रहे थे, दूसरे मैं सियानी हो चुकी थी फिर नये सिरे से हंगामा खड़ा करने की ज़रूरत महसूस नहीं हुई,” वह कुछ सोचते हुए बोलीं!

“अब्बू और अम्मी की मुहब्बत को देखकर शादी-ब्याह और तलाक़ की अहमियत पर हंसी आने लगती है, शायद इसलिए कि मैं नार्मल नहीं हूँ”

“यह कैसे जाना कि तुम नार्मल नहीं”

“मैं समझती हूँ कि जो अम्मी और अब्बू ने किया वही करना चाहिये

था। यह मेरी ख़ुशक़िस्मती है कि मैं उनकी मुहब्बत का फ़ल हूँ।"

वह सिर्फ़ दस मिनट के लिए आई थी, न जाने क्यों न मुझे उसे रुख़्सत करने का ख़्याल आया और न उसे जाने का! चंद घण्टे पहले मुझे उसके वजूद का यक़ीन नहीं था, वह मेरे लिए अजनबी थी। खाने के बाद हम बहुत रात तक दो बच्चों की तरह एक दूसरे का हाथ पकड़े मैरीन ड्राइव के किनारे टहलते रहे। एक महकता हुआ फूल था जो हमारे दरम्यान खिलता रहा परवान चढ़ता था!

"ऐसा महसूस होता है कि आपको बरसों से जानती हूँ"

हम दोनों एक ही बात महसूस कर रहे थे!

कभी ज़िन्दगी का एक लम्हा सदियों पर भारी पड़ जाता है!

"अम्मी को इतना दुख किस बात की सज़ा पर मिला?"

थोड़ी देर ख़ामोशी रही!

"और बुआ को बाले मियां से क्यों जुदा कर दिया!"

"किसी के ख्वाब छीनकर उन्हें कुचलने में क्या मिलता है?"

"क्योंकि उसकी अपनी बांझ दुनिया में ख़्वाब नहीं होते"

"इसलिए वह दूसरों के सपनों का ख़ून करता है; क्यों?"

अहसासे कमतरी से पीछा छुड़ाने के लिए तो चीख़-चीख़ कर कहता है।

"मेरा मुल्क अज़ीम है, मेरा मज़हब सबसे आला है, मेरा शहर मेरा घर—मेरी दुनिया ज़्यादा बुलन्द है ज़्यादा पाक है, मेरा शुऊर, मेरा तरीक़ा, मेरा यक़ीन मेरी फ़िक्र सही है"

"मगर जबरदस्ती?"

"हाँ जबरदस्ती, वो जो ख़्याल और अमल की आजादी को हर इंसान का हक़ समझते हैं डिमोक्रेसी का ढिंढोरा पीटते हैं! तलवार के ज़ोर से डिमोक्रेसी हलक़ में ठूंसने लगते हैं, कभी ख़ुदा का हुक्म कहकर, कभी किसी जज़्बे या उसूल या जज़्बे की आड़ लेकर और कभी रस्मो रिवाज के बहाने और कुछ न मिले तो भूत-प्रेत के सर इल्ज़ाम थोप देते हैं, सुबह जब मैं उसे एयरपोर्ट पर जुदा करने लगी तो हवाई जहाज़ में दाख़िल होने से

पहले बड़ी देर तक मुझसे लिपटी खामोश खड़ी रही, जैसे वह कोई पैग़ाम मेरे जिस्म में छोड़ जाना चाहती है!"

"बस एक दुआ है" उसने एनाउन्सर की आवाज़ पर मुड़ते हुए कहा।

"कि हमें भी कोई ऐसी लगन से चाहे जैसे अब्बू ने अम्मी को चाहा—और उसने तकल्लुफ़ से आँखें नीचे गिरा दीं"

"और—?" मैंने उसे आख़िरी फाटक सीढ़ियों पर रोक कर पूछा

"जैसे मच्छू मामूं ने मुहब्बत निबाही"

"मच्छू चचा मियां? मुस्तक़ीम चचा, वह टेढ़े-मेढ़े मुस्तक़ीम ज़माने भर के रंडीबाज़, ख़ुदाई ख़ार शराबी, लुच्चे, जो ख़ान्दान की दमकती हुई बुलन्द पेशानी पर घिनाउना फोड़ा थे। जिन्हें खान्दान की किसी लड़की ने अपना गन्दा आंचल तक छूने नहीं दिया। उन्होंने क़ुदसिया ख़ाला को चाहा—ऐसे कि आज क़ुदसिया की बेटी उन जैसे महबूब का अरमान दिल में बसाये है!"

"मगर वह जानते थे कि अब्बू के सिवा अम्मी किसी और को गिनती में नहीं लातीं। अब्बू बेचारे तो फुसफुसे थे!" वह ज़ोर से हंसी सारी स्कीम तो मच्छू मामूं की थी! वह चली गई! एक दम तन्हाई का बड़ा सख़्त अहसास चारों तरफ़ से घेरने लगा!

"मच्छू चचा," मैंने दिल ही दिल में कहा, सुना तुमने इस वक़्त तुम्हारी क़ब्र में जुगनू ही जुगनू जगमगा रहे होंगे!

इंसान एक दूसरे को पहचानने का गुर कब सीखेंगे?

जहाज़ एक बदज़ात डरावने देव की तरह लरज़ा गरजा और आसमान की बुलन्दियों की तरफ़ उड़ गया।

"जाओ रफ़िया हसन तुम बेधड़क जहाँ चाहो जा सकती हो, ज़िन्दगी की क़दरों को नापने-तौलने के लिए, तुम्हारा फीता है, अपने बाँट हैं अपनी तराजू है। तुम्हारी ज़िन्दगी में कोई डण्डी न मार सकेगा! तुम्हारे ख्वाब कभी चकनाचूर नहीं होंगे!"

❑❑❑